新威科夫操盘法

揭秘对冲基金不愿公开的交易策略

［美］ 孟洪涛（Edward Meng） 著

山西出版传媒集团
山西人民出版社

图书在版编目（CIP）数据

新威科夫操盘法：揭秘对冲基金不愿公开的交易策略 / 孟洪涛著. -- 太原：山西人民出版社，2019.7
ISBN 978-7-203-10840-5

Ⅰ.①新… Ⅱ.①孟… Ⅲ.①对冲基金－投资－研究 Ⅳ.①F830.59

中国版本图书馆CIP数据核字(2019)第108451号

新威科夫操盘法：揭秘对冲基金不愿公开的交易策略

著　　者：孟洪涛
责任编辑：孙　琳
复　　审：贺　权
终　　审：秦继华
装帧设计：任燕飞工作室

出 版 者：山西出版传媒集团·山西人民出版社
地　　址：太原市建设南路21号
邮　　编：030012
发行营销：0351—4922220　4955996　4956039　4922127（传真）
天猫官网：https://sxrmcbs.tmall.com　电话：0351—4922159
E—mail：sxskcb@163.com　发行部
　　　　　sxskcb@126.com　总编室
网　　址：www.sxskcb.com

经 销 者：山西出版传媒集团·山西人民出版社
承 印 厂：三河市京兰印务有限公司

开　　本：710mm×1000mm　　1/16
印　　张：18
字　　数：250千字
印　　数：1—5000册
版　　次：2019年7月　第1版
印　　次：2019年7月　第1次印刷
书　　号：ISBN 978-7-203-10840-5
定　　价：88.00元

如有印装质量问题请与本社联系调换

前　言

我们如何才能够从股票市场中赚到钱

无论是新股民还是在交易市场中徘徊已久的人，都会时不时向自己或者别人提起这个问题。人们认为赚钱的生意都差不多，股票市场也不例外。特别是股票市场还有一个好处，不用像其他生意一样去跟各种各样喜欢或不喜欢的人打交道，去跑市场，去应酬。而做股票就是坐在家里就可以赚钱，这是实现财务自由的多么好的一个渠道。于是人们在各种方式的诱惑下，拎着资金杀进了股市，梦想着可以走向财务自由。他们开始把市场看得非常简单，心中只想着一个问题：赚钱，轻松赚钱！每当被别人问起进市场的目的的时候，很多人会说：投资。他们理所当然地把自己当作投资者。然而事实上，这些大众交易者忽视了一个重要问题，就是他们所要做的其实是投机。但是从操作行为上来说，他们当中绝大多数人是赌徒，他们既不是投资者也不是投机者，而是拿着生命和积蓄在赌博。

大众交易者的认知误区

那么大众交易者都有哪些行为？

●听信别人是最普遍的现象，包括小道消息、专家、媒体，等等，喜欢从其他人看法中找确认。

●迷信基本面分析或者崇拜技术分析。他们脑中固有的技术分析就是使用一个或者叠加几个五颜六色的技术指标,似乎平均线已经成了他们生活中不可缺少的一部分。如果不懂点基本面分析，感觉在别人面前没有面子。分析市场一定要把经济形势、国家政策以及国际形势都套到股市操作分析上，有的还把这些基本面量化，然后从中得出个结论，作为操作依据。这种做法最大的弊病在于：

◇ 忽视了人性在价格操作当中的作用。在赚钱做生意当中，人们都是精明的，特别是当一个人拥有了可以控制很多方面的资源和能力之后，会变得更加狡猾。他们会利用自己得天独厚的优势摆布大众交易者的情绪，而大众交易者受到操控的这些情绪所产生的一系列行为都将对主力控盘有利。我们常把幕后运作者称为木偶牵线人，这些牵线人的优势在于：资金大，而且大得超乎我们想象；关系广，包括与上市公司的关系，与交易所内部的关系，与媒体的关系以及与政府的关系。这种信息的严重不平等导致大众交易者永远在亏钱的队伍里面。

● 盲目依赖技术指标曲线，认为这些五颜六色的指标曲线可以提供可靠的买卖信号。技术指标本身就是在分析过去，但是这些视觉效应特别能够吸引大众交易者的注意力。这些美丽的指标曲线表象反映到视觉上，就成了判断依据，他们万万没想到这些依据本身就不靠谱。那么根据这些依据分析出来的结果就更不靠谱，因为这些组成指标的数据来自历史行情，不是当前，更不是下一波。

● 从认识上，认为市场没那么难，很简单！不就是投资和回报的事情吗？

◇ 因为认识上的误区，他们不愿意每天花上几个小时甚至更多的时间钻研和磨炼。在我们的集训营中，有位程先生分享过一个故事，他曾经和一个资金雄厚的朋友讲解股市是门艺术，需要每天静下心来钻研几个小时，而且要坚持。那位朋友有意投资股市，但是听到要花时间，立刻说："我不如花钱买个系统，我没有时间去钻研，花钱能办的事情何必自己费力？"这是多么无知的想法，但是有多少大众交易者不是这样想呢？他们热衷于到处寻找捷径，寻找可以不费力气的系统，最终因懒惰和知识贫乏受到了市场的惩罚。

● 认为手里有几万块钱就能成为富翁。在资本市场，足够的本金是投机的最基本条件，以小博大的事情不会发生在每个人身上。没有资金就亏不起，一旦亏损就马上出局；没有资金又想翻倍赚钱的人，在操作上容易着急和过度交易，因为他们太想快速发财了。所以没钱是导致操作上冒进的一个根本原因。

市场当中还有一拨人，他们判断不依赖于视觉和听觉，而是基于智慧。他们不看基本面和消息，不参与群聊，不使用技术指标等表象工具。他们的判断基于市场自身行为，他们研究的是盘口和量价，然后通过判断市场的供求关系进而对下一波发展方向预测，以及制定应对失败的危机管理方法，这样他们的操作就是一个有着充分准备和智慧投入的一个过程。我们把这些人叫作聪明钱。

找到股市的正确打开方式

对于大众交易者，市场上有个比喻：他们是羊！这样说的寓意就是这些人不懂游戏规则，没有使用正确的方式面对残酷的市场。他们没有把市场想象得很难，脑中想得更多的是翻倍。我自己也曾经是羊！而且当了很多年羊！从羊到狼的蜕变包含了：最重要的是认识上的改变，以及从多年实战成败中吸取的教训，多年的专注思考。承认自己是羊，不是什么丢脸的事情，一个原因只是自己还没有找到股市的正确打开方式，或者说还没有遇到或者找到一个值得自己花时间和精力的交易理论。

正确的打开方式，也许每个人都遇到过，但是很多都擦肩而过，为什么？

因为研究市场是个挺耗时间和精力的活儿，没点毅力和信念还真走不过来。市场本身就是一门学问，或者是需要多年磨炼的艺术，就像舞蹈家、运动员等。从意识上承认这是一门艺术，从行动上要舍得花毕生的时间去钻研。

但是大众交易者因为对市场缺乏认知和懒惰的原因，往往与正确打开市场的方式擦肩而过。所以说交易上的成功，我们要从意识上重视它，把它当作一门科学或者艺术来对待。

我在 2016 年出版《威科夫操盘法》以及出版这个修订版的本意，都是帮助大众交易者认清自己在市场中的位置，并能够为他们打开一扇门，让大家花的时间能有所收获。但是我不可能开一种包治百病的药方，因为每个人的个人情况不同，包括家庭、财力、健康、教育水平、悟性、勤奋、经历……中国有一句古话：师傅领进门，修行在个人！每个人通过系统的学习走进威科夫操盘方法这个门之后，根据个人情况，能够总结出一套适合自己的交易模式。

杜绝拷贝别人的交易方式

在这里我们要认清一点：一个人的交易方式对另一个人没有用，所以杜绝拷贝！照本宣科是一种懒惰的从业方式，一个人如果没有花时间和精力总结属于自己的交易和风控策略，只是套用别人现成的交易策略，最后的结果只有失败并且还不知道自己败在哪里。比如，一部分人只适合于交易大级别的极端恐慌行情。他们根据经验和能力，能够预见极端恐慌行情，并且提前做好一切计划，包括进场计划、风控计划、进场成功后的持仓计划、进场失败后的危机管理计划。他们的特点是做好计划，凭着极大地耐心等待行情的发生，这一等可能是一年，甚至几年。一旦时机来临，他们果断出手（而更多的大众交易者却没有这个习惯，他们更喜欢急中生智，凭视觉决定操作）。如果让这些人去交易短线小波段的话，他们的操作方式就难以适应。

还有一拨人擅长中短线，每次持仓 5～10 个点。他们等待小范围极端行情，比如做多在恐慌抛售之后的右手边，而做空在抢购高潮出现之后的右手边。这样他们能够每年都有不错的收益。他们长年都在忙碌，大大小小的波段抓住很多，甚至能够避免长线那种瀑布式亏损。他们很肯定地承认，他们没法像长线投资者一样，能够耐心等上几年不交易。

详细描述如何计划交易，各种交易方式以及幕后运作，需要很多时间来完成，我很有信心把市场台前幕后的操作展现给大家。但是即使这样，吸收哪一部分，擅长哪一部分，还要看个人情况。通吃是大众交易者的通病，他们什么都想学，什么方式都想用，最后导致一事无成。

过去20年当中，我花在研究和思考上的时间远远多于交易上花的时间，这是因为很多行情的前因后果都是通过潜心研究和苦思冥想才弄清楚的，这也是考验一个人是否愿意投身于市场这个职业的基本要求。即使是现在，直到我离开这个世界，我的研究都不会停止。每一天我们都能发现非常有价值的新的市场特点和新的感悟。这种思考伴随着我每天的生活。不只是我，从威科夫先生那一代人开始，凡是以交易为生的人，每天的生活都大同小异，离不开市场，离不开研究和思考。在集训营的讲课其实对自身修养也有很大的帮助，讲解市场的时候，我经常对市场有新的感悟，而这些感悟是我当天的重要收获。吸收的最好方式是给别人讲述所思和所得，这样对个人的提高有非常大的帮助。虽然每次我都用心去讲，但是听众来的目的不同。其中绝大多数人是希望学到一门儿快速绝招，而且第二天就能上战场使用。我们的目的是给大家提供一种思考角度和入门方式。

我的交易生涯

我的交易生涯始于1993年，从一支铅笔、一张坐标纸开始。那时候中国的电脑交易系统还不多，由于条件所限，我们团队只能手绘走势图。大家分工合作，手绘主要交易品种的日线图和点数图。虽然手绘的过程及其烦琐和耗时，但是这种方法能够帮助我们更深刻地理解价量变化的内涵。特别是对点数图的深刻理解，可以让我们清晰地掌握盘口语言和走势的运行周期（比如什么时候是吸筹，什么时候是派发）。这段经历为我后面系统地学习和使用威科夫交易理论打下基础。

到了美国后，发现当时市场已经充斥了各种交易软件和指标，手绘从此成为历史。但是在享受电脑软件便利的同时，我的操作质量也出现了问题。当时市面上描述这些技术指标的书和学习资料铺天盖地，我片面地相信技术指标能够给出可靠的交易信号。当我用了这些所谓信号，出现交易失败的时候，我天真地认为是指标参数设置的错误，或者说纯度不够。于是我继续修改参数，梦想着下次市场能够按照我的参数出现行情（多年后想起这些觉得自己真是幼稚，市场怎么走和我们所设的参数没有任何关系！）。有时候觉得市面上的指标不好用，我还花高价雇佣程序员，按照我的设计重新编写新的技术指标（或者说交易系统）。然而所有这些努力的后果还是每天不断地修改参数，只是我账号上的资金在递减。

自从2016年回国接触国内的交易者之后，我发现几乎每个人都离不开技术指标。这也是我写上一本书的一个主要原因，希望能够唤醒一些从事资本市场交易的人，尽早地从表象思维过渡到逻辑思维，以市场本质行为作为核心交易依据。两年来我在国内做了三次主要的市场逻辑思维培训（一次在惠州，两次在深圳）。到今天，一些学员在判断市场的时候，已经从表象思维过渡到了逻辑思维，更可喜的是，他们已经因此取得了可观的收益。然而非常可悲的是，一部分学员又回到市场企图寻找捷径。他们经不住那些贩卖系统的夸大宣传的诱惑，还是认为电脑程序化和量化可以代替自己的脑力和体力，并给自己带来财富。贩卖系统的人一定是拿着一堆交易曲线向你展示这套系统是多么的赚钱。然而这些曲线只是拟合历史，无法准确描绘将来。

在美国康尼狄格州立大学金融投资专业研究生毕业后，我进入美国的金融机构工作，第一个是美国通用电气公司的资产管理部门（GE Capital），后来跳槽到美国银行（Bank of America）的投资部门工作。进了这些金融机构之后，我走上了机构方式投资的道路。这些工作经历最大的收获是在一个专业的金融机构环境里，能够有机会系统地学习和应用市场行为理论。在办公室资深交易员的带领下，不但巩固了交易技能，而且稳定了交易心理。公司会定期聘请一些当年的资本市场专业人士到公司培训，我发现这些资深专家的市场分析的共同点是：

◇他们都分析供求关系，并且随着行情发展持续分析买压和卖压的力量；

◇他们都把分析的重点放在成交量上，因为成交量代表的是价格变化的核心因素——资金量；

◇他们都分析主力机构（CM）的操作意图，以保证自己总是站在对的一方；

◇长线交易他们遵循吸筹和派发的循环走势，短线交易他们更关注双方压力的博弈；

◇他们都在趋势开始之前已经锁定好中最好的时机，并付出行动；

◇他们关注的细节往往被大众交易者忽视，而这些细节是探知趋势方向的关键；

◇他们在动手之前，把从建仓到离场过程中的一系列可能发生的事情都提前做好应对计划。

从20世纪初到现在为止，著名的金融机构所遵循的最根本的市场判断原理，很多是从道氏理论和威科夫理论中总结出来的，只是他们不出来说而已。他们更希望大众交易者使用平均线或者MACD等技术指标，因为他们深深知道，这些表象工具的使用者是他们利润的源泉。

通过跟这些资深交易员学习，我的交易有了质的变化。最重要的变化是调整了自己思考角度，从市场的自身行为研究市场，这样整个市场的运行轨迹印在大脑当中，并且知道当前的行情处于整个市场轨迹的哪个阶段，以及是否属于好中最好的动手时机。

在工作之余，我逐字逐句地阅读和剖析了威科夫的所有著作，还有近千篇他的原著文章和交易操作案例，我自己都不知道我读了多少遍，但我知道15年来，我们每天都拿出时间阅读这些著作，并把每次阅读中产生的感悟整理成笔记，然后反思，这种反思从来没有停止过。

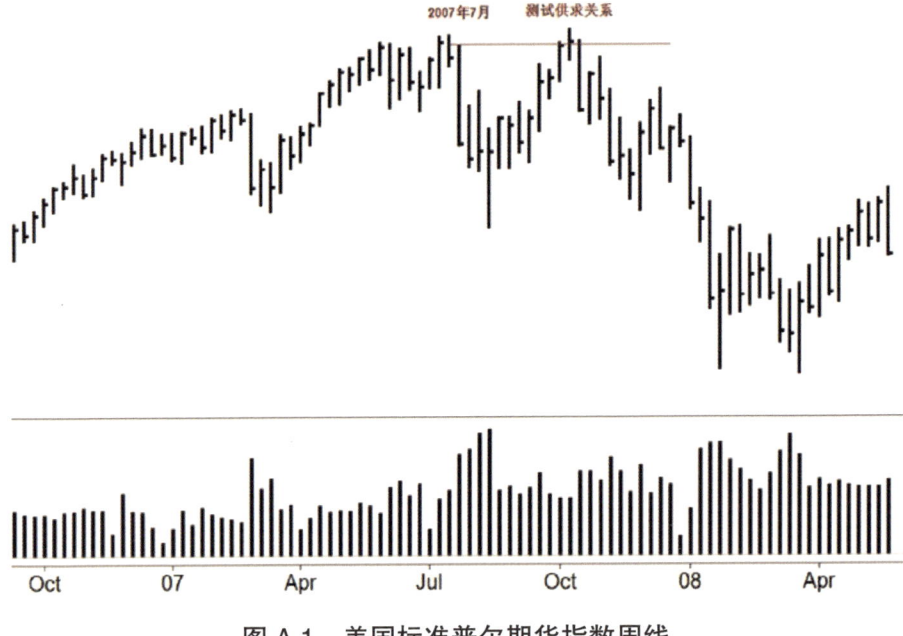

图 A.1　美国标准普尔期货指数周线

2008年美国金融危机的时候，我正在美国银行工作。如图A.1所示，2007年7月初，标准普尔供应已经慢慢增加，但还不是很猛烈，这是个警告。这种供应可能是一部分主力在出货，至于整个市场是否准备进入派发阶段，我们还要继续观察。

然后7月末到8月份，一个持续低价出货的行情清晰地展现在眼前，市场上的出货方的态度发生了改变，他们原来在上涨趋势当中对放货不积极，更不要说低价放货，但是现在的出货积极性提高，并且这种积极性在深度降价过程中没有减退，这是第二个警告。虽然8月下旬价格又开始攀升，说明大众交易者的牛市思维没有改变，新的资金涌入把价格又推了起来。但是我们没有忘记7月和8月的出货警告。当价格再次攀升到7月高点的时候（7月的高点曾经有过大幅抛盘），我看到了停止行为，说明8月进来的强大资金涌入（需求）没产生什么预期的结果，这是第三个警告，如果前面有出逃计划，现在就必须开始实施了。

11月份成交量继续扩大，收盘已经开始低于10月份，这是主力机构在高价没有找到买家需求的情况下，开始积极降价派发（出货方的态度由寻求高价出货到积极低价出货），这是最关键的第四个警告。此时我们不能再有任何幻想，必须全部抛掉手里的股票，否则将面临灾难。但是11月份收盘在中部，这又是个陷阱，说明主力没有抛完，他们目前还不能让市场大跌，但是大众交易者的眼中更关注K线的形态，他们总是找各种理由说服自己价格还会上涨，特别是K线出现反弹形态（A股2015—2016年公众的心态又何尝不是这样！）。12月份市场尝试恢复上涨，但是最高价低于11月份，没有成功创新高，市场努力再次失败，这是第五个警告。这之后市场进入熊市。

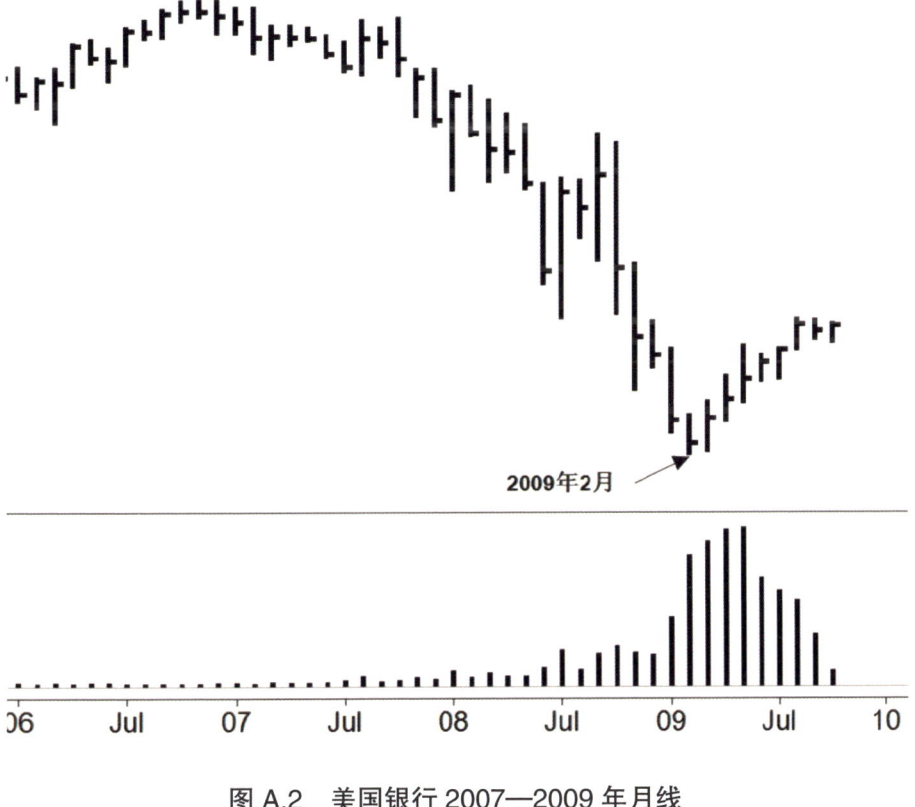

图 A.2　美国银行2007—2009年月线

在这次金融危机当中，大家经常讨论的一个话题是美银（BAC）会国有化，那意味着股票的价格将成为零。这种消息对大众交易者产生了巨大的恐慌，导致持有金融股的大众交易者纷纷抛售。一觉醒来，摩根士丹利到了每股4块，花旗银行几乎到了1块以下。然而我们银行内部没有一丝恐慌，因为我们自己非常清楚，这种恐慌抛售来自大众交易者，而主力机构正在张着口袋接盘（他们当时的角色是买方）。当时我带领团队大量收购银行股，因为我们知道这是历史上少有的机会。我记得当时美银的CEO肯·刘易斯也在大量买入本银行的股票，还有巴菲特在大量买入高盛的股票。从2009年2月—3月，BAC低于3美元，但是价格的下跌幅度已经大幅度减小。如果人们稍微懂得一点市场行为的逻辑原理，他们就非常清楚地知道，此时买方是大资金，卖方是大众交易者。BAC的价格从此开始飙升，到2009年10月份的时候，价格已经达到18美元。

目 录

第一章 聪明钱解读市场的工具是什么？ 1

第一节 聪明钱的看盘顺序　　2

第二节 主力资金观察走势所遵循的原则 7

第三节 供求关系 9

供求关系主导趋势的行为　9
供求关系和上涨趋势　　10
供求关系和下降趋势　　11

第四节 支撑和阻力　　12

供求关系在支撑上的应用：需求吸收供应 13

第五节 如何识别供应和需求扩大　　22

需求吸收了阻力的供应，并开始占上风　24
熊市中需求的扩大：恐慌抛售　　26

第六节 牛市中怎么看出供应开始扩大：抢购高潮　　28

第七节 因果关系 30

趋势的形成和因果关系　　30
抄底之前耐心等待吸筹过程　　32
短暂的准备过程　　33

顶部供应增强　　　　34

第八节　努力和结果的关系　　　36

第九节　成交量行为　　37

　　量价基础：盘口　　38

　　我们根据成交量能读出哪些市场信息？　　39

　　趋势中的成交量行为特征　　40

　　成交量案例　41

　　形成顶部的成交量行为特征　　44

第十节　总结　　45

第二章　底部研究　　47

第一节　趋势怎么就到底了？　　47

第二节　哪些市场行为可以判断熊市终止？　　49

　　初次支撑　51

　　恐慌抛售和自动反弹　　52

　　二次测试　52

　　第一阶段案例　　53

第三节　停止行为 56

第四节　吸筹的第二阶段：哪些市场行为
　　　　告诉我们吸筹结束和牛市开始？　　58

　　怎么观察吸筹？　58

　　吸筹过程中的供求关系　　58

主力资金迫使大众交易者出货的方法　　60

　　第二阶段案例（一）　　61

　　第二阶段案例（二）　　67

第五节　吸筹过程的第三阶段：

　　　　确认吸筹结束的市场行为是什么？　　68

第六节　吸筹过程的第四阶段：进入牛市　　70

　　强势出现（SOS）　　70

　　跳离震荡区之前的探索阻力　　77

　　跳离震荡区（JOC）案例（一）　　81

　　跳离震荡区（JOC）案例（二）　　82

　　跳离震荡区（JOC）案例（三）　　83

第七节　吸筹过程的操作综合案例　　85

　　吸筹过程较短　　85

　　长期吸筹　　89

　　底部的进场案例　　94

　　鄂武商A，波段底部案例　　96

　　鄂武商A，短线波段底案例　　99

第八节　震仓　　102

　　终极震仓　　102

　　震仓案例　　104

　　普通震仓　　106

第九节　总结　　108

第三章　顶部研究　　109

第一节　主力资金的出货过程　　110

牛市是怎样停止的　110

抢购高潮　　115

自然回落和二次测试　　118

第二节　派发的确认阶段　119

上冲回落（UTAD）　　120

弱势出现（熊市特征）（SOW）　121

第三节　派发案例 123

抢购高潮，二次测试，主力资金建出货支撑　　123

急速下跌后的区间　133

2015年中国股指案例，观察主力资金的离场策略

　　（制造临时支撑，引诱大众交易者追高）　136

没有抢购高潮的派发　　139

低位派发案例　　141

市场自我否定行为的案例　143

头肩顶案例 145

上冲回落的派发模式　　147

派发和破冰案例（一）　149

派发和破冰案例（二）　150

第四节　总结　152

第四章　持仓：洞察趋势的脉搏　153

第一节　趋势的脉搏　153

第二节　上涨趋势中的持仓和移动止损　171

案例（一）上影线的处理，吸收的判断　172

案例（二）回落量增，上影线的处理，移动止损　175

第三节　下降趋势中的持仓和移动止损　176

案例（一）反弹50%，移动止损，死角突破　177

案例（二）下跌进入枯燥状态　179

第四节　总结　180

第五章　综合分析：进场，持仓，离场　183

超卖之后　183

熊市中Spring的突破幅度更重要　184

面对阻力位的走势判断　186

JOC，上升通道，无需求反弹交易法　188

吸收行为，JOC，回落主因是无供应　189

需求背景下的50%回调　191

图七：冰线交易法　193

SOT，停止行为交易法　194

震荡区　195

震仓的作用　196

如何分析支撑上的供求关系　198

如何分析阻力上的吸收行为　　　200
如何使用相对强弱分析来选择股票 201
背景中弱势出现后如何判断顶部形成　　　205
震荡区间（TR）的短线交易　　　207
如何使用超卖线　　209
阻力上出现供应后，跟随很重要　　210
突破趋势通道后等待什么　211
为什么牛市反转必须等待供应出现 212
什么是无需求反弹　　214
Spring 失败和二次测试　　215
如何判断是否在支撑进场　217
如何在趋势线通道交易　　218
如何从细节看出需求或供应的力量 219

第六章　综合分析结果 223

对市场时机的把握　223
熊市中的长下影线　225
破冰回测做空策略　227
二次测试与突破死角　　228
低量测试确认 SOS　231
吸收阶段　　231
进场点：回落出现 Spring　232
失败的 JOC 二次测试　　233
判断吸筹没结束的案例　234

供应不足，回落无力　　234
下跌趋势终止　　236
OKR：熊市信号　　237
JOC 回测确认牛市特征　　238
顶部的判断　　239
反弹有跟随　　240
阻力的判断方法　　241
供应耗尽，JOC 出现　　241
牛市初期成交量　　242
下降停止行为　　243
第一目标后的停顿　　244
需求继续控制市场　　245
需求进场　　246
Spring 失败　　247
冰线突破　　248

常用术语解释　　251

后　记　　265

第一章 聪明钱解读市场的工具是什么？

聪明钱使用的解读市场的三个基本要素：价格、成交量、走势速度，解读走势的理论基础是供求关系。我们先来谈谈在专业交易员眼里的价格和成交量。他们能够从中读出什么？

- 识别支撑和阻力。（用价格判断）
- 走势涨跌的速度——趋势线的角度。（用价格判断）
- 识别超买或超卖行情。（用成交量和价格判断）
- 识别在某个阶段是哪方面的力量在控盘。（用价格和成交量判断）
- 在顶部，识别主力资金[①]是否在制造狂热，吸引大众交易者入市。（用成交量判断）
- 在底部，识别主力资金是否在制造恐慌，迫使被套的买家割肉卖出。（用成交量判断）
- 利用供求关系原理判断支撑和阻力的质量。（用成交量判断）
- 识别主力资金吸筹或派发的起点到终点。（用成交量判断）
- 识别主力资金是否正在吸收阻力上的卖盘，并判断是否会突破。（用成交量判断）

---

① 主力资金是指掌握大资金的人或机构。

第一节 聪明钱的看盘顺序

当我们面对屏幕上的走势图的时候,你的看图顺序是什么?是等待技术指标产生进场信号?如果想挖掘价格背后主力资金(CM)的真正意图,只看技术指标无法得到真正的答案,我们这里介绍一下聪明钱的看图顺序:

• 背景。

• 价量形态:K线的长度、成交量的高度、变化速度。

• 价量形态的性质:走势的强弱,价量形态的原因和可能产生的后果。

• 结论或预测:通过以上两方面信息,判断当前是处于上涨趋势的秩序当中还是下跌趋势的秩序当中。

• 措施和行动:根据得出的趋势秩序,决定是否开始行动。比如:进场、离场、收紧止损,等等。

我们先看个简单的例子(这个虽然是简单的形态,但是我们在实际交易中经常遇到),见图1.1。

• 形态:A到B是上涨阶段,成交量递增。K线1之后的回调,无论是K线的长度还是成交量的高度都在递减。

• 观察:价格回落的力度很弱。

• 结论和预测:短K线和小成交量回调,说明供应没有进入市场,价格上涨的秩序完整,趋势还会继续。

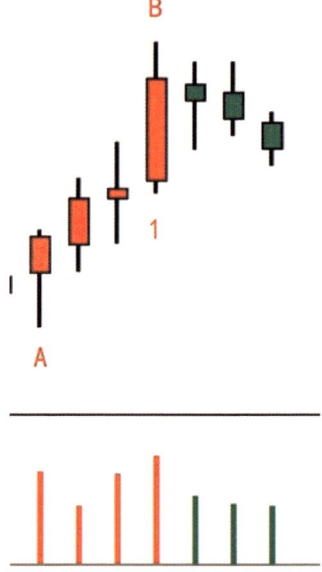

图1.1

• 措施和行动：看到停止行为，或者需求接盘的现象，进场买入。图1.2是上图的延续。

• 形态：C到D依然是牛市秩序。但是之后的回调幅度开始扩大，同时成交量也是相对较大。

• 性质：同B、C相比，回调力度比上涨力度大，这不是牛市的特征。

• 结论和预测：相对扩大的成交量和价格的振荡幅度，说明市场上供应在扩大。

• 措施和行动：这个回调不能做多，要耐心等待供应枯竭后才能再进场。

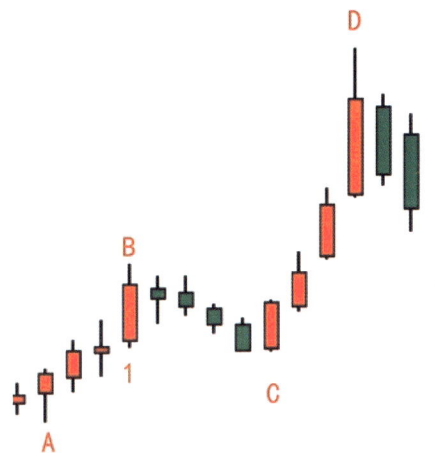
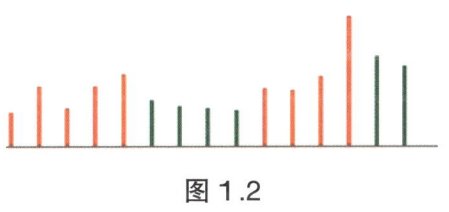

图 1.2

下面我们看一个稍微复杂点的形态的整体分析：

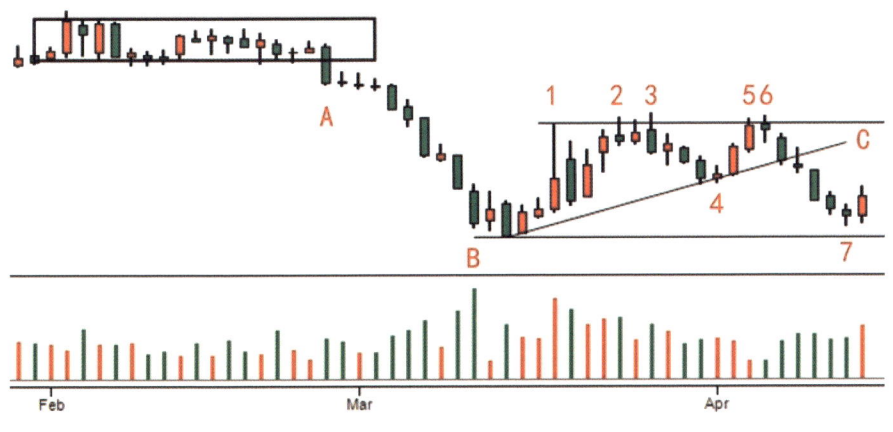

图 1.3

如图1.3所示，背景是熊市，价格进入震荡区。

A到B的下跌速度很快，中间没有碰到买家的抵抗，这是超卖[①]行为。K线B的成交量到达顶峰，这属于恐慌抛售。从以上行为我们分析需求正在吸收抛盘。由于有超卖行为，当时的供应被大量消耗（恐慌情绪导致）。在供应消耗殆尽的背景下，只要有需求，就会导致价格上涨，所以超卖之后至少价格会有个反弹。但是**主力资金**会不会把价格立即拉到前面震荡区的位置，去帮助那批大众交易者解套？尝试想一想，我们就是**主力资金**，如果此时看多的话，也不会立刻启动上涨，好心用高价把股票从被套的公众手里买进来。**主力资金**的习惯是，尽可能地把价格打压到最低，让被套的大众交易者因为恐慌而绝望，从而把手里的股票抛出来，然后**主力资金**以低价扫货。这是一个控盘主力正常的操作逻辑。

在K线A之前，交易在震荡区进行。K线A突破震荡区之后，一大批大众交易者被套住。他们指望价格能快速涨回来，好让他们消除亏损。在价格再次回测震荡区的时候，他们这种行为会增加卖压（供应）。

牛市趋势形成之前，我们必须看到一个准备过程（吸筹过程）。**主力资金**要在这个过程内收购便宜股票。所以**主力资金**要想推动价格进入上涨阶段，必然先迫使那批大众交易者在底部抛掉。这样**主力资金**不但能够买到便宜股票，而且当价格回到震荡区时，卖压会减少。所以现在不能抄底，因为没有看到牛市前的准备过程。

[①]超卖（Oversold），价格出现持续急速下跌（包括突破下降通道中的超卖线），中间没有任何反弹。超卖现象既可能是大众交易者的恐慌抛售，也可能是主力资金制造恐怖气氛的一个策略。超卖出现后，在主要支撑位置会出现反弹。超卖行为和后面说的恐慌抛售行为，他们所起的最大的一个作用就是快速消耗了当时市场上的供应。在下跌趋势当中，本身供应是大于需求的，一旦供应出现了大规模的消耗，打破了原有的供求关系，在当时的底部有价无市，一下子买不到股票了，在这个背景下，只要市场稍微有一点需求，价格就能上涨（因为当时供应短缺）。

恐慌抛售①之后，价格出现自然反弹，让我们看到需求现在已经有能力承接供应，原来在下跌趋势当中，需求不足，也就是说没有买家的人气。当我们看到需求有能力承接供应并截住下跌趋势的时候，说明市场的背景起了变化，至于能否形成底部，以及是否出现吸筹的特征，我们还要继续观察。

K线1的特点是：价格上下振荡幅度很大，但它是上影线，同时伴随超大成交量。这说明反弹遇到了强大的供应。先前在恐慌抛售中接盘的股票，现在又被卖回市场。

结论：趋势还是熊市，不能抄底。

预测：现在关键看回调的力度。

但是这次反弹有一个重要信息，那就是突破了供应线（下降趋势线）。供应线本身代表一种压力（供应足），每次反弹没有超过，说明背景中供应占上风这个事实没有改变，或者说明下跌趋势没有受到威胁。一旦这个供应线被突破了，我们第一反应就是供应出现不足。供应不足，这个行为所影响的是整个背景。所以突破供应线是一个重要信息，任何时候我们想反转做多的话，突破供应线是一个重要条件。

价格经过一个K线的回调之后再次上涨。但是K线2在阻力位置停止上涨（SOT），同时伴随扩大的成交量，再次告诉我们顶部供应超过了需求。在K线4到5的上涨中，成交量大幅萎缩告诉我们：前面恐慌抛售中产生的需求已经枯竭。

结论：熊市没有改变，不能抄底。市场刚刚有一点买方的人气（需求刚刚有起色），没有涨多少，买家人气就消耗殆尽。这种现象告诉我们市场还面

---

①恐慌抛售：也叫作超卖高潮，英文代号是SC（Selling Climax）。其特征是下降趋势中发生的、潮水般的恐慌抛售。这种状态发生在下跌趋势持续了一段时间之后。它标志着下降趋势的结束或者接近结束。这种恐慌性的卖盘形成了极宽的振幅和超高的成交量。它可以发生在一天或者几天内。如果没有上述特征，将不是超卖高潮。不是所有的下降趋势都会有超卖高潮。所有超卖高潮之后的成功二次测试将终止熊市。

临着继续下跌的危险。

趋势线ＢＣ和阻力线交叉形成死角①。现在背景是供应大于需求，只要回调再稍稍努力就能突破趋势线，价格会进一步大幅下跌。

预测：如果价格下跌，我们期待Ｋ线4的支撑能够挺住。一旦Ｋ线4失守，我们期待恐慌抛售产生的支撑能挺住。死角进一步证明了市场需求的耗尽，让我们感觉到，价格上涨刚刚有了一点起色和动力，现在就走进了死胡同。如果在这之前因为各种原因抄底了，此时必须离场，因为市场已经没有了继续上涨的原动力（需求大于供应的秩序）。

价格突破了ＢＣ趋势线之后，迅速下跌，中间没有反抗。这种速度属于超卖现象，让我们怀疑这是震仓②，迅速反弹可以证明我们的推断，现在关键看下面支撑能否挺住。在到达支撑区时，Ｋ线7的振幅大幅缩小，同时成交量没有缩小，这是停止行为，表明供应努力没有结果，同时新的需求在接盘。特别是最后一根阳线，说明需求已经全部吸收了供应。略高的支撑位说明主力资金已经全部收购了下方的股票，现在开始向上收购。高支撑说明底部阶段接近结束，价格准备上涨，或者说主力资金已经完成了收购，他们现在开始允许价格上涨。

结论：吸筹结束，接下来如果看到持续上涨之后，在价格停顿或者回落的时候，依然没有看到供应涌现，则可以进场买入。为什么要看到持续的上涨？之所以能够持续上涨，是因为在上涨过程当中没有遇到压力，也就是说没有遇到供应拦截。那么在市场行为当中，供应短缺，本身就给价格的上涨

---

①死角：在支撑位或阻力位，Ｋ线的高点不断降低，低点不断升高，价格波动越走越窄。死角意味着价格很快有大幅波动，这是个提前进场的好时机。

②震仓：英文是Shake out。在震荡区中，一个故意使价格下降或上涨的行为，其目的是激起大众交易者平掉当前仓位而主力趁机接盘。分为普通震仓和终极震仓。普通震仓发生在上升趋势中，多数是受不利消息影响，造成市场临时波动。普通震仓之后，价格会快速恢复上涨。终极震仓发生在吸筹过程中，目的是让还在死扛的大众交易者抛掉手里股票，让主力资金控制更多筹码。

创造了条件。在上涨过程当中，价格停顿或者回落的时候依然没有供应的压力，表明上涨趋势没有改变。

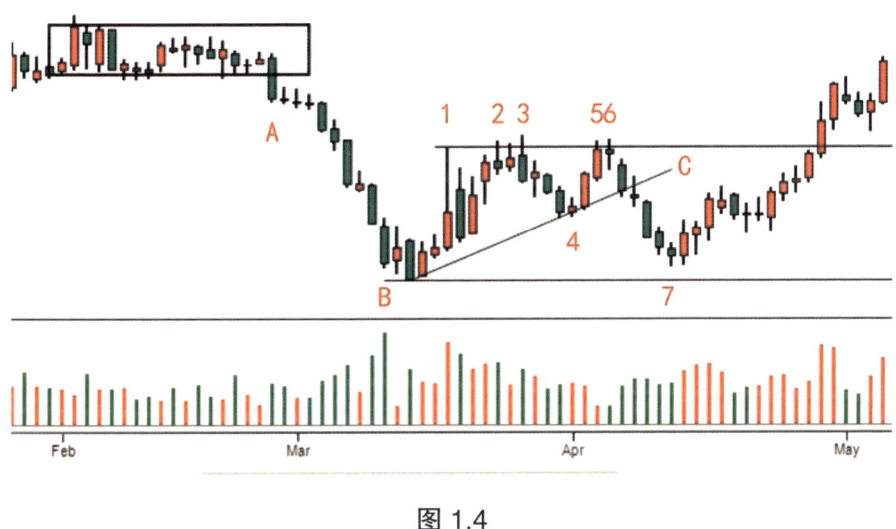

图 1.4

图 1.4 是图 1.3 的后期走势：K 线 7 之后的上涨，我们看到了一种上涨持续的状态，这是需求强劲，供应不足的结果。上涨当中出现了两天的回落，这里我们更关注成交量，低量说明没有供应压力，价格继续上涨的秩序没有被打破。这里是个好中最好的进场时机！后面价格接近区间顶部阻力区的时候，那里有大量的供应被吸收。怎么看出来的？量价那种干净利落的突破动作告诉我们的。无论阻力区有多少卖单出货，买家都有足够的资金全部吸收。供应被吸收之后，就减轻了上涨的压力，所以我们看到了后边顺利的上涨。

第二节 主力资金观察走势所遵循的原则

- 趋势的动力来自供求关系的不平衡（供求关系原则）。
- 趋势形成之前需要准备过程（因果关系原则）。

- 成交量的增长没有使价格大幅增长，这是走势停止行为（努力和效果原则）。
- 市场要是保持一种趋势，必须遵循现有的秩序。换句话说，只要这种秩序不被打破，趋势就存在，我们就可以安心持仓。

供求关系　　是价格涨跌的基本元素，我们在观察市场时，要不断地衡量供求关系的变化。比如已经买入，那么接下来市场的供求关系变化将决定立刻离场（供求关系秩序已经否定你的判断），或持有（供求关系秩序支持你的判断）。

因果关系　　主要用来判断趋势反转。熟练使用因果关系，可以避免盲目抄底，并使我们在趋势起飞之前的最低风险位置介入市场。任何主要趋势在反转之前，都需要一个过程（比如牛市之前的吸筹过程）。没有这个过程，接下来形成的趋势不会持续太久。比如大众交易者喜欢抄底，他们在熊市中的第一个反弹就买入，结果是被套或者被震仓出局。他们失败的原因就是没有等到吸筹过程结束，这个过程就是因，后面产生的趋势就是果。

努力和结果的关系　　主要作用是告诉我们走势出现停止行为。努力是指成交量（市场流入订单总量），结果是指价格的变动幅度。比如在支撑价位附近，我们怎么知道这个支撑是有效的还是价格会突破？当我们看到价格接触支撑价位的时候，成交量突然扩大，此时如果价格范围很窄（短K线），这就是努力没有产生相应的结果。熊市中，这么大量的卖单流入市场，但是价格却没跌，说明价格下跌遇到了阻力，这种阻力来自需求，也就是大量的买单同时流入市场，截住了下跌势头，这就是一种停止行为。努力和结果在实盘操作中非常实用，特别是在阻力和支撑价位的时候，我们利用努力和结果的理论可以提前知道后市的方向。

第三节 供求关系

供应和需求是经济活动中的一个重要概念，任何一个市场的价格波动都来自供求关系的变化。证券市场也是一样，无论是股票、期货还是外汇市场，有一个最基本的原理就是供求关系不平衡产生趋势。我们常见的市场表象：比如支撑和阻力、趋势、价量的波动等，都是由于供求关系的不平衡而产生的。但是由于大众交易者更注重技术指标和几何图形等表象，缺乏准确衡量在某一价位或某一时间段内的供求关系状态的能力，并因此造成错判。比如在某个价格区，谁在控制市场，是买方还是卖方。在顶部的派发初期，供求关系的变化已经显示出供应开始大于需求，危险已经出现端倪。但是盘面上的走势表现还是持续向上突破，很多技术指标还是给出继续买入的信号，让人们相信市场还会继续大涨。解决这些误判的根本方法就是利用供求关系来识别市场的强弱。

供求关系主导趋势的行为

我们举个简单的例子，比如你下单买1000股某只股票，价格是100元一股。但是在这个价位市场上股票只有200股，你要的1000股就是需求，市场在同一价位只有200股就是供应，明显的供不应求，场内经纪为了撮合交易，分别以101元（300股），102元（400股），103元（100股）把你的订单完成。从这个简单的例子看出，价格的上涨产生于供求关系的不平衡。

在金融市场上，需求就是购买力，或者说买家的人气。供应就是流入市场的卖单数量，供应扩大就是抛售力度增加。当供应大于需求时，价格处于下降趋势；反之，当需求大于供应时，价格处于上涨趋势；当供应需求平衡时，市场在一个交易区间波动，没有明显的趋势，也就是我们常说的容易亏钱的危险区。那么这些看似简单的纯理论的东西，我们如果能够从价格和成交量上解读出来，并能识别出谁在控制市场（买方还是卖方），我们的交易就会处于不败之地。即使十次交易只有五次，甚至是只有三次或四次是正确的，总的结果是我们依然能够盈利。原因就是我们通过识别供求关系把风险降为最低，这样一次盈利的交易就能把所有亏损的交易补平，其他的盈利交易就是纯盈利了。我们这本书就是通过对量价的分析，反映出价格背后的供求关系。懂得了市场的供求关系，也就懂得了市场的本质。

供求关系和上涨趋势

在上涨趋势中，价格上涨背后的原因是供不应求。市场上在同一价格的卖单总是无法满足不断增加的购买力（需求），这是一种秩序。为了满足需求，买方只能去买高一点价位的股票，这种现象使得价格不断地抬高。在这种需求大于供应的情况下，价格走势如果要停止或者出现反转，供求关系的秩序首先要有变化。也就是说在同一价格情况下，当人们的购买力完全得到了满足，不需要抬高价格来满足需求的时候，价格停止上涨。这是我们要关注走势的重点。当我们看到，虽然参与买入者众多（高成交量），但是上涨没有取得多大进展，用市场本质解释就是供应已经开始增加，这种供应来自主力的出货（因为他们预设的利润目标已经到达）。市场的背景由供不应求变成了供需平衡或者供过于求，原有的上涨趋势的供求秩序被打破，看到这种被打破的供求秩序，我们要对现有的仓位进行处理，或者缩紧持仓止损或者离场。聪明钱察觉到了这些蛛丝马迹，会立刻调整仓位并开始做出逃准备。这种市场的供求秩序出现的变化，指标和软件是无法提前告诉我们的。因为市场背景出现变化时，价格还在上涨，指标给出的信号还是买入，一旦按照指标指示买入就会造成套牢。这本书的目的之一就是讲解如何分析走势强弱并提前识别出旧趋势即将停止和新趋势即将起飞，以及如何在人们疯狂购买时冷静地和主力一起实施出逃计划。

为什么上涨中经常出现回调？一个原因是需求逐步减弱（买方因为某种

原因不愿意追高了，这样价格失去了继续上涨的动力，这会引起回调）。这种上涨的停止不是因为供应压力，而是因为买方自身能力减弱。所以这种回调不会造成趋势反转，因为我们没有看到趋势反转所需要的压力（供应）。另一个原因是遇到供应压力而停止，并造成回调，这种压力来自当时短线供应的出货。对于这种原因造成的价格停止和回落我们要小心，因为市场已经出现了可以阻止上涨趋势的压力（供应）。在回调中要观察供应压力是否保持力度，如果供应的压力一直在保持，说明出货行为开始蔓延，市场的供求秩序被打破。这种情况下，我们要重新评估市场的秩序，并确定下一步走势。市场要想恢复原来的趋势，必须有足够的需求（大量买单流入市场）吸收这个巨大的卖压，并以持续增加的数量让价格恢复上涨趋势。或者说，市场产生的这种压力必须处理掉（比如区间的终极震仓行为）。一旦在这种回调后的恢复过程中，没有更大的和新的需求进入市场来克服回调带来的巨大卖压，市场会逐步进入派发阶段，然后进入熊市。

供求关系和下降趋势

在下降趋势中，供求关系是供应大于需求，或者是需求很弱，这是下降趋势的供求秩序。我们先分析下降趋势中，买家都有谁？大部分大众交易者在顶部的派发阶段都已经满仓套牢。在价格进入下跌阶段的时候，他们在诚惶诚恐地扛着亏损，不会有足够的资金和心思再去买入股票，所以这部分人不会给市场增加需求。再有一部分买家就是短期做空平仓的空头。但是这些买单只是随着他们平仓的结束而终止，并且这些买单不是来自真正买家的主动投入。所以空头平仓不会推动价格持续上涨，这种上涨只是昙花一现。那么剩下的，那些有能力买入，并为市场提供需求的，就是主力资金。主力资金的特点是，通过运作（制造恐慌）把价格压到尽可能低的价格区，他们才出手。如果价格还没有跌到他们满意的价格区，他们不会买入，这样下跌趋势的供求秩序一直在保持，直到恐慌抛售行情出现，主力资金开始建仓，需求开始扩大,改变了原有的下跌趋势的秩序。随着需求力度的保持,供应逐步减少,渐渐地进入上涨趋势要求的供求秩序。

我们应该培养一种能力,就是在不使用技术指标等外部工具的情况下,通过价格和交易量的细节变化能够识别市场当时的供求关系。通过对图上价量的分析把供求关系及其变化翻译出来,这样我们能实时掌握市场的脉搏。对市场发生的任何变化,我们能够在重大行为发生之前发现端倪,并制订相应计划。以后我们的走势分析主要围绕着供求关系并结合实例进行细节分析。

第四节　支撑和阻力

无论是均线,或者黄金分割百分比线,或者其他的指标产生的线,都不能单独代表支撑和阻力。因为市场对这些线一无所知,也不关心你是怎么画的;市场不管你大脑里是怎么想的,你的系统怎么样,你有多少指标,等等。

真正起到支撑和阻力作用的是成交量。因为成交量代表着流入和流出市场的资金量,成交量的大小反映出参与者的信心大小。支撑是在某个价位购买力超过了抛售压力(需求超过了供应,也就是需求吸收了全部的供应),也可以说在支撑价位上,有很多买单流入市场,远远大于卖单流入量。当价格再次回到这个价位的时候,我们要观察是否有支撑的动作(比如 Spring,或者量增 SOT),这个支撑的动作可以看出这个价位的需求是否依然很大,或者说买单的流入量是否依然远远大于卖单流入量。

阻力是在某个价位抛售压力超过了购买力(供应超过了需求,也就是没有足够的需求吸收供应),或者说在某个价格区,大量卖单流入市场,远远超过了买单流入量。当价格再次升到这个价位时,我们要观察供应压力是否扩大,压力扩大的这个动作可以告诉我们价格暂时停止上涨。如果回落时的成交量很小,说明卖单流入量逐渐变小,市场产生的压力没有持续,所以上涨趋势的秩序没有受到威胁。

阻力就是在某个价位，买方不愿意按照卖方的出价交易；支撑就是在某个价位，卖方不愿意降价出售。下面我们用图解释供求关系在支撑上的应用。

供求关系在支撑上的应用：需求吸收供应

如何看支撑，我们是想看到支撑是否起到了阻挡下跌的作用。我们深度分析能够打破支撑的压力是什么？而能够吸收这种压力，并且能够抵挡住下跌的又是什么。这种思维角度就直接把我们引入市场动力的分析，而不是被K线表象直接左右情绪和判断。

图1.5中，绿色K线表示放量阴线，红色K线表示放量阳线，白色K线是普通阳线，黑色K线是普通阴线。

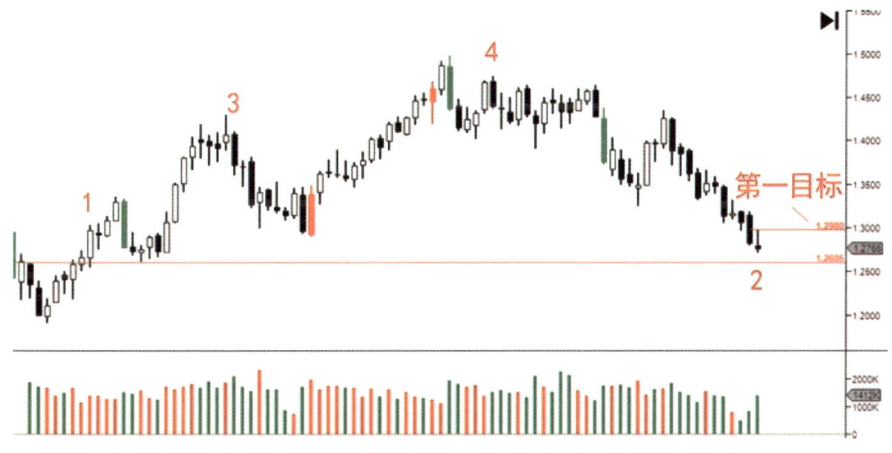

图1.5

如图1.5所示，这是欧元周线图。右手边的背景是下降趋势，但是从大的时间框架来看，是处于一个大的交易区间。K线1引起上涨的原因是吸收了供应区的所有供应，扫除了上涨的压力，才得以顺利突破。突破后，原来的阻力位价格因为供应压力被完全吸收，成为需求区，也就是支撑区。后面价格再回调的时候必须有足够的供应才能突破这个支撑。

判断价格顺利上涨的原因是突破之后连续的三高（更高的高点、更高的低点、更高的收盘），这种行为表示市场的一种强势特征，因为连续三高的上涨过程中，没有任何压力可以阻止上涨势头。买方人气旺盛，需求占上风。要想维持上升趋势的秩序，如果有停顿或者回落情况发生，我们必须看到供应依然不足的情况，或者说，即使价格上涨有停顿，也是因为需求的不足，并不是因为来自供应的压力导致。

但是在上涨的时候，突然某一天大量供应出现。在图上表现为一个放量的阴线。这种情况我们立刻怀疑上涨的有效性。如果市场只有一天是这种卖单增加的情况，上涨趋势节奏还没有被打破。但是如果第二天市场出货的情况持续的话，这会影响上涨趋势的秩序，因为我们看到了整个市场的态度开始倾向于出货（供应压力开始大于需求）。但是看接下来的两天，接近支撑区（需求区）的时候，价格波动幅度立刻缩小，但是市场的出货量依然很大。那么同样的出货量为什么没有前面同样大的下跌幅度？应该有的下跌幅度被什么力量吃掉了。答案是买家的资金，或者说有大量买单流入并积极吸收了卖盘。就是说再大的供应也无法满足这个价格区内的需求，很显然需求大于供应。

虽然说现在需求大于供应，但是我们不否认供应的力度依然存在，我们还没有看到供应稀少的行为，这个行为在反弹两天之后的一天回落出现了，因为这一天回落是低量，表明供应已经消耗。到此为止，市场维持了继续上涨趋势所需要的秩序，巩固了这里的支撑强度。

在支撑位置如何用供求关系确定方向

如果价格回到支撑，我们观察是否有大量买单流入并积极吸收卖盘。一旦我们发现触底后没有出现强烈反弹，说明买家在等待更低的价格，这个支撑因此失效。如果想看到价格在支撑上挺住，测试支撑的K线必须是短K线，这表明供应枯竭，会吸引需求进场。

K线2的情况和上面说的突破后回测的情况相同，也是巨量没有产生相应的下跌幅度。或者说需求完全吸收了这么大的卖单，导致价格下跌没有进展。如果要抄底，此刻是要做准备的时候。一旦接下来有需求跟随，关注无压力回落的情况出现，然后进场做多。

3号和4号K线：仔细观察有什么共同点？

第一：都在小型震荡区的右手边。凡是价格在震荡区右手边，我们需要知道供需双方中哪一方走强（理论基础）并使价格离开震荡区，在图上如果出现垂直需求柱或垂直供应柱，可以确认上述理论根据成立。

第二：成交量都是相对增加，而且出现了三低（更低的低点、更低的高点、更低的收盘）。顶部右手边出现三低，是市场行为改变的信号，或者说原供求秩序被新的供求秩序代替。这个当口是多头最后的最佳离场时刻，再舍不得出货的话，您的账户将开始进入亏损状态。

通过对以上行为的观察，在顶部右手边出现的相对放量阴线（三低），是行情看跌的信号。因为卖单已经无法在高位找到买单，只能通过降价来撮合低价位买单，这说明需求已经耗尽，供应开始主导市场。此时如果还没离场，现在必须清仓；千万不能再去买入，如果要买，就等于帮助主力资金派发[①]，套牢是肯定的事。在我们实地辅导当中，反复强调右手边的重要性。很多同学在左手边看到停止行为就急于做反转，没有耐心等到右手边。强调等到右手边的原因是我们给趋势反转留一段准备过程（因果关系）。准备过程本身就是个消耗战，主要是消耗原趋势的动力。当原趋势的动力消耗得差不多了，行情到了右手边，看到新趋势出现了强势特征之后，才是我们考虑建新仓的

---

① 派发，英文是Distribution，这是主力机构的出货过程。从供应需求方面考虑，派发区是供应克服需求，派发的结果是终止牛市并最终把市场转为熊市。在派发区域，专业投资者以及先前持有仓位的投机者，将自己手中的股票卖给大众交易者。而大众交易者常常因为各种各样的利好消息（比如发布新产品，股价持续上涨等）而疯狂买入。他们认为价格将继续上涨，不想错过这个机会而买入，或者他们在价格从顶部下降了几点后，可以捡个便宜。当清仓了手里的多头筹码后，主力机构将不会再次入场并为价格提供支撑，他们甚至会建立空头仓位来加速价格下跌。相对吸筹过程而言，派发常常在比较短的时间内完成。比较大的派发常常在数周或者数月内完成。

时候，但是也要等到原趋势的努力已经完全失去了动力之后（比如 4 号 K 线那里）。

不是所有的支撑都能够成为进场位置

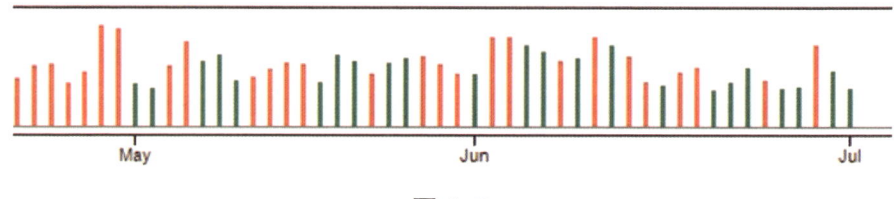

图 1.6

如图 1.6 所示，支撑上出现了无力反弹，表明支撑价位流入的买单很少，买家对这个价格没有兴趣，不愿意追高，支撑区没有需求导致价格继续向下寻找买家。

判断支撑是否有效，主要看支撑处需求增长的强度。假如你在支撑位进场买入，说明你假设了这里有大量买单流入而阻止了下跌。如果接下来的几天没有表现出持续的需求，反而是低量小幅波动，说明没有大量愿意追高的买单，那么这个支撑无效，我们应立刻离场等候。

K 线 1 到达支撑位置出现反弹，这是个很好的停止行为。它的振幅小说明下跌幅度缩小，高成交量说明卖单流入很多，但是缩小的振幅说明这么大卖单流入没有结果（需求扩大的导致）。按照习惯，在支撑上出现下跌终止行为，价格应该反弹并上涨。K线2的涨幅却是非常小，冲高之后收在中部，说明市场没有足够的买单流入来跟随这个反弹。K线3是供应继续主导市场的信号，上影线说明当日卖单流入量大于买单流入量（供应战胜需求），同时成交量扩大，这说明反弹遇到了强大的供应（主力高抛所致）。结论是支撑无效，导致价格继续下跌。

K线5和4的情况与K线1和2相同，同样是支撑上没有需求接盘并持续增加，导致支撑失效。

通过K线1、2、3、4的行为，我们知道支撑失效的理论根据成立，预示着后市继续下跌。如果你不幸抢了反弹，看到以上行为，须立刻离场，不要用自己的情绪和希望来否定市场本质行为。通过上述分析，对于进入支撑区（需求区）时的成交量至关重要。先不管K线如何，高成交量告诉我们供应压力根本没有减少，还具备突破支撑区的能力。如果我们此时买入，等于是跟市场的主控力量作对。好中最好的进场，必须等到价格进入支撑区的时候，供应严重短缺（低量），因为供应短缺是价格上涨的基础。

阻力位置上如何根据供求关系进场

阻力区是大量卖单等候区，换句话说，那个价格的卖单正等着出手呢。如果价格爬回到阻力，要想通过，需求不能出现耗尽行为。

如图1.7所示，目前市场背景是下降趋势，符合下降趋势的供求秩序。下轨是超卖线，走势出现超卖行为之后，反弹突破了供应线。原本供应线上应该有大量卖单流入，吸收买家资金并阻止价格上涨。如果在回落中没有看到大量卖单流入市场，说明市场上缺乏供应，需求会继续主导市场。在供应线上的博弈也和普通阻力区的供求博弈相同。图中横线我们叫作冰线，这个我们以后会经常提到。下面我们解释主要量价行为的细节。

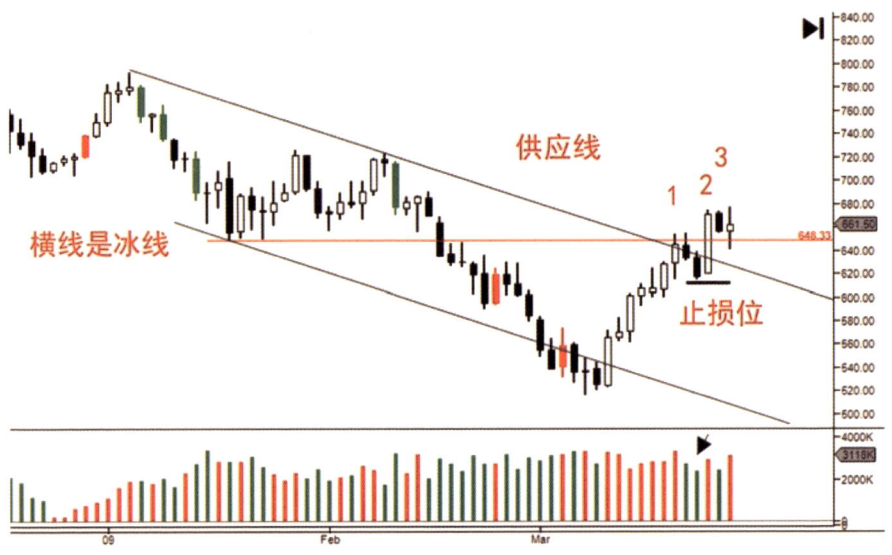

图 1.7

1号 K 线：从底部涨起来这一波没有遇到任何可以阻止它上涨的压力，非常的强势，这种情况下，如果在价格上涨停顿的时候没有压力出现，就确认了继续上涨需要的供求秩序。接近冰线①和供应线②，这是双重阻力区，因为冰线和供应线都是主要供应区，这个位置是前面被套牢买单的成本区。饱受折磨的买家此时最希望的是回本。当价格回测冰线的时候，如果他们开始抛售（会有大量卖单流入市场），供应会扩大，从盘面上我们能够看到有跟随的下跌过程，伴随着递增的成交量（这里的成交量就是指供应压力，递增说明供应压力的保持和扩大）。如果主力资金为了继续抬高价格，他们不得不把

---

① 冰线是上升趋势中的最后一道防线，冰线上的大量买单因为突破而被套牢，说明供应战胜了需求，突破冰线后的下跌的幅度会很大。如何识别冰线？一般确立冰线位置是在新高前的反弹波段的低点，或者下降趋势中回调前的反弹低点。

② 供应线是指下降通道中的上轨，我们假设每次价格到供应线附近，都有大量卖单流入市场，把价格压下去。但是当某一天，价格以超大的成交量和长 K 线突破供应线的时候，说明需求把供应线上的卖单全部吸收掉，导致趋势出现反转的可能，至于趋势是否真的反转，还要看市场的供应是否枯竭，同时需求保持市场的控制地位。

这些供应吸收。

1号K线后面两天，首先看是否压力增强，成交量增减可以给我们答案。递减的成交量告诉我们压力没有扩大和持续，而是逐渐消耗。这种回落满足了上涨趋势所需要的秩序。这种市场行为说明阻力没有能力阻挡住价格的继续上涨。

2号K线：我们的第一反应是突破了前冰线。前面说过冰线是供应越过需求的价位，现在被突破，表明需求足够强大并克服了供应。也就是说这个价位的所有供应全部被需求吸收，供应已经枯竭（市场已经很少卖单存在）。这种情况预示着价格下一波的上涨平台已经建立，但是不能立刻进场，因为突破是大众交易者行为，我们的操作不能与大众交易者为伍。在这种情况下，最安全的进场点是价格再次以短K线和低量回调的时候，低量的回调说明价格上涨停顿的时候市场依然没有压力，需求大于供应。

3号K线：2号K线之后的回落依然没有供应进场，因为它是缩量和小幅回调（没有产生阻止上涨的压力），需求在保持优势，符合我们要等的上涨趋势的供求秩序（买入理论根据成立），开始做进场准备。第二天成交量上升，买家开始变得活跃，价格下探冰层立刻反弹，收于中部以上位置，说明新的需求吸收了全部供应。

供求关系是走势的基础，它的不平衡产生趋势。一旦趋势形成，我们需要不断地评估每一步的供求关系，来确定我们所需要的供求秩序。现有供求秩序出现变化，往往首先出现在很小的价格行为中。这些小的价格行为隐藏着我们判断走势的理论根据。使用供求关系博弈技巧，可以把那些微小的行为变化识别出来。成为一个合格的资本市场工作者，我们需要培养自己的市场行为翻译技能，就是能够从价格和成交量上解读出当时的供求秩序。

在阻力区的供求关系如何确定突破结果？这里最重要的是观察价格走势的终止行为，因为终止行为意味着需求的减弱或供应的增强，这些行为确认阻力的有效性。在阻力区，如果看到一系列的K线收盘都相近，这说明需求减弱。如果阴线有跟随，并且伴随递增的成交量，这是供应扩大的现象，表明买方没有能力突破阻力。下面我们继续看阻力位的供求关系分析。

吸收、供应线与水平线阻力交叉

阻力区的吸收行为，从内涵上讲是买家投入足够的资金，吃掉当时所有的出货。他们这样做的原因是期待更高的价格出货。从表象上看：

- 到达阻力区之后，更多的是下影线。
- 偶尔有一次大的出货现象，比如说有威胁的阴线，第二天没有跟随，而是立刻出现反弹，反映出一种吸收的行为。
- 高支撑代表着吸收行为的结束和上涨趋势即将恢复。

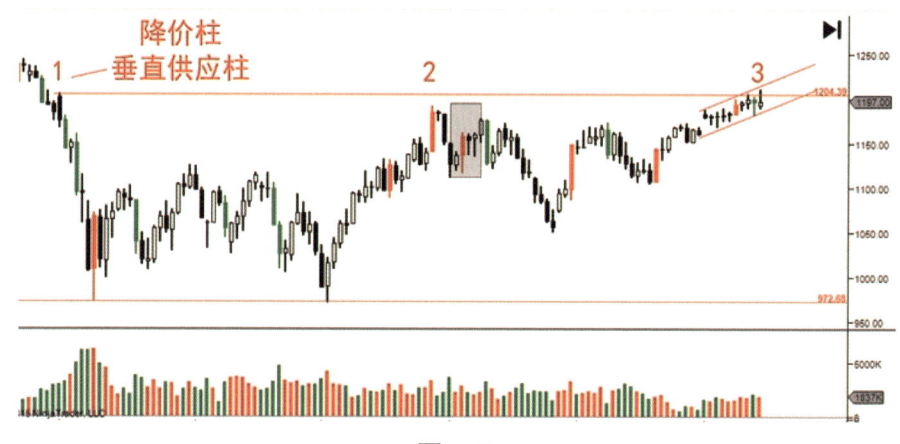

图 1.8

如图 1.8 所示。首先看最近的行情（最右边），走势在阻力位前形成窄幅通道，每天无论是成交量，还是交易范围都很小，交易非常不活跃。这种行为说明需求疲软，但是也没有看到供应扩大的现象。现在到了供应区（K线1所代表的价格区，画阻力线原因是K线1属于垂直供应柱①）。有大量出

---

① 垂直供应柱：简称VSB，表示供应完全控制市场，它的顶是关键区，价格经常回来测试。如果你有多仓，可以在垂直供应柱的顶端离场。如果做空，在这个顶端出现停止行为的时候进场。

货现象是阻力成立的理论基础。下面看如何从图上识别出这个理论基础。K线2是上涨中出现的超长阳线，伴随扩大的成交量，这属于抢购高潮。抢购高潮是一种快速消耗市场需求的行为（也说明主力开始出货），后面的快速回落告诉我们价格确实到了一种不再上涨的极限状态，这里我们注意回落的两天是递增的成交量，供应在扩大。接下来当价格再次上涨的时候，我们要开始关注需求是否耗尽。供应出现的前提下，需求如果跟不上（低于抢购高潮的上涨力度），价格会继续下跌。看图中价格回调后的再次探顶过程，这个上涨力度远远低于抢购高潮的上涨力度，成交低迷说明已经没有足够需求参与这个上涨。看到这一步，我们已经可以判断出后面的走势，因为图上的价格行为告诉我们下跌秩序成立。后面的带量长阴（这里没有标号）确认了下跌需要的供求秩序。

K线3突破了阻力线回落，我们叫上冲回落[①]，简称UT。UT本身是一种主力的欺骗行为，也是停止行为。向上突破吸引买家继续投入，同时扫清空头止损。迅速回落就达到了这一目的，不但套住了买家，而且把空头赶出市场，更达到了出货的目的。UT如果出现在派发阶段，更明确地确认了派发即将结束。

上冲回落要想发挥反转的作用，必须有阴线跟随和成交量递增。如果成交量没有增加，说明出货没有持续。在上升趋势中，这样的上冲回落是个试探行为，属于左手边行为，不能看到就做空。如果上冲回落后的回调很萧条（短K线，小成交量），说明供应没有继续扩大，价格有机会突破阻力，形

---

①上冲回落的特点是突破阻力线后又收在阻力线之下，是个上影线。有时上冲回落由2～3根K线完成，就是说突破时不是上影线，然后接下来一根阴线立刻回落到阻力之下。上冲回落的意义是，主力迅速吃掉空方止损单，然后任价格下跌（他们的本意是做空，但是故意向上突破，目的是扫清障碍）。

成JOC[①]。另外，如果K线3之后第二天没有跟随，而是立刻反弹，说明一次有压力的威胁被立刻摆平（吸收），这种现象属于吸收行为，我们接下来要关注是否出现高支撑，如果有高支撑，就确认了吸收行为，价格会继续上涨。

从上面的分析得出结论，上涨趋势当中，没有卖盘出现（供应），任何的低量回调都是我们的进场点。另外注意，价格触到通道后是否有反应，如果反应很小或没有，不会出现反转。

第五节　如何识别供应和需求扩大

在不同位置的供应或需求扩大的意义有非常大的区别。在震荡区的需求扩大表现为：它必须在震荡区的右手边，必须是相对长的阳线（包括长下影线）以及扩大的成交量。如图1.9所示，K线X是需求扩大的现象，是大量买单的流入导致价格收高。在震荡区供应扩大的表现正相反，比如2号K线。

1号K线：放量，长阳，这是上涨中垂直需求柱（VDB），说明需求控制市场。垂直需求柱的底部是支撑区，股票会回来测试这个底部。这个测试可

---

① JOC：Jump Over the Creek，这是一个SOS信号。价格强烈上涨突破了前期的关键阻力位置或者突破了交易区间的上边界，特征是高成交量和非常宽的振幅。

SOS：Sign of Strength，显示需求控制市场的信号或者上升趋势中需求良好的表现。SOS之前常常是一个交易区间或者吸筹阶段。SOS的特点是超长阳线，伴随超大成交量，有时候SOS是连续的阳线，伴随递增的成交量，但是这种现象出现不确定是SOS，所以SOS必须经过随后的价格回调确认，确认过程一定是短K线和小成交量。同SOS对应的是SOW。

SOW：Sign of Weakness，显示供应控制市场。价格下降伴随变宽的振幅，增加至非常大的成交量。SOW之前常常是一个交易区间，它是熊市的标志。SOW需要随后的反弹确认，如果反弹无力，确认SOW有效。

以作为我们的进场点或者离场点（如果在高位做空的话）。VDB 是重要的市场行为，原因是：这一天行情就是买买买，买家人气很旺，根本没有任何出货压力，这反映出当时的市场供应严重不足。如果以后价格回到这个区，我们看到供应依然不足的话，VDB 的支撑区有效，是做多的好时机。

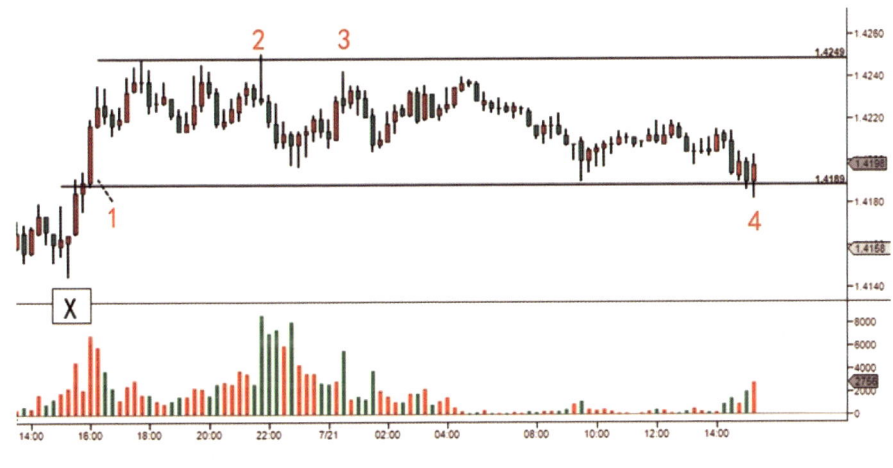

图 1.9

2～3 号 K 线：在震荡区顶部出现放量和上影线，这是供应扩大的现象。3 表示市场更弱，因为价格还没有爬到阻力区，就遇到强大供应，再次说明市场的需求严重不足。后面价格又爬回 3 的价位的时候，低迷的成交结果说明需求耗尽。观察 2 和 3 之后的回落过程和成交量，明显在回落中扩大，表明市场的浮动供应依然很大，对后市的上涨会有压力，显然这不是上涨趋势的秩序。反观价格恢复上涨阶段，成交低迷说明需求不足。把上坡和下坡的分析综合起来，可以确定现在是下跌趋势的秩序。

4 号 K 线：股票回来测试垂直需求柱的底部，在支撑位置出现成交量扩大和价格反弹，说明需求出现并吸收了供应，导致下跌停止。要想做多进场，需要看到供应耗尽现象，所以我们需要观察再一次的测试情况。这个行为也叫下冲反弹[1]，简称Spring。下冲反弹本身是需求扩大的现象，也是一个这里有资金支撑的动作。动作这个概念很重要，比如说在上涨回调当中，我们总是疑惑到底回调到哪里才能做多，这个时候带有支撑的动作就起了作用。

需求吸收了阻力的供应，并开始占上风

在阻力位置，我们如何判断价格是突破还是反转向下？向上突破的理论基础是阻力位置没有供应扩大（压力）出现，或者需求积极吸收阻力上的供应。向下反转的理论基础是阻力位产生大量的供应（有大量卖单流入市场），需求无力吸收这些供应。下面我们看图1.10的分析。

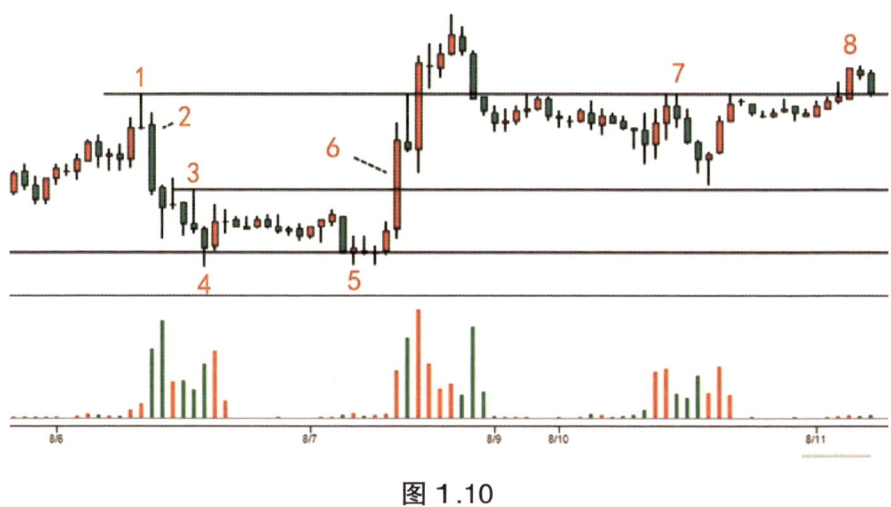

图1.10

---

[1] 下冲反弹：也叫弹簧效应，英文是Spring。弹簧效应是价格突破先前的支撑区域。主力资金利用它测试突破支撑的时候有多少供应参与，以及是否这些供应能够全部被吸收。成功的弹簧效应之后，价格会持续上涨。如果弹簧效应之后没有出现持续上涨的价格，说明需求乏力，这会使供应积极，并使价格下跌。如果在牛市中出现连续失败的弹簧效应，说明牛市已经乏力。下冲反弹之后，价格应该创新高，如果没有，说明需求力量不足，价格行为或者形成区间，或者进入熊市。

如图1.10所示，股票涨到K线1的位置，高量上影线说明供应扩大，并压倒需求，K线2是垂直供应柱，表明供应主导市场，股票进入下跌阶段。这里没看到需求能够吸收供应的现象，原因就是这次的压力威胁后面有了跟随。

3号K线：非常关键的点位，它的高点属于新低前的反弹高点。是因为有供应压力才没有涨上去。行情要想看涨，需求必须把K线3顶部的供应全部吸收，并持续占上风（K线6做到了这一点）。

4号K线：这是下冲反弹（Spring），但是成交量相对大一些，说明突破过程中，浮动供应还存在，或者说流入市场的卖单还很多，这说明供应的能量一直坚持到冲破支撑。虽然收盘收在了区间之内，但是市场的压力存在是一个事实，这种情况不是好中最好的入场时机。我们准备做多的时候，当时的市场供应必须短缺，在这个时机介入，可以很快看到价格上涨。要想价格上涨，这些卖单必须要被清除出市场。聪明钱需要观察二次测试来评估供应是否枯竭。K线5和后面两天是二次测试，低成交量说明浮动供应枯竭，是进场的时机。

6号K线：放量的超长阳线，这是垂直需求柱，也是SOS。是因为它吸收了阻力（3号K线）上的全部供应，才看到了这么顺利的上涨。这是牛市秩序的第一步，需要在价格停顿或者回落的时候，观察供应情况来确认牛市秩序。6号之后的上涨速度太急，量也迅猛增长，让我们感到了上涨节奏的一种不和谐。真正强的趋势是持续稳定的上涨节奏，而不是直上直下的垂直上涨节奏。这种垂直上涨节奏让我们想到了有人在背后故意制造繁荣，既然是故意就有一定的目的。制造繁荣的目的很显然是为了出货。顶部那根长阳之后的三天，虽然价格再继续创新高，但是迅速降低的成交量告诉我们买家的人气迅速减少，市场缺乏足够的需求来推动价格持续上涨。从价格上看，这三天的突破幅度与之前的上涨幅度相比，大幅减少。如果买家有能力，有信心的话，价格不会涨得这样慢，一句话，需求已经不足。需求不足的结果就是价格回落，回落之后的反弹上涨，需求完全耗尽，导致价格进一步下跌。

8号K线：我们看7号K线之前的两天成交量扩大，说明买方在努力，但是价格依然没有冲出震荡区，这说明市场上的供应还很多。从8号K线的成交量来看，市场没有足够的需求来吸收阻力上的供应，虽然价格突破，但是没有吸引到大量买家跟随。需求的匮乏会导致股票继续下跌，股票后来又回到K线5的价位。

熊市中需求的扩大：恐慌抛售

熊市中价格下跌不需要带有扩大的成交量，其原因是买盘数量小（需求不足），如果成交量扩大的话，是买盘扩大（需求增加）引起。假如熊市中出现天量配上超长阴线，这不是股票会继续大跌的信号，而是股票遇到巨大买盘的信号，这种现象叫作恐慌抛售，这种行为导致市场上的供应迅速消耗，市场的控制力被需求逐步削弱。被套的大众交易者眼看着自己账户上的资金每天大幅递减，无法承受心理的压力，在利空消息的恐吓下，索性抛掉全部股票，使自己的痛苦得以解脱。恐慌抛售是熊市结束的第一信号。

如图1.11所示，背景是明显的熊市。K线1开始下跌加速，伴随明显的放量，说明供求都在扩大，这和原来熊市的秩序不一样，原来熊市的秩序当中需求是不足的，现在需求开始增加，那么这个需求来自哪里？大众交易者现在正扛着亏损，甚至在恐慌抛售，他们肯定不是买家，这么大的需求只能来自主力资金。需求的增加导致现有趋势的秩序有所改变，在熊市中，需求的扩大是牛市出现的前提。K线3是下跌以来第一次猛烈上涨，确认了恐慌抛售，特别是成交量，第一次伴随着阳线扩大，这是恐慌抛售导致市场供应迅速消耗之际，需求持续扩大的现象。行情到这里，我们的看盘倾向应该开始看牛，但还不是进场机会，因为需要二次测试来确认K线3是否成为初次支撑以及熊市是否终止。接下来我们需要看到一个震荡区的吸筹过程以及浮动供应的测试过程，才能知道是否牛市已经开始。

第一章 聪明钱解读市场的工具是什么？

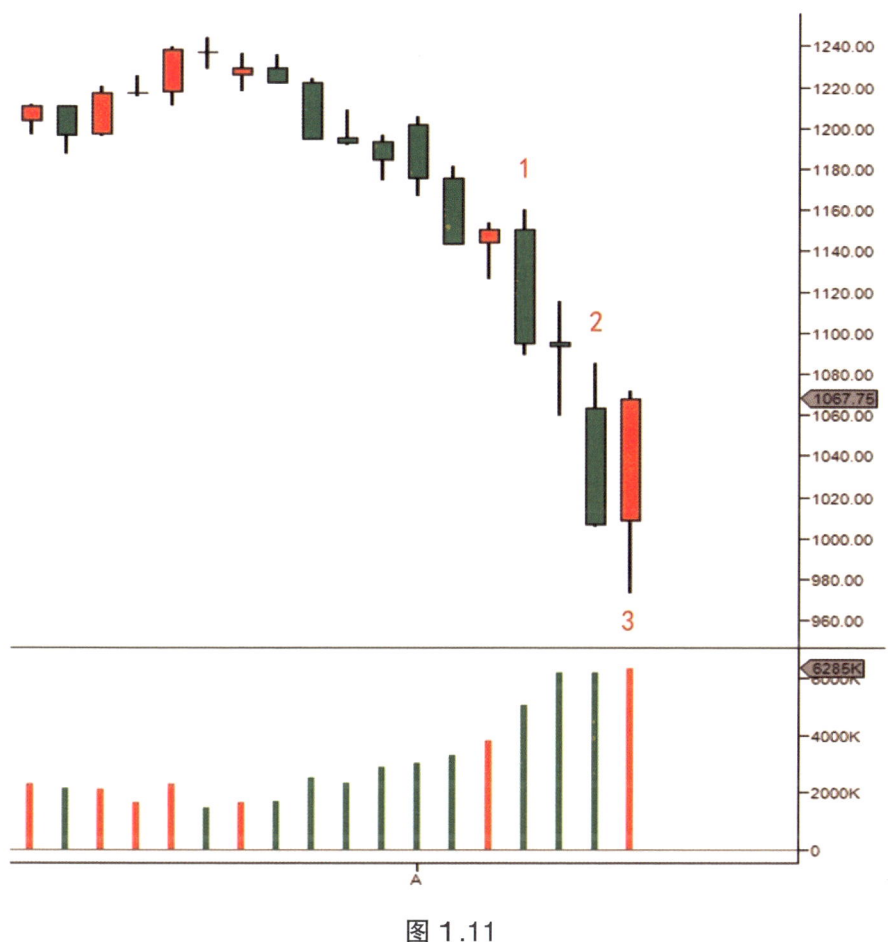

图 1.11

下面我们再看一个熊市中需求扩大的例子：

如图 1.12 所示，市场背景是熊市。股票从 K 线 1 开始出现价量大幅扩大的现象，这属于恐慌抛售，市场的背景可能开始改变。K 线 2 同样是放量，但是 K 线长度却相对减小，而且下跌幅度大幅度减小。这在威科夫理论中叫作努力没有结果，我们也可以叫作放量滞跌[①]。

---

①放量说明供求都在扩大，供应来自大众交易者的抛售，这么大的抛售量没有使价格继续大跌，反而使波动范围和下跌幅度都减小，其中的原因是需求在扩大，主力资金接盘产生的需求超过了大众交易者抛售产生的供应，需求开始占上风。熊市中的放量滞跌和牛市中的放量滞涨都是属于停止行为，统称 SOT，我们需要把这种行为当成看盘常识。

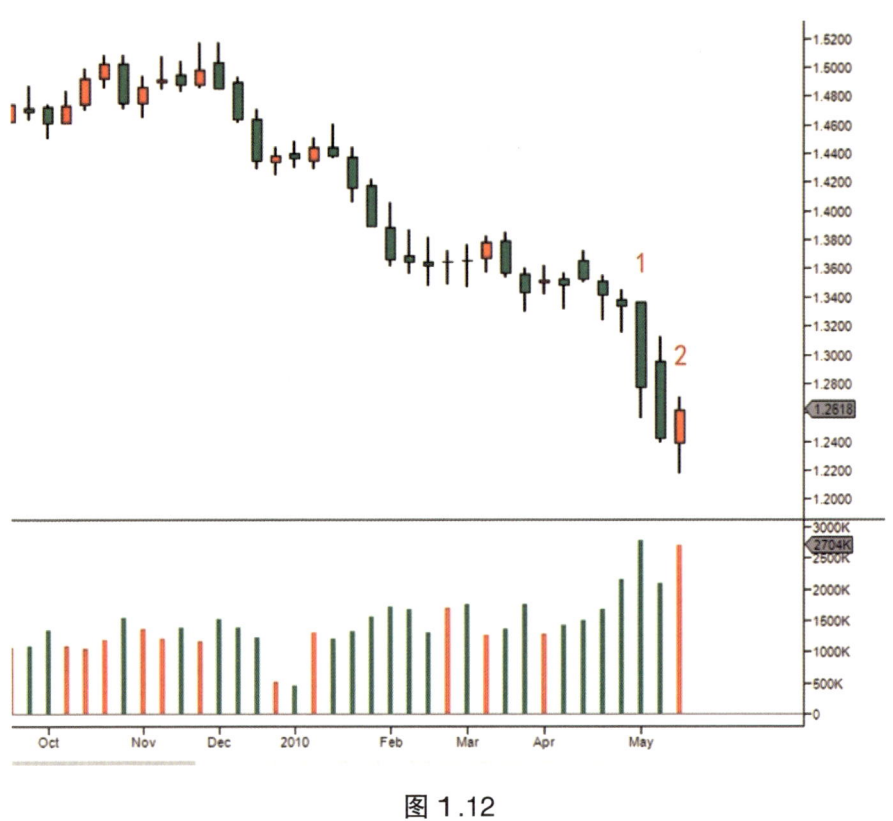

图 1.12

第六节 牛市中怎么看出供应开始扩大：抢购高潮[①]

供应的持续不足是牛市秩序的基础，能够导致牛市停止的是供应扩大。

---

①抢购高潮（简称BC），英文是Buying Climax。上升趋势结束时的抢购高潮，发生原因是大众交易者受到利好消息影响，担心错过未来的牛市而大举买入。大众交易者的这种疯狂买入最终形成了高潮并在高潮中消耗了自身的力量。抢购高潮过程中，成交量明显增加且振幅变大。抢购高潮之后，市场将出现自然下跌或者横盘。在此之后，出现二次测试或者再次上涨。抢购高潮之后，如果价格回落非常弱，说明供应没有扩大或者正在消耗，这种情况的价格会继续上涨。但是通常而言，抢购高潮之后将形成自然下跌。

图1.13中市场背景是牛市。K线1是供应扩大的体现,它的特点是新高长阳,伴随天量。在牛市中,如果我们没有看到供应扩大,不能轻易猜顶。K线1放量说明供求都在扩大,但是需求来自大众交易者的抢购高潮,他们害怕错过最后一班车,此时的供应来自主力资金,他们看到自己的利润目标达到,开始利用大众交易者暗自疯狂出货(供应)。很显然,这时候供应的质量好于需求。长阳对于大众交易者来讲,是最好的引起疯狂的信号,人们此时比任何时候更贪婪,他们已经不在乎抢购高潮背后的阴谋。所以在牛市中,我们不希望看到超长的阳线和放量,因为那不是真正的牛市行情,而是主力资金的一个出货手段。我们将在派发一章中详细描述抢购高潮的内涵以及它对市场背景的影响。

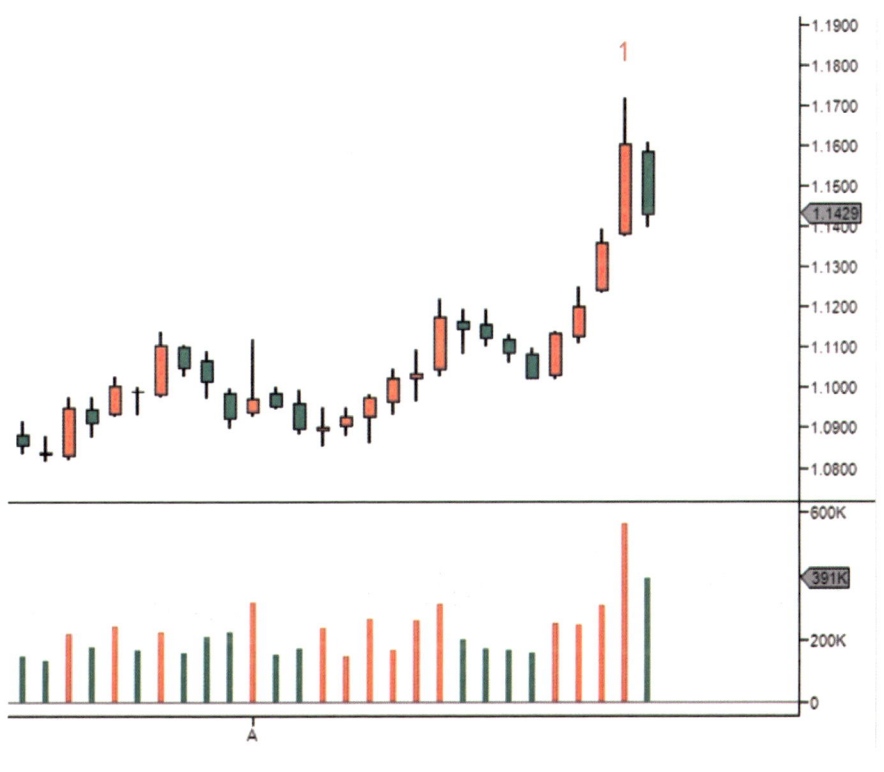

图 1.13

第七节 因果关系

趋势的形成和因果关系

研究因果关系的目的是判断趋势的反转，从而使我们在趋势的最初期介入市场，达到降低风险的目的。从字面上讲，这里的"因"是指趋势出现前的准备过程，"果"是指趋势形成。从分析行情角度讲，趋势在反转之前，我们必须看到一段震荡区交易（吸筹阶段），这是新趋势的一个准备过程。只有出现了这个准备过程，我们才开始分析市场是否可能反转。强调因果关系的目的就是提醒大家不要着急抄底。

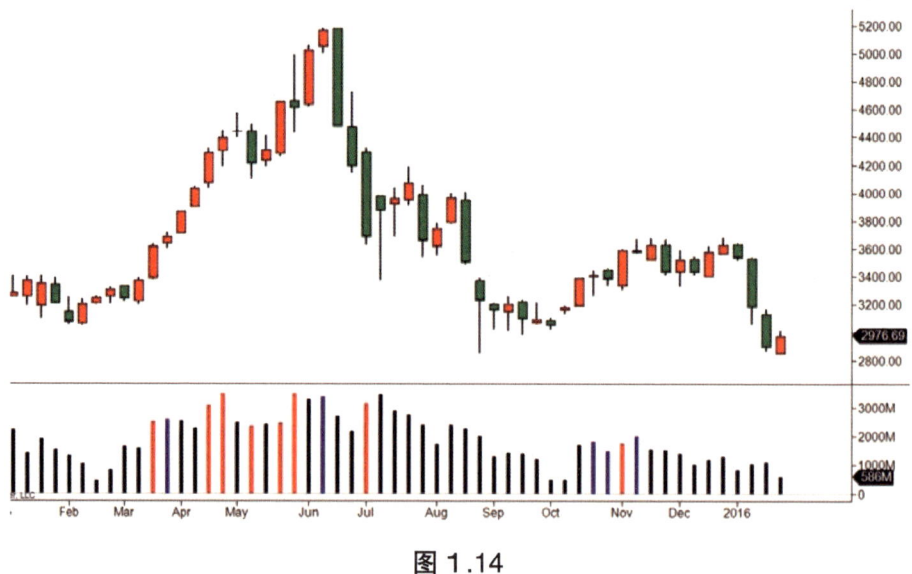

图 1.14

做趋势的反转，我们强调右手边进场，就是让趋势先准备一段时间。如图 1.14 所示，这是 2015 年的 A 股行情。7 月初的长下影线和扩大的成交量，告诉我们市场出现抄底行为。虽然抄底前的跌势非常猛，属于超卖状态，但是不能看到大跌就立刻抄底，牛市的开始需要准备过程。另外，从熊市转到牛市的理论基础是：①市场的供应出现枯竭（市场上的卖单流入量已经很少）。②需求必须扩大并保持力度。这些理论根据要在价量关系上体现出来之后，我们才知道反转的根据已经成立，并开始择机抄底。所以图中所显示的抄底行为，是大众交易者没有考虑反转的理论基础，直接从表象上就做的决定。

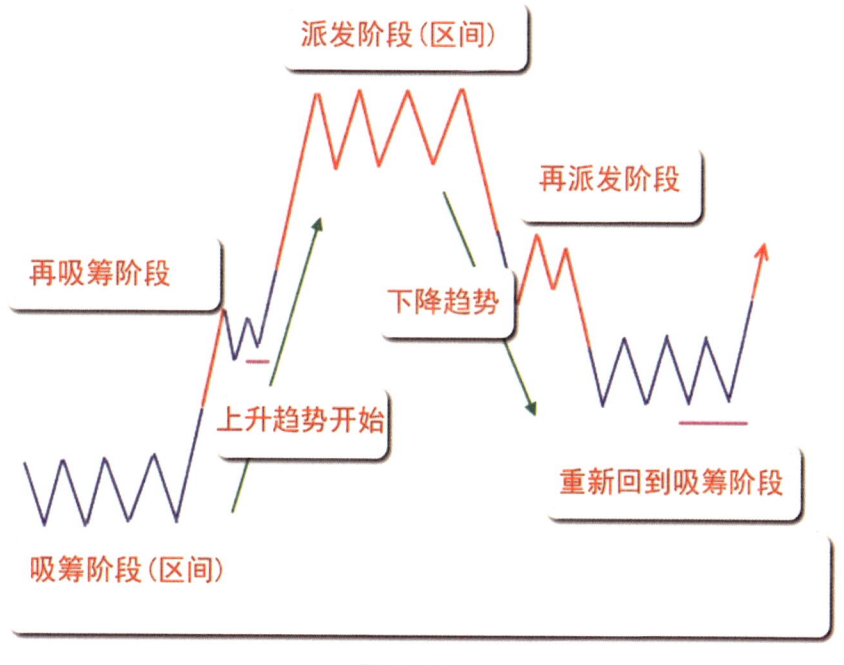

图1.15

大众交易者喜欢抄底的原因：一是怕错过趋势的大底；二是缺乏市场行为方面的知识；三是缺乏耐心。如图1.15所示，当价格跌到主力资金满意的成本价位时，他们开始吸筹（图中吸筹阶段）。但是当市场上的股票远远不能满足他们的需要时，他们需要把价格维持在一个小的区间内（控制成本），并在这个区间内不断地买入建仓。他们会利用一些手段来迫使高位被套的大众交易者在这个区间内抛售，以满足他们的需求。吸筹阶段会持续一段时间，直到主力资金的仓位建满。

在牛市过程中，如果市场要转到熊市，同样需要一个震荡交易区。在这个区间内主力资金进行隐蔽式的派发，他们不会在同一时间把所有股票抛出，那样市场会出现急剧下跌，导致他们的很多股票没有在高位出售。所以他们要把价格维持在一个范围内，慢慢地把风险转移给大众交易者。

抄底之前耐心等待吸筹过程

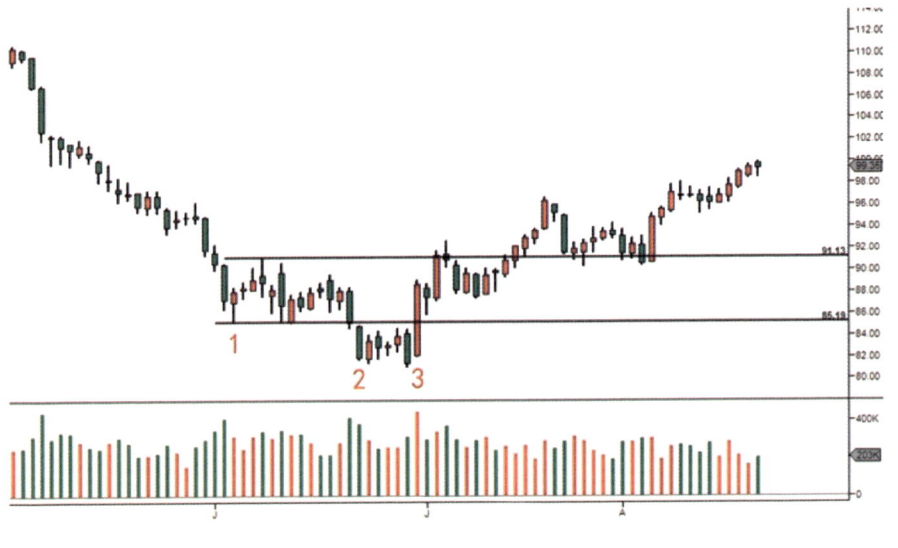

图 1.16

图 1.16 中前半部分背景是熊市。K 线 1 前面三根阴线的下跌，从速度和成交量上看都大幅上升，这是超卖现象。由于超卖迅速消耗了市场上大量供应，会引起反弹，我们判断市场可能进入恐慌抛售状态。从这里开始，我们的看盘倾向应该开始向牛市转变，但并不意味着马上进场抄底，因为根据反转的理论基础，市场还没出现一个区间交易（吸筹过程）。

从 K 线 1 开始的反弹，我们发现有抄底现象，后来被 K 线 2 的震仓扫掉止损，这就是不等待过程的左手边抄底行为。我们仔细看这个过程中的反弹情况，都是成交低迷和非常困难的上涨过程，这明显说明市场需求不足，或者说市场的浮动供应依然在。上涨趋势的起源就是供应进入短缺状态,现在浮动供应依然存在,说明股票还没有准备好上涨。主力资金必须通过手段清除市场遗留下的浮动供应,比如制造震仓行情,迫使大众交易者再次因恐慌而抛售股票。震仓之后,当我们看到浮动供应已经耗尽,应该毫不犹豫地开始建多仓。K线3是SOS(强势出现),它表示需求吸收全部供应后,上涨趋势的秩序开始形成。当然,上涨趋势的秩序必须由无供应回落来确认。

短暂的准备过程

图 1.17

有时准备过程较短,这经常发生在短线反转过程中或者测试支撑阻力的行情中。如图1.17所示,这个下跌过程比较短,经常是大趋势的一个深度回调。如果要运用反转的理论根据,我们可以从低一点的时间框架找出准备过程。比如图1.17是日线,我们看反转过程很短暂,K线1的位置不能抄底,因为还没看到准备过程。上述位置是一种表象行为,动手与不动手,我们要把市场当时的内涵和秩序搞清楚。要想做底部反转，我们必须看到市场现象是供应进入短缺状态，这是进入上涨趋势的前提。如果当时股票形成高支撑，进一步证明了供应的不足，这是我们进场的好时机。

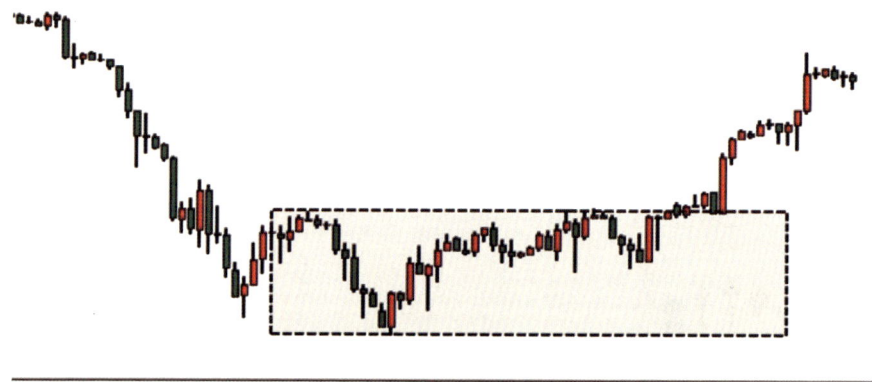

图 1.18

图 1.18 是同一阶段的 3 小时图。从 3 小时图上可以看出明显的震荡区，这是趋势反转必备的过程。安全的进场位置在区间的右手边，低量回落过程中。

顶部供应增强

导致牛市结束的理论根据是供应增强，然后经过派发阶段（一个震荡区交易）后，需求逐步耗尽，然后供应主导市场。在图上，我们要看到这些理论根据的特征——呈现，然后才能进场做空。如图 1.19 所示：

第一章 聪明钱解读市场的工具是什么？

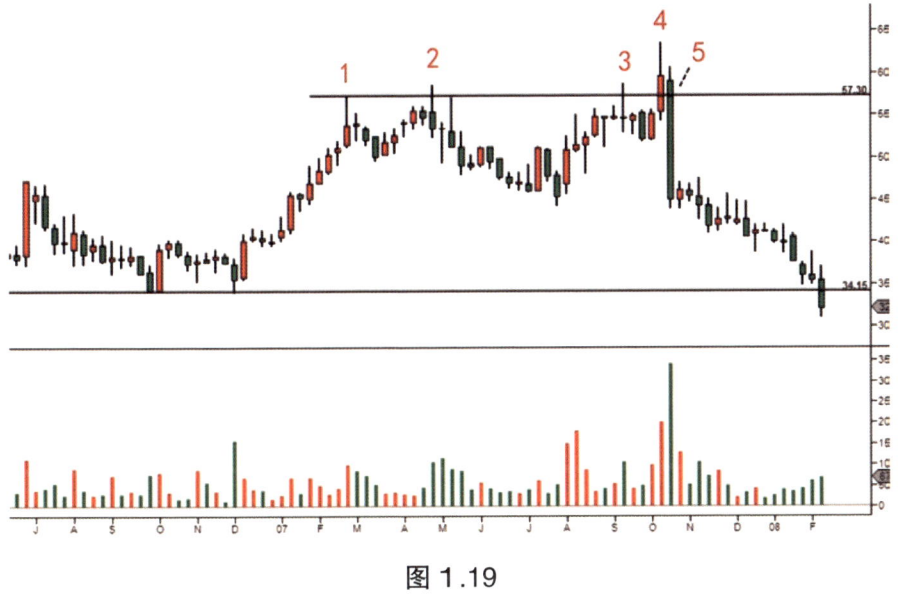

图 1.19

1号K线：这是供应初次进入市场，我们还不能在左手边摸顶做空。长上影线配上成交量扩大，说明价格上涨吸引了大量卖单出现。很明显，上涨遇到了压力。顶部这个压力不在低价位解决掉的话，股票再次上涨的时候会遇到新的阻力。接下来股票再次回到供应区的时候，主要观察供应是否还有扩大的现象。

2、3、4号K线：这是明显的无法克服顶部压力的现象，它们确认和巩固了K线1提供的供应区。以上现象说明市场的牛市背景已经终止，我们接下来希望看到供应在降价中扩大的现象（比如量增的三低），那是熊市的开始。5号K线：这是熊市真正的开始，K线5是垂直供应柱，它发生在区间的右手边，叫作SOW。垂直供应柱的出现，说明供应控制市场。降价中供应扩大的行为不一定都是垂直供应柱，只要满足以下条件，我们就认为熊市开始：①当日最低价和最高价分别低于昨天的最低价和最高价。②当日收盘价低于昨天的收盘价。③当日成交量大于等于昨天的成交量，这是符合条件的三低。

第八节 努力和结果的关系

努力就是指成交量,结果就是这种努力下,价格的上涨或下跌幅度。国内一些机构把这种行为称作放量滞涨和放量滞跌。比如,当大众交易者的购买力扩大后,相应的价格涨幅应该增加。如果价格没有出现大幅上涨,说明努力没有产生应该有的结果。这是由于价格的上涨遇到了无法克服的供应,这是危险信号。接下来的走势有两种情况,第一是价格开始回调,然后恢复上涨;第二是价格进入区间,无论大众交易者怎么努力,价格就是不涨,这种情况最危险,说明主力资金开始派发,大量供应充斥市场,熊市的准备过程开始了。

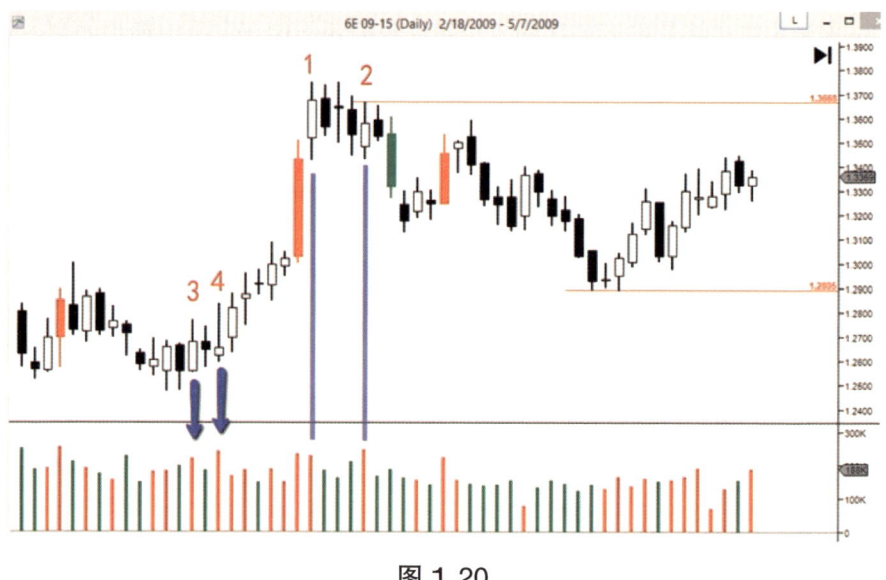

图 1.20

如图 1.20 所示:在 K 线 1 的位置,成交量和前一天几乎一样,说明当前的购买力依然很强。但是 K 线 1 的波动幅度,明显低于前一天,这是努力没有结果,是个危险信号。为什么价格没有像前一天那样大幅上涨?

我们知道，牛市终止于供应扩大和需求不足。价格滞涨是因为市场上供应增加对价格产生压力，所以买方不用抬价，平价就能买到股票，导致价格滞涨。牛市中出现的大量供应来自主力资金的出货，因为价格已经到了他们设定的离场目标。他们的抛盘使市场上供不应求的背景出现变化。

再看K线2，同前一天比，成交量扩大，说明大众交易者抢购的热情还在增加，但是价格没有能力再创新高。这又是一个努力没有结果的例子，说明供应已经超过了需求，买方的努力已经无法克服供应产生的压力。接下来一天的成交量迅速萎缩，说明需求在消耗。如果你没在前面清仓，这里是清仓的最后时机，因为牛市已经结束，熊市很快开始。

K线3和4，从上影线看出，流入市场的卖单量很大，这种大量卖单应该使价格进一步下跌。但是这里价格却没有创新低，说明大量卖单的努力没有结果，为什么没有结果？是需求扩大的结果（大量买单进入市场接盘）。这种信号告诉我们供应已经被需求完全吸收，此时的市场背景是需求控制市场。正是这种背景告诉我们应该买入，而不是其他的因素（比如技术指标或者消息分析）。在上涨趋势当中，如果我们看到上影线，不要因为这个形状影响情绪。上影线只是上涨过程当中出现了短期的卖盘，不代表反转。上影线只是给后期市场的继续上涨提供了压力。后期市场涨到压力区附近是否能够突破还是被阻止？我们还要到那个时候根据具体情况重新判断。

第九节　成交量行为

在所有的市场行为分析当中，成交量的行为是最重要的。我们分析市场节奏，其实是分析成交量的行为。成交量表示资金流入和流出的密度（交易活动大小），价格只是资金流动的结果。资金量的流入和流出反映了市场当时的供求关系。一个人买了股票是指资金的流入，而买了股票之后就成了卖家，然后他的离场就代表的资金的流出。当我们看到随着价格的上涨，资金流入的量没有减弱（代表买家人气很旺），反而当价格停顿或者回落的时候，资金流出的量很小，这个是明显的上涨趋势的秩序。在这种背景里我们所有的操作只能是一个方向（做多）。相反，随着价格的下跌，我们看到稳定的资金流出量，而当价格下跌停顿或者反弹的时候，资金的流入很小或者不积极，即使在资金流入增大的情况下，却又遇到更大的出货，这个是明显的下跌趋势秩序。那么在这种市场背景里抄底，将无法在市场上生存，因为公众个人的资金能力无法挡住整体市场的下跌趋势。下面我们根据市场周期的每个阶段，讨论一下相应的成交量行为。

量价基础：盘口

- 当我们看到股票报价出来，实际上交易已经结束了。这个价格只是上次交易的收盘价，不是当前的市场价。当前的市场价由两个价格组成，一个是买方出价（Bid），一个是卖方出价（Offer）。比如：

  · 1000@￥25 Bid：代表买家愿意以￥25买1000股

  · 600@￥25.5 Offer：代表卖家愿意以￥25.5卖600股

- 市场价格将在这两个价格之间的讨价还价当中产生。如果最后以￥25.5元成交，我们看出买方（需求方）更积极，供应不足。
- 最后以哪个价格成交可以看出哪一方的意愿。比如我们看到连续上涨的两天，第二天的成交量低于第一天的成交量。我们从中可以解读出买方的意愿减弱。这种意愿反映到价格上，就是第二天的价格延伸程度低于第一天。从中我们就可以分析出需求减小。这种情况发生在熊市反弹当中，我们可以解读出买方不愿意随着价格上涨而继续投入，看出需求的孱弱，我们以此就可以判断熊市依然属于强的一方。
- 一根阳线的内部解读是这样：从最低价开始向上的每一个价格的讨价还价当中，股票的供应量总是低于需求量，这样买方让步，推动价格上涨。

比如在吸筹当中出现了这种情况，说明当时的参与者当中，买方更积极，愿意承担更高的价格。如果第二天还是这样，再次证明买方是当时市场的主导。由此我们可以判断需求力量更大，这是我们确定吸筹即将结束的市场行为（SOS）。然后价格开始回调的话，只回调了一小部分，而且量递减，这说明从高处向下的每个价位的讨价还价过程中，供应量都不足。如果每个价位供应量都足的话，价格向下延伸的幅度更深。现在价格向下延伸的幅度小，再加上低量，说明市场的供应依然不足，也是我们进场的最好时机。

我们根据成交量能读出哪些市场信息？

- 通过成交量行为，我们可以识别抢购高潮和恐慌抛售。在上升趋势中，当我们看到成交量急剧扩大，这是抢购高潮。因为在这个巨量里面，买方资金的流入和出货量同时扩大。这里出货量代表供应，买方资金的流入代表需求。而在上涨趋势当中，能够阻止价格上涨的是供应扩大。看到了这种现象，等于是市场告诉我们趋势即将终止，我们的持仓必须做好保护。恐慌抛售发生在下跌趋势当中，当我们看到成交量急剧增长，说明出货突然以一种超卖的形式出现，特别是这种超卖的出货量还成交了，告诉我们市场的需求开始扩大。需求的扩大是阻止下跌趋势的核心因素。

- 成交量行为可以帮助我们判断前面形成的支撑和阻力是否依然有效。比如说价格回到了前面的支撑位置，我们想看到这个价格是否吸引了更多资金流入，比如看到量增的Spring，或者量增的三高。阻力也是一样，之所以形成阻力，是因为在阻力位置有很多被套的单子等着出货，持有这些单子的大众交易者期待价格上涨并能够回本，是这种心态导致阻力形成。当价格又回到这个阻力位置的时候，如果我们看到成交量扩大，我们知道被套的大众交易者开始出货，增加了市场的供应压力。

- 成交量行为帮助我们识别震仓和超买超卖行为。震仓本身也是一种人为制造的恐慌抛售行为。在吸筹阶段，主力资金为了尽快结束收购任务，迫使价格迅速突破所有支撑，这种情形造成了大众交易者的恐慌情绪，在这种恐慌情绪的驱使下，大众交易者开始了一窝蜂似的割肉离场，导致迅速增长的成交量。

- 成交量行为帮助我们识别吸筹和派发。能够体现吸筹的主要特征，是价格回到底部的时候，成交量都非常低，这是主力资金在底部持续收购的结果。在趋势的顶部，我们看到很多巨量的日子，但是价格涨幅非常的小，这告诉我们市场处于主力出货阶段。

趋势中的成交量行为特征

- 大众交易者的操盘特点是更倾向于在上升趋势当中做多，看到价格处于上涨阶段，他们更有信心投入。保持上涨趋势秩序的核心因素是需求大于供应。需求和供应的表现形式是成交量大小。价格上涨伴随成交量的递增告诉我们需求大，也就是说买家的人气旺，并且主动积极地大量投入。而价格上涨停顿的时候，伴随递减的成交量，告诉人们对卖出没有兴趣，说明市场供应不足。

- 还有一种就是在上升趋势当中，某个阶段成交量逐渐降了下来，同时价格依然在向上缓慢地爬，这种情况不是个坏事。市面的书或者流行的说法是：上涨过程当中成交量递减就判定上涨停止，这种说法是因为不懂成交量行为的内涵。上涨当中成交量减少说明买家的人气开始不足，需求减弱。但这并不代表市场的压力增加，因为只有市场的供应压力持续增加，才能导致上涨趋势的停止。

  - 如果过一段时间价格出现了缓慢向下滑落，成交量还是保持低幅，告诉我们市场上依然没有出货压力，接下来上涨趋势会恢复，我们可以耐心持仓。

  - 另一种情况，价格缓慢往上爬，而成交非常低迷的时候，我们知道这是需求疲劳。但是如果在需求不足的情况下，价格回落伴随递增的成交量，这是警告，因为这种现象表示出货压力加强。当时市场的背景是这样：本来买家的积极性已经不足，而市场上放货量增加（供应扩大），这么大的出货量碰上需求不大，必然导致接下来的降价行情。

- 下降趋势的成交量特征和上涨不同。主要是因为大众交易者的交易习惯。大众交易者更喜欢上升趋势中积极投入，不喜欢在下降趋势中投入做空，下降趋势当中的参与做空是专业交易者。所以在下降趋势当中成交量要低于上涨趋势当中的成交量。下降趋势中看到成交量低，不应有太多猜测，更不能随意抄底。

成交量案例

下面我们以济川药业日线为例（图1.21），讨论一下上涨趋势中的成交量行为。图中上方是大盘，下方是个股。上涨趋势，如果持仓的话，我们捋着这条线：

- 上坡阶段要保持上涨趋势的秩序，需要两个条件：

  ·第一，成交量递增，表明买家人气不受价格上涨影响，投资始终保持踊跃（需求旺盛）。

  ·第二，必须创新高（JOC），说明买家的努力有结果（看到了回报）。

- 下坡阶段要保持上涨趋势的秩序，需要的条件是：

  ·回落的时候保持低量或者成交量递减（供应不足）。

  ·或者成交量扩大，但是努力没有结果（需要二次测试再最终确认供应耗尽）。

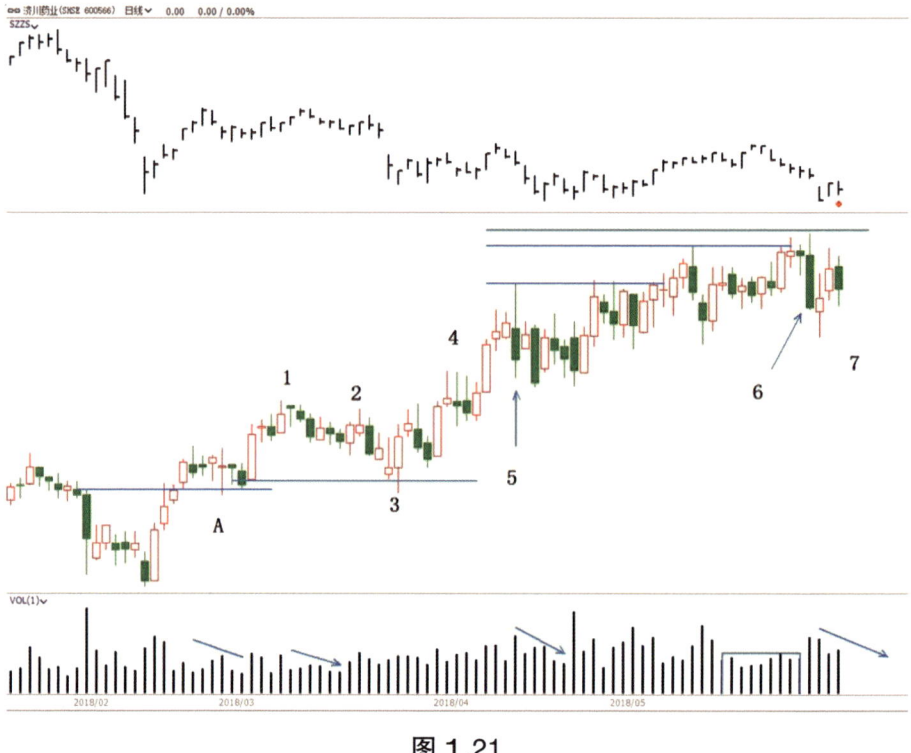

图 1.21

- 图 1.21 中左边上涨到 1 号 K 线的过程当中，中间经历了一次停顿。在停顿开始的前三天，我们看成交量是递增的，表明有卖盘增加，但是这种努力有没有结果，也就是说有没有造成下跌秩序。事实告诉我们没有，反而这些出货立刻被接手，说明需求强劲和供应不足。A 的位置虽然是 JOC 的 Spring，也反映了需求吸收了供应，但是有一定的压力，所以需要二次测试。后面两天的二次测试压力减轻，市场准备恢复上涨。接下来的 JOC 保持了上涨趋势的秩序。

- 价格过了 1 的位置再次出现停顿和缓慢回落。这个过程成交量是递减的，我们思维中首先要把它解读成市场没有压力，而不是看着量减少了就从表象认为趋势不存在了。一般来说，在刚开始回落的时候没有大的压力，这个回调是健康的，因为要想出货的人肯定在最高价出现。那么如果在开始低价回落的情况下，下跌过程当中又出现了巨量下跌，这种情况是一个正面信息，表明出现了局部的恐慌，而恐慌抛售代表主力接盘，需求开始大于供应，这波回调结束，上涨即将开始。

- 3 的情况和 A 一样，都需要二次测试来确认秩序。而这个二次过程必须是成交量递减的。才能确认市场需求主控，从而确认上涨趋势的秩序。

- 4 的巨量之后的不涨说明有卖盘增加，这对继续上涨造成临时的威胁。第二天量增，说明卖盘继续增加，但是价格保持高支撑，说明需求还有能力撑住价格，明显的供应努力没结果。第三天量增，但是阳线和高支撑告诉我们供应耗尽。

- 5 的巨量 OKR 阴线（外部反转）是个麻烦，这种下跌的气势让人感到害怕。巨量表明出货量依然很大，上涨当中出现巨量是个预警。如果是震仓的话，后面应该立刻反弹，然后价格持续上涨，直至新高。但是这里不同，这种停止行为出现之后，价格在区间运行了一周，没有延续上涨趋势所需要的秩序，这更让我们开始怀疑上涨趋势是否还能持续。既然到了雷区，第一要务就是保护利润，缩减仓位止损。一些迹象表明自己的投资已经运作得不那么乐观的时候，心态要放在保护投资上，而不是继续保持贪婪。

- 上涨过程中，我们看到价格向上突破幅度越来越小。这是从价格方面的一个警告。然后看成交量，呈不规则和低迷状态，说明目前的市场需求不足。因为各种原因，买家人气不旺，不愿意投资，上涨趋势的秩序越来越难以维持。这种背景接下来有两种情况可以观察，第一种就是回落的时候依然成交低迷，这样价格等于没有向下的压力，我们知道上涨趋势当中，只要没有供应扩大的现象，上涨趋势不变。第二种情况就是卖方已经不耐烦，开始大量出货。

- 6 那里的 OKR 阴线，说明持续降低的每个价格上都没有买家人气，没有资金力挺。这本身就是熊市秩序的一个开始，当然要确认还要看是否有资金跟着反弹流入市场，熊市秩序对反弹的要求是没有努力或者努力无结果。

- 7 那里是 SOW 之后的反弹和停顿。出现了努力没结果行为，接下来的小反弹的成交量告诉我们需求耗尽，确认了熊市秩序，是市场到了这个好中最好的时机，告诉我们应该动手（做空）了。

- 从个股和大盘相对强弱的关系上看，大盘完全没有处于上涨阶段，而个股的上涨幅度开始缩短，同时成交量依然保持高度，说明上涨幅度缩短是供应扩大导致，这是市场内部的趋势信息告诉我们多仓应该离场。

形成顶部的成交量行为特征

- 一种情况是：成交量保持很高的水平而价格上涨没有进展，这是趋势到顶的特征。

　　·趋势走了一段时间之后，到达一定价位突然出现火爆交易的巨量情况，这是抢购高潮（BC），大家都知道，但光是出现这种情况并不代表市场到顶。关键是这种情况发生之后的日子里，我们还经常在高位看到巨量不涨的交易，这才是非常明显的主力派发行为。

　　·这里面的故事是这样的：在原来的上涨趋势当中，卖方的态度是比较高冷，吊着大家胃口出货，每个价位给的货特别的少，所以我们没有看到特别大的成交量（供应不足导致）。

　　·上涨当中一旦成交量突然放大，说明卖方出货的态度变得比较积极，就是说不再吊着大家的胃口，而是充分满足大家此时的需求。这种出货方态度的改变告诉我们市场的节奏改变，供应开始变得积极和充足。这种变化说明此时市场的牛市秩序已经被打破。对于持有仓位的买家，此时应该冷静保护利润，而不是还抱有侥幸乐观的心态。虽然此时的利好消息和大阳线形态非常的有诱惑力，但从市场行为内涵来看，市场背景已经出现了危机。这么火爆的投资氛围，为什么价格不涨？这是一个非常明显的到顶信号，预示着接下来的趋势会有一个非常大的回调或者反转。

- 这个过程当中各方的关注点不同。大众交易者的关注点在于急涨的价格，他们错误地解读了这种火爆现象，导致重仓买入。而这种做法正是主力资金希望看到的现象。主力资金利用人性的这种贪婪，正在把风险抛向大众交易者，然后脱身。大众交易者不关心成交量，他们只被急速上涨的价格所吸引。这个阶段起到火上浇油作用的是媒体，他们不断地报道经济或者上市公司的利好消息。这种媒体的利好消息的报道更加激发了大众交易者的贪婪，他们现在已经完全失去了理智，贪欲和发大财的梦想充斥着大脑。

第十节　总结

面对走势图，我们想知道的是价格背后的一种双方力量的较量，判断对抗结果的工具是供求关系，而技术指标无法解释人们心理上的对抗。现在大众交易者的交易严重依赖于技术指标，不考虑价格变化背后的理论根据，导致交易失败。

要到达熟练使用供应关系，我们需要时间、实践和总结。直到有一天，再有人来介绍他发明的新指标的用法或组合的时候，你已经没什么兴趣花时间和精力去研究那些新发明。这说明你的注意力开始定位于市场本质，并且用供求关系解读市场已经成为你的习惯。

掌握并习惯了利用供求关系，我们就开始利用它解读市场的自身行为。比如，趋势的形成需要一个过程，我们会在这个过程中评估供求关系，从而洞察：

- 主力资金什么时候接盘，下跌趋势什么时候停止？
- 主力资金使用什么手段引诱和逼迫大众交易者割肉？
- 吸筹什么时候结束，我们应该在哪里抓住趋势起飞前的最好入场时机？
- 如何从细节上识别出危机的来临，并提前做好离场准备。
- 怎样才能够识别出突然的上涨不是真正的上涨，而是主力资金想把大众交易者甩出市场的手段。

总之，市场上的任何决定市场方向的重要细节以及主力资金利用操纵价格表象的手段，在我们掌握了供求关系的基础上，都能把它们洞察出来，并和主力资金一起做准备，并有助于把风险控制在最低水平。

本章主要介绍了聪明钱使用的交易工具和解读市场的原则。我们会在以后的章节中讲解这些工具的细节。市场上大的波动或者拐点的信号都是一些平常人不注意的细节，这些细节很容易被忽视。大众交易者更关注市场上非常明显的走势变化（比如长阳、长阴或者下影线），同时他们专注技术指标的变化。但是技术指标无法捕捉到那些起关键作用的细节。

市场上起关键作用的细节往往和普通人的看法相反。比如突破，它是大众交易者的最爱。每当他们看到价格向上突破，立刻变得兴奋起来。这种兴奋情绪让他们的贪婪得到释放，于是他们很自信地买入股票。但是他们不知道，突破是否成功取决于当时主力资金的要求。如果主力资金当时还没有结束收购股票战役，他们会立刻阻止价格上涨。然后让价格枯燥地下滑，目的是让因情绪而买入的公众失望，这种失望会使他们无奈地卖掉股票。

分析市场，训练自己尽量深挖价格背后的供求关系，也就是说尽量洞察操纵者（主力资金）的意图。我们经常说跟踪趋势，但是很多人只是理解其表面含义。其实跟踪趋势的真正含义在于：利用供求关系，跟踪主力资金的操作意图和操纵手法。主力资金代表着能够推动市场的大资金，他们会利用他们的所有优势左右市场。掌握了他们的动向，也就掌握了趋势。本书的目的就是讲解这些跟踪大资金的技巧。

第二章　底部研究

关于吸筹的大体框架，我们在第一版书中已经用案例做了详细描述。在这一版我们将对底部运作过程做更详细深入的描述。按照时间框架或者周期来分，底部分为总体趋势的底部和局部波段的底部。其中总体趋势的底部，有更完整的底部形成过程。这种趋势底部的支撑，是在吸筹过程中自己形成的。而局部波段的底部，都有其前面所形成的支撑做参考（局部的底部，我们的分析重点是支撑的内涵和博弈）。所以这两种底部的判断方式有所不同。当然部分局部波段底部，如果把时间框架缩小，也能看出完整的吸筹结构。

第一节　趋势怎么就到底了？

很显然，底部形成之前是下降趋势。在下降趋势中，供应一直很充足，而需求不足。供应充足的表现就是，无论价格多么低，大家都能买到股票。需求不足的体现是，没有一个有跟随的持续反弹。有两种力量能够造成价格反弹，一个是公众抄底，一个是空头平仓。空头平仓只是部分短线做空的平仓行为，他们的货出完了，反弹也就终止了，所以这种反弹只是昙花一现，不会持久。公众抄底的，只是一部分非专业交易者的一种着急行为，认为捡到了便宜。但是这些大众交易者一点点的需求，无法改变整体的熊市背景。趋势就是在这样的供求关系博弈当中，往下滑落。

在整个下降趋势中，大部分大众交易者是在痛苦和折磨中扛过来的。他们在顶部因为受主力的蛊惑，满仓被套。因为抱有幻想和舍不得止损离场，他们一直扛着，同时期待着有一天能够回本。关于恐慌抛售，我们在上一章详细描述过，这些扛着亏损的大众交易者，总有一天扛不住。促使他们扛不住的催化剂是人为的利空消息和急速下跌的 K 线形态。最后造成了市场总体的一种抛售现象。这种抛售现象迅速地掏空了市场的供应，大幅度削弱了推动市场进一步下跌的动力。失去下跌动力的体现就在自然反弹后的二次测试当中，完全处于很难买到股票的状态。正是上述这个过程，造成了下跌趋势暂时停止。这是底部形成的初步原因，我们整个的底部研究和判断过程就从这一刻开始。

底部的形成过程中，从参与者的角度分析，一边是绝望的大众交易者，一边是稳坐钓鱼台的主力。有的公众全部离场，痛苦得以解脱，但是受到情绪或者资金短缺的影响，短期不会再回到市场，他们不会为市场提供需求。还有一部分大众交易者还在扛着，他们期待此刻就是市场的底，然后进入上涨趋势。那么作为收购方的主力这个阶段在做什么？

- 他们首先设置了收购价格的上限，然后从底部开始扫货。这个就是我们为什么在底部可以看到区间交易行情。

- 他们在底部等着股票卖单，有多少吃多少，这样从盘面上我们看到一直有一个支撑。这个阶段主力的行为是一种被动等卖单的行为，他们不主动向上竞价（BID）。除非他们在底部实在等不到股票买了，偶尔向上竞价买价格高一点的股票。但是这种竞价行为会引起市场的跟风，不过主力不会让这种上涨状态持续，他们会在他们设定的价格上限迅速卖掉部分股票进行拦截，然后让行情进入一种枯燥的状态，这样让跟风买入的大众交易者感到彷徨和失望，最后抛掉跟风买来的股票，很显然，这些股票又落入了主力的口袋。所以我们经常看到的现象是价格急速上涨，然后又立刻失去上涨动力。

- 主力的目的是尽量清除底部吸筹价格范围内的股票，也就是清除市场的浮动供应（这些浮动供应如果不清除，会对以后的上涨造成压力），然后才让价格进入上涨趋势。于是他们使用了震仓的手法，逼迫还在死扛的大众交易者卖出股票。这种震仓行为，同恐慌抛售一样，大量消耗了市场上的供应。

- 底部价格的股票被扫光之后，主力会逐渐提高他们的收购价，这个是吸筹快要结束的主要信号。我们做底部反转的时候，必须看到这种情况出现，才能动手做单。因为这种高支撑行为是市场上供应耗尽的迹象。

很多第一版的读者和学员，说看书时感觉自己可以对市场行为看得很清楚了，但是一到真正的实时行情当中就犯迷糊。造成这种现象的主要原因，是事先不知道自己应该观察什么，而是被K线的形态牵着鼻子走。

- 比如说，我们知道吸筹过程就是一个供应逐渐消失的过程，而吸筹的终点是供应彻底耗尽。那么这种供应逐渐耗尽的现象就是我们在图上需要看到的，当我们看到价格每次回到底部的时候，都是非常低的成交量，这就是我们希望看到的供应正在耗尽的现象。带着一种目的去看图，就不会感到犯迷糊。

- 我们都知道主力为了买到股票，会使用手段逼迫大众交易者割肉。其中一个方法就是疲劳战术。带着这种思想去看图，当看到价格从区间顶部非常枯燥地向区间底部滑落的时候（枯燥的表现就是低量短柱），我们就看到了主力正在实施这一手段，从而证明了市场正在进行吸筹以及供应正在减少。

- 吸筹快结束的时候，主力在不断地提高收购成本。带着这种思想去看图，当我们看到价格回落的时候，在空中（没到支撑之前）就出现了停止行为，或者出现了支撑的动作，就确认了我们希望看到的吸筹结束的现象。

第二节　哪些市场行为可以判断熊市终止？

熊市中，无论价格跌得多深，首先要把急于抄底的想法放弃。在大众交易者中流行这样的说法，就是跌的越深，越应该抄底。这种基于情绪的判断属于赌博，那么哪些市场行为表明熊市终止了？熊市的终止过程从理论上讲是需求扩大后供应逐渐耗尽的过程。从价量行为上讲，如图2.1所示，要经历4个市场行为。他们分别是：初次支撑、恐慌抛售、自动反弹、二次测试。

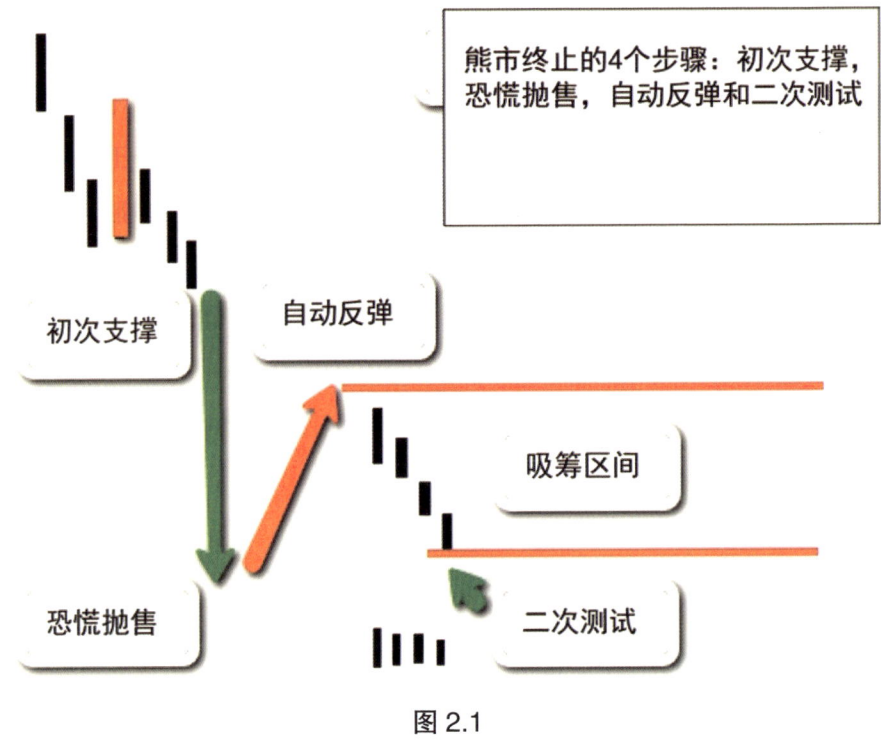

图 2.1

触底的最初市场行为是初次支撑，它表明市场需求开始扩大，一部分主力看到股票进入价值区后，开始建仓，他们的行为会对其他主力产生影响。

恐慌抛售是指大众交易者因恐惧产生的抛售行为。多数情况下是受市场的悲观情绪和消息影响，抛掉日渐亏损的股票，让自己的痛苦得以解脱。恐慌抛售产生真正持久的牛市市场，没有恐慌抛售产生的反弹不会持续太久。

自动反弹是继恐慌抛售之后的一个正常市场行为，我们不必太在意。这里要提醒大家，不要在这里抄底，因为这个反弹经常是空头回补，上涨不会持续太久。

从理论上讲，二次测试是主力资金想知道市场上是否还有清仓行为，或者说市场上的供应是否恢复力量，使熊市继续。如果市场已经没有大型清仓行为，证明熊市终止。从价量关系上看，测试过程应该是大幅减小的K线和成交量并保持高支撑，这种行为使熊市终止的理论根据成立。

如图 2.1 所示，自动反弹后的走势是小碎步式下跌，伴随成交量递减。这种行为表明熊市终止，因为像恐慌抛售那样的卖盘力度已经不存在，市场接下来会进入震荡区，主力资金会在震荡区暗自吸筹。

初次支撑

在熊市中，价格之所以持续下跌，是因为需求不足。换句话说，就是没人买。此时大众交易者正扛着亏损，心情处于失落当中。他们没有额外的资金，或者没有足够的信心再次投资股市，所以他们没有办法为市场提供需求。而主力资金在等待他们计划中更低的价值区，所以也不会在中途抄底（从而为市场提供需求）。能够阻止熊市行情的是需求增强，真正能够提供这种需求的就是主力资金，能够看出需求增强的信号是成交量明显扩大。

有主力资金提前介入阻止价格下跌并提供了暂时的支撑。如果他们的目的是在反弹中逢高出货，那么这种阻止行为只是一个临时支撑；如果他们的目的是吸筹，他们不会逢高出货，反而会随着价格下跌继续收购。他们这种行为产生了熊市终止的第一个行为：初次支撑。初次支撑是来自主力资金的需求进场，并阻止了价格下跌的势头。虽然是暂时的，但是它有可能把市场带入吸筹阶段。初次支撑在图上有时不容易辨认，有时和恐慌抛售发生在一起。在实际操作中，理想状态不是很多，但是我们需要掌握的不是形态，而是原则。这种原则是本质，形态是表象。

初次支撑的确认是接下来市场出现恐慌抛售，然后是自动反弹和二次测试。如果这四种行为全部清晰地出现在图上，我们判定熊市终止。

初次支撑有很多著名的例子。比如巴菲特的两次交易。第一次是 2008 年金融危机那年 9 月，他斥资 50 亿美元以 123 美元/股买入高盛的股票，当年高盛的股票从 220 美元/股一路跌下来，他的行为在股票市场中叫作初次支撑。巴菲特进场之后，高盛股票没有立刻起飞，反而继续大跌到 50 美元/股以下，这属于恐慌抛售，我们后面会详细解释。当时巴菲特进场之后，市场一片哗然，认为巴菲特犯了极大的错误。然而事实证明，巴菲特正是按照市场行为操作的。第二年高盛涨到了 193 美元/股。

最近的一次初次支撑的例子还是巴菲特的，他在 2016 年 1 月买入飞利浦 66 的股票（石油股），此时国际石油市场正处于熊市。他 1 月买入之后，市场出现了初次支撑，在 2 月市场进入恐慌抛售阶段后，价格立刻起飞，到 2016 年 3 月，他已经有了每股 10 美元的利润（他拥有将近 7400 万股飞利浦 66）。

恐慌抛售和自动反弹

初次支撑说明市场上需求不足的状态有了变化。而如果初次支撑之后又出现了恐慌抛售的情况，更说明大量资金入市，需求增加，并开始和供应势均力敌。前面说过这里边的买方是主力资金，卖方是大众交易者（恐慌情绪下的抛售）。促成恐慌抛售的两个关键因素是媒体（不断制造悲观情绪）和价格速度（长阴），因为大众交易者是 K 线（价格变化）的奴隶，K 线的长短快慢主宰着他们的情绪，他们意识不到这些主宰他们情绪的 K 线，有的是人为制造的。

公众对以下两种行情会感到恐慌：一是市场出现恐慌抛售现象；二是震仓。因为这两种现象都表现为价格迅速大幅下跌，很多脆弱的大众交易者心理上无法承受这种打击，导致慌乱地抛掉筹码。

无论是恐慌抛售还是超卖行情之后，价格有自动反弹行为。自动反弹是当时的供应被迅速大量消耗的结果，但它不会持续很久。我们不必在意这个反弹，这个时候进场做多非常危险，因为我们还没有看到上涨趋势的秩序。上涨趋势的秩序要经历一段形成过程，目前还不到时候，动手为时过早。

二次测试

二次测试的关键作用是打破熊市的供求秩序，并宣布熊市暂时停止。对二次测试的观察重点是供应是否再次扩大（清仓行为是否继续），如果二次测试过程中价格波动和成交量与恐慌抛售相比都非常小，说明市场上的供应在减弱，是成功的二次测试。如果成交量在测试过程中继续扩大，说明市场上浮动供应还在，那样会导致价格突破支撑，然后熊市恢复。

如果二次测试中成交量依然大，但是低于恐慌抛售的成交量，这种也属于二次测试。在这种情况下，我们需要等待进一步的二次测试，直到确认供应已经耗尽。供应耗尽是吸筹战役中的主线，我们要时时刻刻关注能够证明这条主线的量价关系，因为供应的最终耗尽，证明了吸筹的成功，也预示着市场很快进入上涨状态，所以当量价最终证实了当时市场供应已经耗尽，正是最低风险的入场时机。

第一阶段案例

看下面的图 2.2，价格到 K 线 2 为止，市场是个持续的熊市。我们怎么知道它什么时候停止？

图 2.2

• K线1，从形态上看是Spring，但在下跌当中的Spring是失败的。对于下跌趋势中的Spring，我们只关注创新低的事实，并延续了熊市秩序。从成交量上来看，有需求进入。因为这么大的卖盘没有收在最低，这种行为是初次支撑，有主力资金开始试探市场，但是要有恐慌抛售才能确认这个推断。

• K线2：从大幅度放量急跌现象看是超卖和恐慌抛售。超卖和恐慌抛售，通俗点讲，是由于公众把本身不打算卖的股票也拿出来卖了，这样的抛售行为造成了当时市场供应短缺，也就是股票严重缺货，是这种缺货情况导致了自然反弹。恐慌抛售现象出现之后，我们关注两点。

· 第一，这个恐慌抛售到底起了多大作用？如果说他把市场上的大部分供应都消耗掉了，接下来的市场的压力会很小，那么这个恐慌抛售的低点也就形成了支撑，如果再突破下跌供应线，这个支撑就确立了。2—3的反弹突破了下跌供应线，说明供应已经不足，另外恐慌抛售的低点的支撑确立了。注意这个支撑将影响的是整个市场的背景。

· 第二个要关注的是二次测试，它的质量也将影响整个市场背景，如果我们期待底部形成并找机会做多，我们对二次测试的要求是没有更多的供应出现，并且停在高支撑。高支撑更代表供应的薄弱，如果市场还有清仓抛售行为，这种压力会导致价格延伸到新低。如果价格只延伸到支撑之上，告诉我们供应压力不足，供应不足是价格上涨的基础。

• K线2的放量超长阴线告诉我们，在大众交易者恐慌抛售的同时，主力资金开始接盘。也可以说，来自主力资金的需求开始吸收来自大众交易者的供应，我们暂时认为市场可能进入牛市。如果你想抄底，分析应该从这里开始，但是还没有到进场的时机，应该耐心等待二次测试给出的信息（确认熊市是否终止）。在熊市中，只要有恐慌抛售现象的出现，就意味着主力需求的进入，但我们不能指望每次恐慌抛售后，市场能够一定转为横盘或者上升趋势。有时恐慌抛售发生后，市场仍然继续下跌一段时间，然后反弹。我们更应该注重它发生的含义，而不是以一个固定的形态去看待它。

- K线3：恐慌抛售之后，价格出现自然反弹。这里不能抄底，因为它不代表熊市结束或者牛市开始。这个反弹也可以当作空头平仓，这样说的目的是告诉我们，这次上涨背后的动力不是买家的主动投入，而是空方的被动离场，所以这种上涨不会持久，这是此时不抄底的原因。

  - 自然反弹的最后一天是一个小型超买高潮，3的迅速抹平确认了高潮行为。小高潮本身是一种出货现象，也就说明这里供应大于需求，不是继续上涨需要的秩序。

- 接下来的回落，多头希望看到高支撑和低量触底。低量触底表示底部股票稀少，高支撑表示供应不足和需求强劲。这种二次测试还有一个重要意义，就是宣告了熊市的暂时结束，给了市场底部形成并反转的机会，至于能否达到目的，还要看行情的发展。

- K线4：这是二次测试。成功的二次测试是K线和成交量都必须小，这样才表示熊市暂时中止。但是K线4不是这种情况，它的成交量非常大，说明测试过程中市面上的股票供应还很多，证明熊市没有终止。

  - 判断吸筹，其中一个重要特点就是底部必须无量，因为我们希望看到底部的股票逐步稀少。只有这样才能促使买家买更高价格的股票，借以推高价格，并形成上涨趋势的秩序。

- K线5：这是再次测试市场上浮动供应是否耗尽。我们发现这次测试成交量已经开始减少，说明股票供应开始减少，这是熊市接近停止的信号。

- 5之后的上涨非常枯燥，这个上涨没有吸引到买家资金，买方不愿意追高。目前在底部的危险区，就是说这个底部一旦破冰，会继续熊市。那么现在底部刚刚有了支撑，但是我们没有看到能够让价格进入上涨阶段的需求。这种情况就非常危险，因为此时的大背景依然是熊市，而促使市场形成上涨趋势的动力在危险区死掉。每次我们分析底部吸筹的时候，遇到这种问题，我们期待的解决方式是震仓，但是一旦震仓失败，不排除市场继续熊市秩序。

- K线6：这是震仓。主力资金这样做的目的是扫清底部的股票供应（那些还在死扛的大众交易者），准备允许市场进入牛市。震仓是第二种能够使大众交易者产生恐慌的行为。产生震仓的原因是二次测试之后反弹无力，这种现象会导致震仓或者熊市继续。

第三节　停止行为

在判断走势过程中，停止行为是看盘应注意的细节，有时我们会忽视，所以这里我们着重讲解一下。停止行为本身反映一种内部的供求关系的变化，标志一段趋势出现停止的信号。

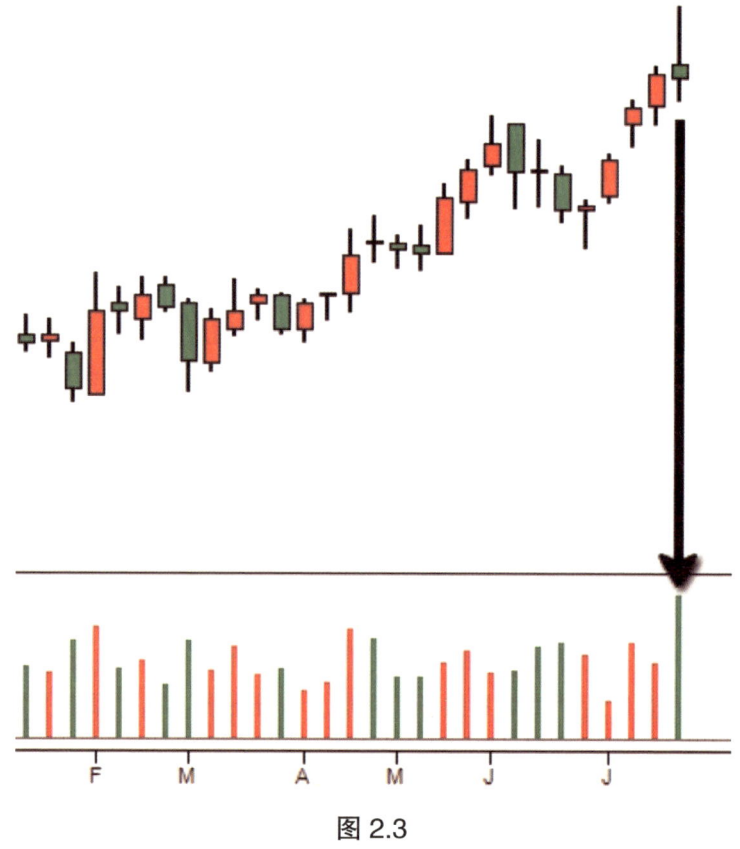

图2.3

第一种停止行为：下跌过程中的比较大的下影线配合扩大的成交量；或者上升过程中比较大的上影线配合扩大的成交量。这种行为属于价格涨跌过程中的暂时停止行为。它不代表趋势会立刻反转，但是给了我们一个提醒。图 2.2 中的 K 线 1 属于下跌中的停止行为。图 2.3 描述上升中的停止行为。

看图 2.3 最后一个 K 线。长上影加上明显扩大的成交量，这是上升中的停止行为。它的出现告诉我们市场出现了供应扩大现象，这对价格能否继续涨是个阻力，这种行为对将来有何影响，接下来我们考虑三种情况：

第一，如果这是个暂时的供应，价格经过短暂回调后会立刻创新高（短暂回调是指缩量回调），到这里不要判断趋势会反转，停止行为的顶部只是给下一步价格上涨提供了一个压力。当价格回到这里的时候，是否有足够的需求吸收了这个压力是判断趋势继续还是停止的关键，所以仅仅看到一个停止行为不能就认为趋势会反转，更不能在左手边直接动手。

第二，如果这个放量上影线之后出现震荡区间，说明价格可能进入派发阶段。派发结束后，价格会进入下跌阶段。进入震荡区就说明价格不再创新高（需求不足导致），价格不创新高就破坏了原有的上升趋势的秩序。如果在这个震荡区间中，我们看到了派发的迹象（比如说顶部巨量不涨），趋势会反转向下。

第三，如果放量上影线之后，价格出现放量急速上涨，这是吸收行为。但是放量急速上涨说明市场进入疯狂抢购阶段，那么这个上影线就是初次供应，我们会在第三章介绍初次供应和疯狂抢购。

第二种停止行为：看图 2.2 中的 K 线 4 和 6 有什么特点？在下跌中，K 线大幅缩小，但是成交量大幅增加。这是一个比较隐蔽的停止行为（努力没结果）。熊市中价格创新低时，成交量扩大，说明卖盘大幅增加。熊市中的卖盘增加会导致价格大幅下跌，但是价格没有大幅下跌，说明卖方的努力没有得到应该有的结果。既然卖盘大幅增加，是什么原因造成价格没有大幅下跌？是需求（买盘）的扩大造成了这种结果。这种停止行为后，股票会有反弹。如果这种行为发生在震荡区的右手边，很可能导致股票大幅上涨。

第四节 吸筹的第二阶段：哪些市场行为告诉我们吸筹结束和牛市开始？

怎么观察吸筹？

吸筹的重点观察对象是随着时间的推移，底部的供应最终耗尽。这是整个吸筹过程的主线，一切的量价行为都围绕着这个主线。如果我们没有看到供应耗尽的现象，而是看到浮动供应依然存在，那么这个吸筹过程仍然没有结束，股票也就没有准备好进入上涨阶段。

第二阶段股票处于震荡交易区，这是吸筹活动进入拉锯阶段。为什么要经过震荡区？因为主力资金需要时间吸收足够的筹码。这个震荡区也为即将形成的牛市建立一个平台。在这个阶段，主力资金的主要任务是控制价格上涨以便大量收购低价股票。这个区间的早期，价格波动和成交量较大，随着行情渐渐向前发展，价格波动和成交量逐渐减小，这是因为随着主力资金的不断收购，供应越来越少。当主力资金快结束收购的时候，他们会测试市场上是否还有浮动供应。他们的测试方法包括：终极震仓（TSO）和终极弹簧效应（Spring），以确认扫清最后的供应。

吸筹过程中的供求关系

在第一阶段，供应大于需求，但是恐慌抛售已经表明需求在慢慢吸收供应。成功的二次测试说明股票的供应在慢慢耗尽，而需求一直保持优势，熊市到这里暂时中止。在第二和第三阶段，供求基本处于平衡状态，但是因为主力资金是需求方，一直在吸收来自大众交易者的供应，导致需求在慢慢变强，供应在慢慢耗尽。特别是在第三阶段，SOS 和 JOC 表明需求已经超过供应，占了绝对优势。

吸筹中的进场首要原则是：必须在震荡区的右手边进场，也就是在测试过程确认吸筹之后。我们看下面的示意图。

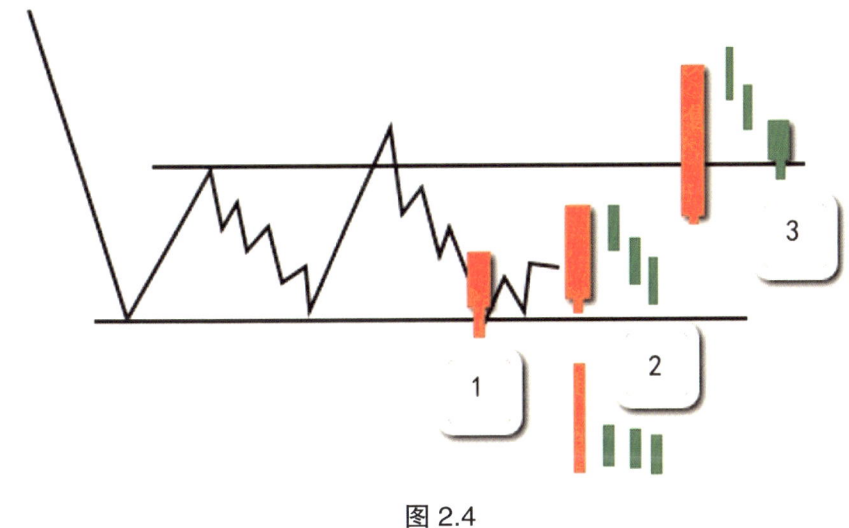

图 2.4

第一个进场位置：SOS/JOC 之后的回测，这是最安全的进场位置。图中 2 和 3 的位置。唯一要求是：回测过程必须是短 K 线和低成交量。不管哪种方式进场，关键是进场以后的风控。我们之所以进场做多，是因为看到了上涨趋势秩序的信号，比如说高支撑，或者创新高之后的低量回落。从入场做多那一刻起，后面的所有量价行为必须证明需求强供应弱。量价关系怎么证明这一点呢？就是进场后看到三高和量增，然后低量小幅回落。（这里会有人问到怎么看出是小幅回落，怎么看出这个回落停止了。这里就用到了停止行为，一个波段的停止，我们要看到停止的那个动作，比如 Spring，努力没结果，等等。）

第二个进场位置：如果是终极震仓（TSO）出现，可以在后来的二次测试进场。终极震仓的进场方式和带量的弹簧效应是一样的，都是等二次测试，确定供应耗尽再进场。

无论哪种方式进场，进场后必须看到价格和成交量递增的现象（三高），这种现象表明需求持续大于供应，也是对你进场的肯定。如果进场后看到放量阴线出现，这是遇到了大量供应，应该立刻离场，然后等上涨的秩序恢复后再进场。

主力资金迫使大众交易者出货的方法

为了能够吸筹更多的股票，他们在正常市场交易无法满足需求的情况下，开始使用一些他们的技巧。比如制造枯燥无味的行情，或者震仓，有时候两者并用。

主力资金迫使大众交易者抛售的过程是这样设计的：大众交易者首先受到市场上恐慌抛售的打击，慌乱卖掉股票。然后市场进入一段极其冗长枯燥的震荡区交易，这种行情在折磨大众交易者的心理，他们此时盼望价格能够回升。但是在区间内，每次价格稍有回升，立刻被主力资金打压下来。这种总是上涨失败的行情使大众交易者绝望，他们最后选择无奈离场。主力资金使用了这两个方法后，确实迫使大部分大众交易者投降（卖出股票），但是还有部分大众交易者在坚持死扛，于是主力资金使用震仓方法。他们的想法是让价格迅速跌穿所有支撑（恐慌底线），摆出价格会继续大跌的姿态，让最顽固的大众交易者因崩溃而抛掉股票。通过以上几个策略，市场的供应逐渐稀少。

如图2.5所示，股票向下突破左上方的震荡区后，直线下跌，中间没有碰到大的需求抵抗，不少大众交易者被套牢在顶部。他们看到价格大跌后，在惊恐中盼望价格能尽快涨回来，这样他们能够少亏或者不亏地离场。主力资金非常清楚他们怎么想的，但是现在不会让价格立刻上涨，把被套的大众交易者解救出来。相反他们会在更低的价格使用疲劳战术和震仓，让大众交易者陷入恐惧和绝望，最终以低价割肉离场。

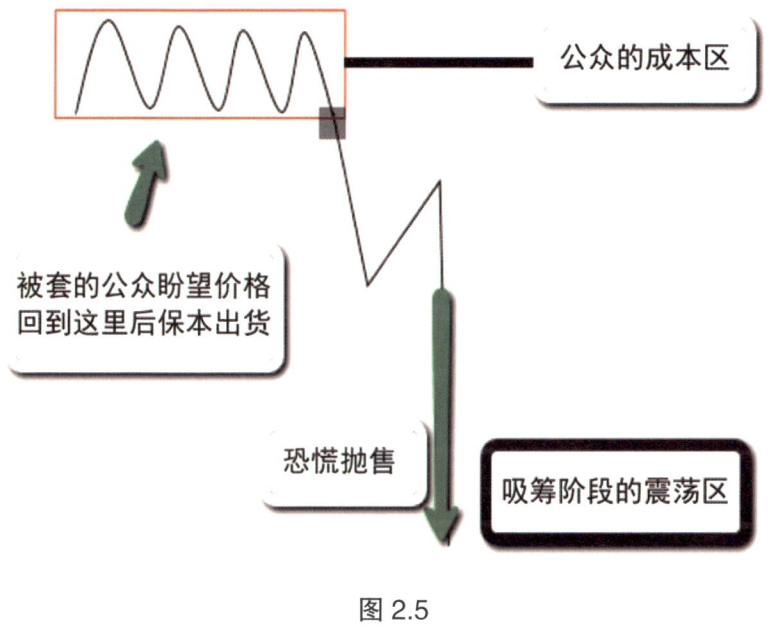

图 2.5

第二阶段案例（一）

从供求关系角度观察底部的形成过程。底部的开始，是从没有需求到有需求的过程。底部的形成，是需求持续保持力度而供应不断减少的过程。最后到吸筹结束的时候，市场进入了供不应求的秩序。基于这种逻辑去看图，就能看出供求双方的节奏，直到发现我们所需要的供求关系出现（供应耗尽之后需求增强）。

每一个市场行为背后都有故事，我们事先把这些故事发展的脉络理顺，然后让市场去证实这些故事。用这种方法就掌握了市场内在的那条线，所有的判断和操作都是沿着内在的这条线，避免了被表象牵着鼻子走的操作。这种观察角度和思维方式，对于原来以表象为主要判断依据的投资者而言是一种重大转变。当然，从尝试使用这种思维到形成习惯需要一段过程。根据以上描述，我们先看一下中国神华日线这个案例。在分析行情之前，我们首先要知道在图上找哪些信息：

图 2.6

- 要想分析底部，首先要确定下跌趋势结束。怎么能够看出下跌趋势结束？前提是导致价格继续下跌的动力出现（供应）大幅减小的现象，然后价格不再继续下跌了。
- 要想知道吸筹是否开始，支撑必须成立，怎么确立这个支撑？
- 怎么知道吸筹还没有结束？怎么看出浮动供应还没有清除？
- 什么现象告诉我们吸筹已经结束？高支撑？JOC？震仓？
- 我们应该关注主力的哪些行为？他们使用手段的目的是为了吸筹。

- 供求的转变过程。整个吸筹过程我们需要关注的重点是供应什么时候完全耗尽，而且真正的供应耗尽不仅是在底部，而且要在接下来的上涨过程当中维持供应不足的状态，这样才能保证价格真正进入了上涨阶段。

如图 2.6 所示，2018 年 7 月中旬到达底部。中国股市的特点，是经常看不到明显的恐慌抛售，但是没关系。因为我们关心的不是表象，而是市场自身行为和供求关系。我们只需在底部运行的过程当中，看到供应逐渐枯竭，而需求推动价格持续上涨的现象就足够了，并且价格出现了持续上涨之后供应依然不足，就构成了上涨趋势所需要的秩序。

- 6 月下旬到 7 月初，市场经历了一段超卖行情。观察超卖行情很简单，就是一路下跌没有遇到强的需求阻挡。图上就是 A 到 B 阶段。

- 能够拦住一段下跌行情的市场行为是成交量行为，因为成交量代表着资金量。B 的量价行为给我们的市场信息是，趋势背景中由没有需求阻挡到有需求出现，并截住了下跌。

- 所说的超卖行情，是把不该出的货也跟着这一波恐慌出掉了。这种现象必然增加了市场的供应消耗，造成一段时间内供应真空现象。供应真空造成了当时的市场需求无法满足，导致价格开始上涨。这次上涨的质量还是不错的，因为我们看到价格的持续上涨和稳定的成交量。

- B 的量价行为及随后的持续稳步上涨，我们可以判断市场已经出现了需求，或者说已经初步有了买家的人气。这种情况是下跌秩序当中不应该有的。B 本身给了被套大众交易者希望，特别是后面的反弹让他们希望增强，那么 B 的底部就是这些人的心理底线，一旦突破，会产生新的恐慌抛售。

- 超卖遇到巨量拦截，很显然，需求已经有能力克服供应，这是背景转变的信号。

- C 是这次需求所能够把股票推到的最高位置，要想继续上涨，在 C 的上方必须有新的需求，否则股票依然在 TR 当中。下面我们观察 B 的支撑是否依然有效。怎么看出有效？首先，我们期待价格在空中停止，产生高支撑。如果回落量是递减的，说明供应在前面的恐慌抛售当中已经耗尽。如果没有在高支撑出现停止行为，我们期待的最后一个支撑就是 B 的底部价位。

- 价格回到了 B 的支撑价位，成交量低说明供应减少，这是反弹的市场行为依据。这个事实告诉我们会有反弹。但是价格迅速创新低，然后返回，明显的震仓行为，再一次消耗了大量的市场供应，这导致价格快速反弹。但是这种反弹不是我们需要的，这个速度告诉我们这个反弹属于空头平仓，不是真正的买家资金在里面。因为能够截住一个熊市的买家，必然是主力资金，而主力资金在底部吸筹的方式是被动的，换句话说，他们在底部只是等待卖单，并不主动抬高价 Bid（竞买）。所以这种急速的上涨不是主力资金的行为。

- 还有一点我们不相信上涨通道已打开的原因是，大盘已经处于高支撑位置，但是个股创了新低。从相对强弱角度来说，个股明显弱于大盘。这不是个股进入上涨通道的条件。要确认个股启动上涨或者要建仓这只股票，我们必须看到相反的情况。

- 这次反弹只有一个正面信息，就是下跌趋势线被突破，再次告诉我们供应消耗殆尽，也确认了市场有了支撑。

- 急速上涨到 E 之后，成交量立刻萎缩，价格行为也变得枯燥。而此时在 E 的顶部正需要新的需求来推动价格继续上涨。但接下来的明显低量告诉我们买家没有参与，前面的这个急速上涨属于昙花一现，他背后的动力只是空头平仓，空仓平完之后也就没有了动力，而现在买家又没有投入，我们就怀疑上涨是否能够继续，关键看再次反弹力度。如果有 JOC，是进入上涨的依据，因为 JOC 清除了阻力位上所有障碍（供应压力）。

- 我们仔细看 F 是个反弹。但是这次反弹看不到任何资金动力，再次说明没有真正的买家投入。后面的三低确认了我们的判断，并且价格开始回落。对于这个回落，我们期待价格停止在高支撑，这样股票反转进入上涨趋势还有希望。

- 回落停止于高支撑，这是上涨秩序的初步信号，接下来必须创新高才能形成上涨秩序，并用无供应回落确认（必须高支撑）。

- 但是这一次反弹中途遇到供应压力而止步。我们看 G 附近的那两天，量增 SOT 属于努力没有结果，没有结果的原因是由于供应涌现，大于需求。到此，持续上涨的秩序没有形成。
- 到这里为止，我们要回顾一下。进入上涨趋势之前，底部的浮动供应必须被清除。到现在为止，我们依然能看到浮动供应的存在，在这种情况下我们着急买入的话，市场的背景告诉我们，我们的利润不会高。
- G 之后的回落创新低，从次高回落到新低，这是下跌秩序。如果接下来反弹无力就确认了下跌秩序。

- G 之后的回落当中，接近支撑的时候出现小型恐慌抛售（SC）。面对有需求的支撑，市场出现了供应被快速消耗的行为，说明买家在张开口袋接盘。

- 反弹的确没有看到买家愿意追高，这就确认了下跌秩序。此时，供应大于需求。我们期待价格下跌并创新低，以保持下跌秩序。
- 和我们期待相反，这次回落就像蜻蜓点水，让价格走入死角，这告诉我们供应耗尽，而供应耗尽的背景下，等于说市场没有任何压力，一点点的需求就能让股票开始上涨。所以突破死角的量不一定很大，只要是三高并且量增就足够了。经验告诉我们，死角之后的波动都很大，我们可以在三高突破之后进场。
- 到此处为止，我们看到了市场需求的介入，随着时间的推移，我们看到供应越来越少（H 位置），符合底部形成的条件。特别是死角的形成，证明了吸筹阶段进入尾声，如果出现三高突破，会很快进入上涨趋势。
- 三高突破死角，市场进入上涨阶段。因为供应的严重不足，所以不用很大需求就能突破死角。从现在开始，市场进入需求的主控状态，同时我们看到大盘反弹的时候，个股跟随反弹。我们期待这种秩序持续，也就是说接下来的回落，市场依然没有供应的压力（I），这种无供应的回落确认了上涨秩序，但是我们非常清楚，在这附近面临供应区的压力。面对阻力，我们期待看到两种吸收现象。第一种是协商式的吸收，表现为小幅的停顿。在停顿当中吸收阻力区产生的供应。第二种是直接 JOC 式的吸收。

- H 之后的上涨，从高价低价的角度，我们看到了持续的三高现象，告诉我们买家的人气随着价格上涨在增加，这是市场开始进入强势的特征（SOS）。

- J 是双方大规模交锋。我们既看到了买方的大规模资金投入，也看到了卖方的大规模出货（供应）。那么这种势均力敌的过程当中，到底谁更占上风呢？答案在于接下来的回落当中。

- J 之后的小幅回落，伴随迅速缩小的成交量，告诉我们供应的消耗远远大于需求。这种回落特征（LPS），符合上涨趋势的秩序，所以我们判定吸筹过程已经结束，供应依然不足，价格会继续上涨，后面的 JOC 证实了我们的判断。

- 我们再看与大盘相对强弱对比。J 之后回落最低点，与 H 相比，处于非常明显的高位。也就是说个股保持住了上涨幅度，但是大盘已经回到了双底位置。从这点来看，个股远远强于大盘。

- 总结。判断一个底部，最重要的观察点在于：

  - 不论怎样，不再下跌（看出是主力持续收购的结果）。
  - 在横盘相持的过程当中，要看到供应越来越少。
  - 有这两点，底部就坐实了，因为没有继续下跌的动力了（供应）。
  - 底部坐实后，下面的观察点就看什么时候涨了。
  - 高支撑是第一步，证明底部供应已经耗尽。
  - 接下来就要注意在涨价中买方人气的持续，这种上涨感觉没有什么压力，因为供应已经耗尽，这是一种市场开始进入上涨的特征（SOS）。也是牛市秩序的开始。
  - 最后一步，只要我们看到价格在回落的时候，供应依然不足（LPS），就是我们动手的时候了。

第二阶段案例（二）

二次测试的成功，说明熊市暂时终止。自动反弹和二次测试形成了一个价格区间。在这个区间内，我们观察供求关系来确定是否主力资金在收购股票，或者是否主力资金在继续派发。这时候我们要耐心等待价格离开区间。下面我们看一张描述高位支撑的图：

图 2.7

市场背景：如图 2.7 所示，从 X 到 Y，这是明显的熊市。市场由顶部下跌至冰线的过程属于超卖行为（没有任何反抗的下跌）。当超卖行为出现后，股票一般会有反弹。但是反弹出现短 K 线和低量，说明支撑位没有需求，这样股票将继续创新低。通过观察支撑价位上的流入市场的买单的大小，可以判断支撑的有效性。

Y 到 Z 的反弹：这次反弹的最明显的特点是突破了下降趋势线（图中没

有画线)。趋势线的突破确认了 Y 的底部为初次支撑位,也证实市场供应开始不足。但是这次反弹没有吸引到买方跟随,或者说需求还没上来(因为反弹的成交量持续走低)。这种在底部反弹无力的行为非常危险,因为它可能导致价格击穿底部,继续下跌。

1 号 K 线到 2 号 K 线:从连续阴线和递增的成交量来看,Z 到 K 线 1 下降力度很大。但是从 1 — 2 之间的 4 根 K 线的收盘可以看出,市场抛售的压力逐渐消失,因为价格都收在一个狭窄的范围内。在一个抛售的背景下,虽然成交量保持平稳,但是连续 4 个星期的波动,收盘价几乎没有任何变化,告诉我们市场压力减轻。

3 号 K 线:K 线 3 虽然是明显的阴线,但却是一个看涨信号,因为低成交量告诉我们供应在枯竭。特别是随后的一根 K 线,再次告诉我们供应已经枯竭,因为成交量和波动范围继续大幅减小。前面我们说过,在支撑价位上,如果流入市场的卖单变得稀少,这个支撑价位是有效的。一般在这种背景下,需求会积极进入市场,并尝试把价格抬高。这次从 Z 开始的回测,停在高于原支撑的位置,说明主力资金的最低价已经开始提高(他们在比这个支撑位低的价钱已经买不到股票,供应耗尽),这是市场即将进入上涨的信号。通过这种分析方法,我们可以从理论上(供求关系)和市场自身行为上判断趋势的反转,并在反转过程结束时买入,接下来的市场行为会对买入(抄底)进行确认。在接下来的反弹中,K 线应该是连续的、更高的高点 / 更高的低点 / 更高的收盘价(三高),并伴随稳定增长的成交量,这种涨法是真正牛市的特征。

第五节 吸筹过程的第三阶段:确认吸筹结束的市场行为是什么?

主力资金在这个阶段的任务主要是测试市场上的股票供应。我们观察测

试的目的是确认这个震荡区是吸筹,而不是在派发。测试方法主要是终极震仓。终极震仓可以完成以下三个任务:

- 主力资金让价格迅速冲破所有支撑,以此吸收市场上剩下的股票。
- 震仓可以继续迫使弱者卖掉手里的股票(迅速消耗当时的供应)。
- 在最终市场进入牛市之前,震仓可以造成继续下跌的假象,让大众交易者不敢进场买入。

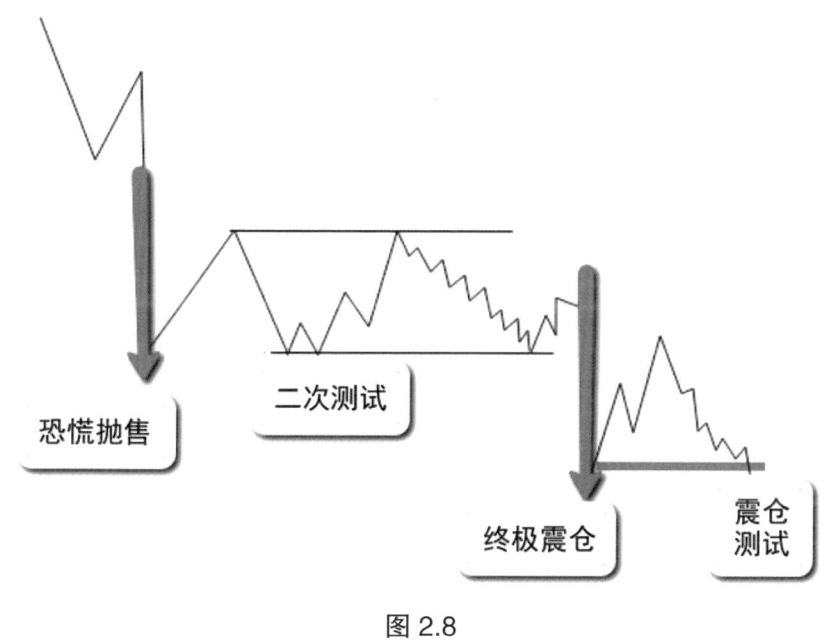

图 2.8

如图 2.8 所示,终极震仓的表现形式是:深度跌破吸筹区间底部支撑,这是主力资金惯用的一个手段,目的是使大众交易者因恐慌而清仓,这是吸筹即将结束的一个信号,吸筹的结束意味着牛市即将开始,有时这种突破幅度很小,我们叫作弹簧效应①,意义和终极震仓一样,都是主力资金用来判断

---

①弹簧效应的概念来自终极震仓。定义是价格小幅突破支撑后,立刻返回支撑上方。主力资金可以通过它评估突破时的股票供应量。弹簧效应和震仓的主要区别是突破幅度,震仓的突破幅度非常大,它突破了所有支撑。相对于震仓,弹簧效应的突破幅度要小很多。

突破时的供应量。终极震仓或者弹簧效应后，会出现相应的二次测试，目的是判断市面上的浮动筹码是否全部被吸收。一旦市面上浮动筹码被全部吸收，主力资金只能抬高价格吸筹，不能再压价，因为底部股票已经稀少。终极震仓和弹簧效应的二次测试是风险最低的抄底点。

第六节　吸筹过程的第四阶段：进入牛市

通过测试阶段，主力资金认为市面上的股票供应已经耗尽，他们准备允许价格上涨，并进入牛市。在这个阶段，有两个重要市场行为告诉我们牛市开始了。他们分别是强势出现（SOS）+测试，和跳离震荡区（JOC）+测试。为了叙述的一致性。我们以后对这两个市场行为都使用英文缩写：SOS和JOC。

强势出现（SOS）

SOS 的特点是在震荡区内出现价格持续上涨伴随明显增高的成交量（本身也是证明供应耗尽，不然不能这么顺利地上涨）。我们知道震荡区是主力资金控盘最集中的地方，所以在震荡区交易风险最大。SOS 是震荡区终止的信号之一，以后我们在任何地方遇到震荡区的时候，耐心等待 SOS 的出现会减少风险。

SOS 本身是需求控制市场的信号，也是市场正式进入上涨秩序的信号，它出现之后，价格会回来测试确认 SOS（测试是否还有浮动供应），一旦测试出现了长阴伴随扩大的成交量（浮动供应还在），这个 SOS 立刻失效，价格会继续在震荡区波动，或者有更多的测试。SOS 必须经过测试确认市场浮动供应已经耗尽才有效，这也就证实了上涨秩序有效。

强势出现（SOS）如果突破震荡区顶部，我们把这种 SOS 叫作 JOC。JOC 是威科夫学生伊文斯先生总结出来的，英文是 Jump over Creek，意思是越过小溪（供应区），后面我们会对 JOC 做详细介绍。

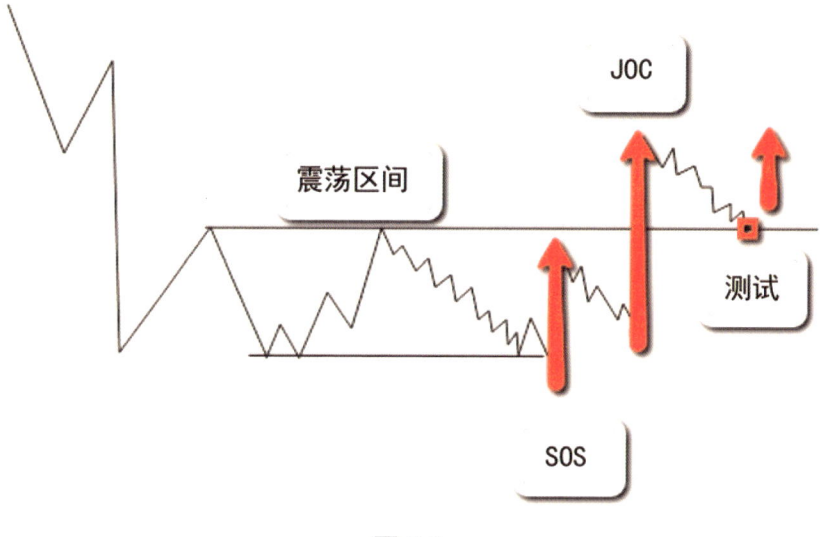

图 2.9

强势出现（SOS）案例（一）

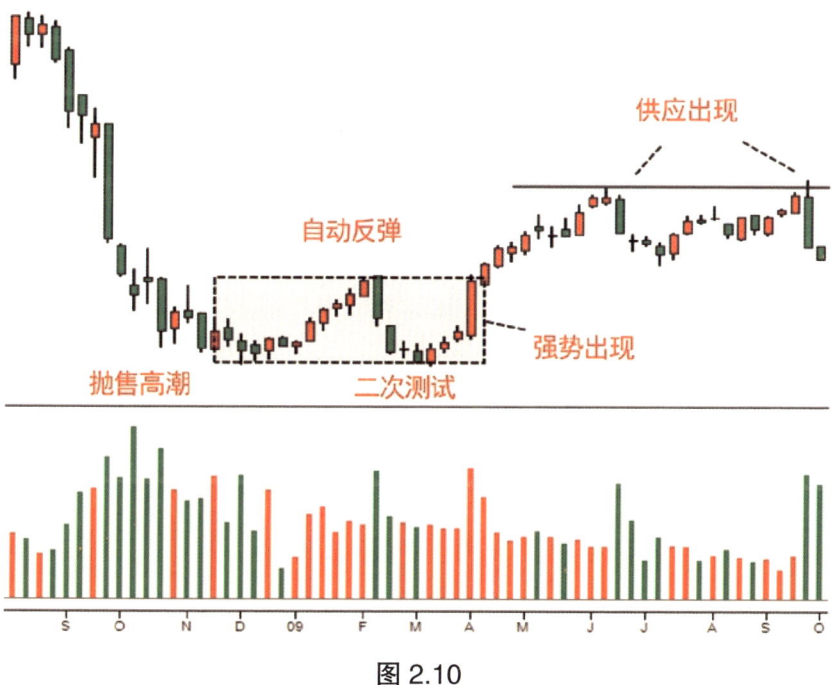

图 2.10

如图 2.10 所示，这个图是吸筹震荡区中出现的 SOS，他的出现表示震荡区可能结束。

熊市以恐慌抛售和成功的二次测试结束，然后股票进入震荡区交易。如果已经在二次测试阶段进场，那么接下来的强势出现（SOS）是对进场的确认，强势出现意味着需求控制市场。一般强势出现后，会有个缩量回调，这是个安全的进场点。

后面的走势：这个图没有出现回调，反而继续上涨。SOS 出现后，成交量和 K 线范围立刻连续缩小，这说明没有新的需求跟进。趋势刚起来需求就开始耗尽，这不是个牛市继续信号，我们要在未来的走势中看供应是否开始进入。当价格走到阻力区，我们看到的是两次放量下挫，证实了我们的猜测：市场上的浮动供应还没有清除，熊市还没有结束，价格会继续回到震荡区内。供应的出现，是抄底者的离场信号。

强势出现（SOS）案例（二）

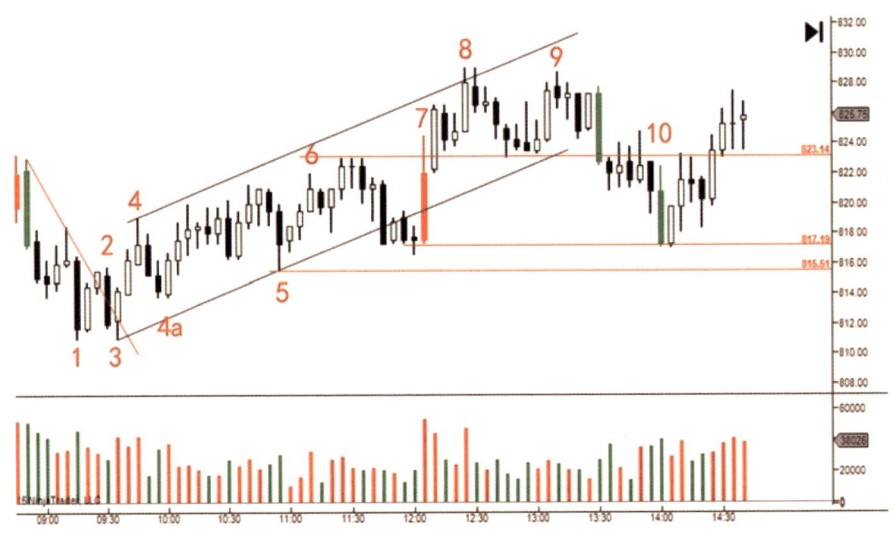

图 2.11

有时 SOS 不是由一根 K 线完成，而是由一个上升波完成。当我们看到连续 2～3 根的阳线出现，而且出现更高的最低价、收盘价和最高价（如图 2.11 所示），伴随递增的成交量。这种走法是市场走强的标志，特别是在支撑出现反弹后，如果我们发现有这种走势，说明反弹成功。

1 号 K 线：如图 2.11 所示，K 线 1 是长阴线，成交量增加，这是供应柱。我们期待下一波继续下跌，但是接下来的 K 线是阳线，我们第一反应是卖方没有跟随，证明了 1 号 K 线是恐慌抛售。特别是后面 2—3 的下跌没有创新低，更说明 K 线 1 的大跌没有卖方跟随，从这可以看出供应变得稀少，到这里下降趋势的秩序被打破。K 线 1 如果是恐慌抛售，它的底部会形成临时支撑。如果后面的走势出现突破趋势线的现象，或者二次测试没有出现清仓抛售的现象，K 线 1 形成临时支撑的有效性就得到了确认。

2 号 K 线：价格回落时成交量缩小，说明行情没有像 K 线 1 那样出现大跌，市面上股票供应正在减少。

3 号 K 线：股票在测试支撑，收于高位告诉我们需求的努力把价格推高；突破趋势线后持续上涨说明需求超过供应，另外前期 K 线 1 形成的支撑得到了巩固。3 的一个问题是成交量扩大，虽然没创新低说明是需求在吸收供应，但是不能否认供应依然存在的事实，所以市场需要新的二次测试来确认供应耗尽。

3～4 号 K 线：这段上涨的特点就是持续。从形态上符合强势出现的要求（SOS）：他们接连出现了更高的最低价、收盘价和最高价，而且成交量保持高量。能够涨得这么顺利，首先说是供应不足，另外就是整体买方的人气上升。

这里我们讨论一下 K 线 4。从表象看是新高，但是收于中点之下，说明遇到卖盘。这种情况只是给后面的继续上涨提供了一个压力，并不是立刻否定了上涨秩序的形成。K 线 4 后面的一根成交量大幅减少，说明卖盘开始耗尽，这是我们在 SOS 之后希望看到的回调。接下来一个还是阴线，成交量有所增长，但是价格波动范围缩小很多，我们上面讨论过，这是停止行为，说明市场遇到了大的买单流入并吸收了全部卖单。在回调中或者二次测试中出现停止行为，是买入时机。K线4a确认了前面的停止行为，恢复了上涨。

4a上涨量低，特别从收盘来看没有创实质性的新高，这个不符合上涨趋势的秩序，其原因是需求不足，没有吸引到足够的买家资金，这种现象会导致价格回落。5的量价行为说明接下来的回落努力没有结果，因为市场有强大的需求。然后价格出现迅速反弹，伴随持续稳定增加的成交量，这是需求大于供应的现象。

7号K线：K线7在区间内快速上涨并伴随明显扩大的成交量，证明了前面的急跌属于震仓。巨量冲顶说明供应和需求都有大量的消耗，谁被吸收可以从回落当中看出来。后面的跟随告诉我们，供应被吸收，然后低量回落，再一次证明了阻力附近的供应被完全吸收，现在供应已经不足，确认了上涨趋势的秩序。

8号K线：走势出现了超买行为，超高的成交量加上超长的阳线突破了超买线，再一次引起了我们注意。普通人看到这种涨法会很兴奋，因为贪婪在控制他们的判断。有三种危险信号：第一，K线7到8是垂直上涨，这种速度表明有人开始急着拉升。第二，K线8在顶部放量，供应增加。第三，趋势线角度突然变陡，表现了参与者的一种急切心态。正常的牛市是匀速上涨，不会有急升的现象。上述现象说明股票进入超买阶段，同时我们发现价格正好到了超买线附近（也是供应线，这种位置要关注是否有抛盘），如果在超买线附近出现了供应，价格将开始回落。接下来低量的回落告诉我们还有一涨，这个上涨能否保持牛市的秩序非常的重要，因为我们前面已经看到了一些危险信息。

9号K线：这是买方（需求）在尝试恢复牛市，我们的第一印象是价格没有能够创新高，打破了上涨趋势的秩序。虽然买方还在努力（成交量），但是价格波动范围大幅缩小，说明买方的努力没有结果，显然这个反弹没有吸引到更多需求入市。现在价格已经到了震荡区的右手边，行情已经到了危险的边缘，这时应该逐步平仓。一旦接下来出现行情走弱（SOW）的现象，价格的下跌幅度会很大。

从本例可以看出，即使我们盘算得再好，分析得再好，最后也要遵从市场语言。一旦市场自身行为和我们的判断相悖，首先放弃自己的想法，然后采取风控措施。9 已经显示出了市场的弱势，因为它无法克服前方的供应。这样我们把希望寄托于回落当中，只要回落停止于高支撑，上涨趋势还有机会恢复它的秩序。但后面的直接破冰和无力反弹告诉我们下降趋势的秩序形成。在接近前方支撑区（VDB）的时候，10 那里我们看到了一个小型恐慌抛售。支撑区域发生恐慌抛售属于买方的张大口袋接盘行为。为什么？因为恐慌抛售是一个迅速大量消耗当时供应的行为，这些供应去哪里了？被支撑附近的买方收购了。后面的二次测试遇到了强力反弹，这是需求保持力度的特征，这个强力反弹也打破了下跌的秩序，然后价格继续上涨，创了新高。

证券市场是个行情逐渐明朗的过程，也就是说一个行为需要另一个行为确认，直到最后局面明朗。比如初次支撑需要恐慌抛售确认；恐慌抛售需要二次测试确认（二次测试被确认后，熊市终止）。SOS 需要后面的无供应回落确认，一旦确认，说明主力资金结束了吸筹过程，市场准备进入牛市。

跳离震荡区（JOC）

JOC 的特点是价格快速突破震荡区顶部，图上表现为放量长阳突破阻力区。JOC 之后，股票就告别了吸筹区，开始了牛市旅程。JOC 本身是一个吸收行为，是因为需求吸收了阻力上的所有的供应，才导致顺利突破。我们所关注的是价格上涨后，再次回测 JOC 突破点。如果这个突破过程的确把当时市场所有的股票（供应）吸收了，价格的表现应该是保持在高位，即使回落的话也不会回到起点（那样会失去继续上涨的动力）。如果测试过程是缩小的 K 线和成交量，表示市场上依然很难买到股票，供应短缺。我们将在测试时入场参与牛市。（我们为了表达方便，以后将使用这个行为的缩写：JOC）。JOC 是 SOS 的一种，只是它跳离了震荡区，把价格抬到了一个新的高度。JOC 必须发生在震荡区的右手边，而且突破后，成交量必须有跟随。否则JOC 失效，价格会再次回到震荡区，遇到这种情况，我们应该耐心等待新的交易机会,不跟市场作对。

JOC 也叫作跳跃小溪方法。这个工具可以帮助我们定位风险最低的进场时机。一个男孩要越过一个小溪,他肯定要找个小溪窄一点和水流缓一点的位置跳过去,在准备跳跃之前,他要先退几步,然后一段助跑,最后越过小溪。在消耗了很大能量跳过去之后,他需要短暂的休息再继续向前走。

下面我们把这个比喻和市场结合起来。小溪(阻力区)充满着大量的卖单(供应),这些卖单对价格的上涨是很大的阻力。价格要想继续上涨,必须越过这个充满卖单的小溪(吸收供应)。前面说的男孩要想越过小溪,必须找到水流缓而且比较窄的地方(需求可以克服阻力),价格也是如此,首先要找到一个供应薄弱的地方,并经过短暂回调,然后越过阻力。在回调过程中可能出现强反弹或者震仓,我们可以在那里进场。先看一个例子(图2.12):

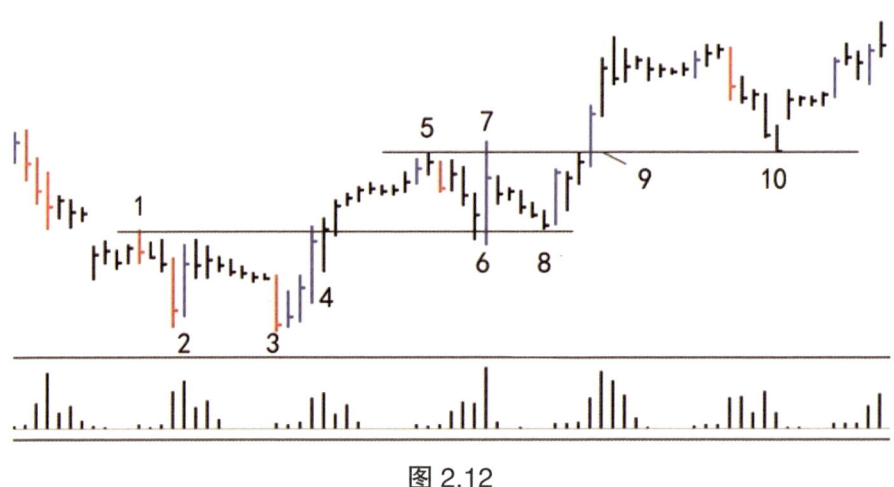

图 2.12

图2.12中1的位置是小溪线,这里充满着卖单。2号柱位置,价格尝试努力突破小溪,第二天立刻缩小的成交量告诉我们需求不足以突破供应区。接着连续一周市场进入枯燥阶段。这个枯燥阶段有两层意义:第一是证明了2号柱确实是一个超买行为,第二是这种低量枯燥的回落告诉我们市场没有产生压力,需求有了新的机会再次进入市场(因为供应不足)。然后股票在后

续的过程中出现了小型恐慌抛售（3号位置），这个恐慌抛售恰恰发生在支撑位置，属于买方接盘行为。小幅回落之后，出现了强势上涨（SOS）。

接下来的突破过程中，强劲的需求吸收了小溪中的卖单，给我们的进场搭好了平台。我们耐心等待价格缩量回落在这个平台上，因为缩量代表着供应枯竭，在需求占上风的背景下，供应枯竭意味着股票已经准备好上涨。突破之后，上涨没有停顿，这是强势的延续。但是在继续上涨的过程中出现了需求不足的现象，表现为上涨幅度变小和低量，我们需要做好市场可能出现回调的准备。这次回调能否给我们带来入场的机会，就看这次回调的过程和接触到突破点时的供应强度（因为我们假设突破点的供应已经被全部吸收，价格在回来的时候不应该有供应，那是我们理想的入场时机）。

第一次的回落（5—6位置），虽然支撑上反弹很漂亮，但是成交量非常大说明浮动供应还很大，市场还有压力，按照好中最好的原则，这里不能进场。8号柱给我们提供了最佳进场点，因为它的成交量几乎为零，表明底部已经没有股票可买，意味着价格将立刻上涨。

价格涨到5之后回落，又形成了新的小溪线。7号尝试越过小溪失败，然后退到8的位置并准备再次冲锋。9号柱吸收了小溪中的卖单并越过了小溪，等于再一次给我们搭建了进场平台，然后等待价格缩量回落。10号柱的成交量递减并且测试了小溪，这正是我们要等的进场信号。

跳离震荡区之前的探索阻力

有时价格真正出现强势之前，需要测试一下阻力区有多少压力。主力资金这样做的目的是看需求能否吸收阻力区的供应。图2.13描述了探索行为（PROBE）。

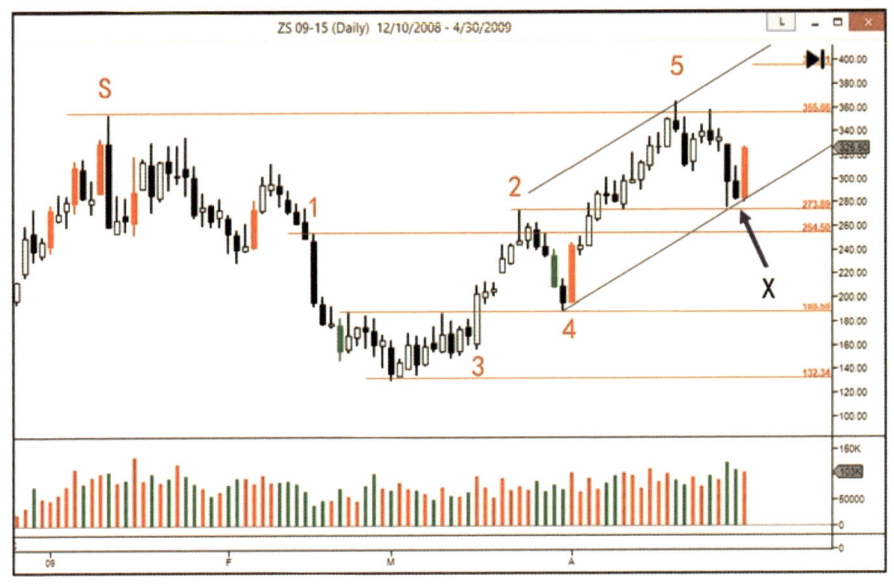

图 2.13

3号K线：如图2.13所示，3号K线是SOS，也是小型JOC，因为它结束了小型震荡区的交易，我们看它以带量和宽幅波动的行为冲破了供应区，吸收了顶部的供应，导致阻力变成了支撑。那么接下来，如果回落不创新低，就确认了上涨趋势的秩序。从K线2开始的回落，这种速度显示了超卖行情。那么在支撑区出现这种超卖或者小型恐慌抛售的行为，消耗了大量的供应，买方在此接盘，非常明显地看出需求吸收了供应。特别是价格接近现在成为支撑的位置时，出现了终止行为，因为在成交量与前一天相同的情况下，K线波动幅度大幅减小，说明需求再次战胜供应。4号K线的强力反弹告诉我们需求维持强劲，也证明了前面的超卖行为。

2号K线：是处于最近的上升趋势中，出现新高，但是收于中点之下。这个上冲回落发生在需求控制市场的背景下，那么我们要看是否有供应跟随才能确定行情是否转熊。通过K线2，市场想知道阻力区到底是否会有大量供应出现。接下来的回落停在整个反弹的50%位置，说明供应不足，K线2属于探索行为，不是终止行为。这个探索行为告诉我们阻力位置供应压力不大，也因此提前告诉我们牛市会继续。

为什么说 K 线 2 的位置是探索阻力位置？这个阻力从何而来？我们看 K 线 1，它是个垂直供应柱。垂直供应柱的顶部是供应区（因为市场在垂直供应柱产生了大量卖单），价格经常会测试这个供应区。

5 号 K 线：在供应区出现上冲回落，看似终止行为，但是上升趋势中的上冲回落属于探索，不是反转信号，只是为后市的再次上涨提供了阻力。目前还在左手边，不能单方面因为一个 K 线形状，就认为是反转，并且动手做空，违背了左出右进的风控原则。5 之后的小幅回落告诉我们上涨趋势的秩序得到确认，供应没有足够的力量把价格拉得更低，我们期待价格有继续上涨的机会。但是接下来的上涨，价格没有持续稳定的上涨。特别是成交量还在保持的情况下，这种上涨节奏属于努力没结果，供应扩大造成。接下来的回落，从速度上看，属于一种超卖行为（小型恐慌抛售），消耗了市场当时的供应。K 线 X 是停止行为，因为它的高成交量对应了窄幅的价格波动（短 K 线），这个停止行为说明需求正逐步超过供应。后面的迅速反弹，证明了我们对超卖（小型恐慌抛售）的判断。接下来看后市发展。

图 2.14

如图 2.14 所示，股票突破主要阻力区后开始枯燥的盘整，为什么会出现这么枯燥的盘整？这个盘整是牛市结束和派发开始了吗？我该怎么判断下一波方向？

第一，看目前市场背景，趋势向上，上升趋势中的窄幅盘整经常属于再吸筹，然后价格继续上涨。

第二，通道的上轨属于超买线，但是关键要看在这里是否有大量卖单流入市场（供应的出现），如果有供应扩大的现象，价格会返回通道中。但是在这个窄幅盘整中，我们没有看到供应的出现，相反，需求依然保持优势，因为很多 K 线收盘价格都收于中部或中部以上位置。我们判定，既然没有供应，上升趋势还没有改变，市场处在吸收状态。

这里我们澄清了对上涨趋势中缩量的理解误区。很多时候，我们看着这种上涨枯燥的情况，会认为趋势的停止，特别是伴随低的成交量的话。这是一个理解上的误区，或者说是以表象形态作为基础的判断方式。如果从市场的内部供求关系角度考虑，就非常好理解。能够阻止一个牛市发展的是供应扩大，供应扩大的表现是成交量巨幅增长，并且成交量巨幅增长之后价格不再创新高。但是我们看图中的情况，这种枯燥的上涨代表着供应不足，供应不足是牛市存在的基础。

接下来的一种结果是出现了放量下跌，说明卖家无法忍受这种枯燥的行为，开始大量出货。这种情况下，我们的注意力就要聚焦到反弹的质量上。如果反弹依然是一种无力的状况，告诉我们需求消耗很大，市场失去了继续上涨的动力，因此，市场继续上涨的秩序也被打破。

另外一种情况是出现了回落，但是依然枯燥无味。这种情况下进一步证明了市场上供应还是不足，上涨趋势没有被打扰。

第三，从主力资金的行为上看，主力资金深深知道散户和基金喜欢做突破。他们让股票突破后立刻进入枯燥期，目的是让大众交易者因为灰心和没有耐心而离场。主力资金把大众交易者驱离市场的目的是：以后遇到阻力的时候（有大量供应入市的时候），他们引诱大众交易者入市吸收供应，或者主力资金将要派发的时候，引诱大众交易者入市买单。

跳离震荡区（JOC）案例（一）

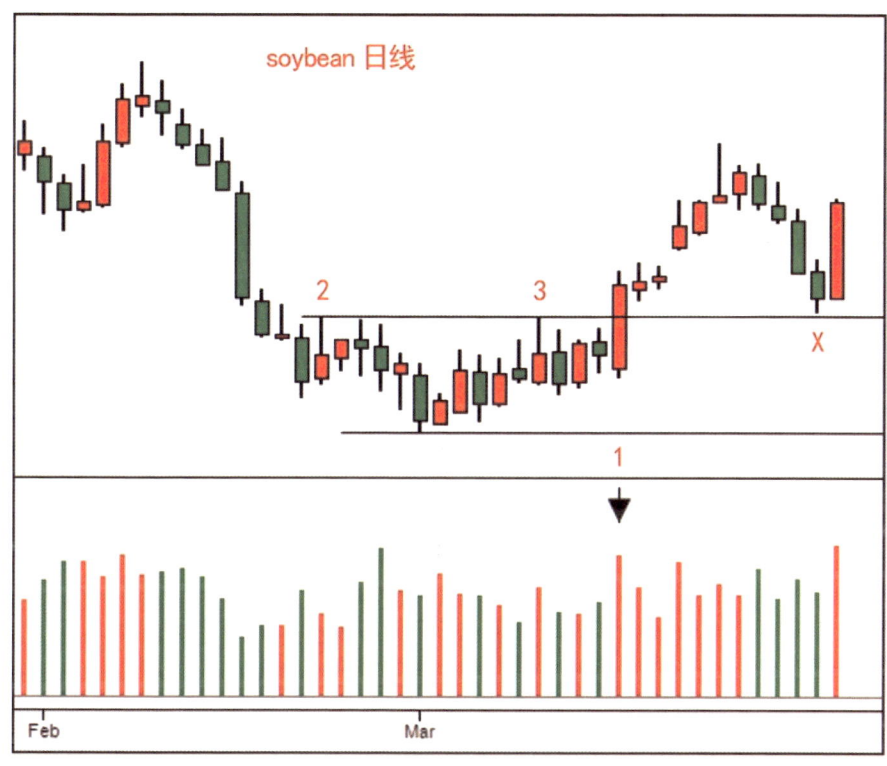

图 2.15

K线1：如图2.15所示，K线1属于JOC，它的形态是长阳伴随高成交量突破震荡区顶部。在震荡区顶部是供应区，股票要想突破这个供应区，需要强劲的需求来吸收顶部遇到的供应（阻力）。主力资金把底部股票全部吸收后，开始撤掉顶部用来阻止价格上涨的卖单并允许价格上涨。K线2和3的突破失败，说明主力资金还没有撤掉顶部卖单，因为他们的收购还没有结束。（在交易中，看到K线3的突破失败，说明牛市还没有孕育好，此时需要观察回调的过程，如果回调是缩量和短K线，说明供应已经耗尽，这时候可以准备进场，或者在回调出现停止行为的时候进场，或者JOC之后，在回测突破点的时候进场。）

81

一旦 JOC 形成，等于市场给我们提供了进场信号。当价格回落到原阻力位置（现在是支撑位置）的时候，如果成交量减少，或者有反弹，我们可以进场。K 线 X 是价格回测，虽然成交量相对大些，但是 K 线比较短，这是停止行为，表明需求正在吸收供应。后面的阳线是对停止行为确认，表明需求已经全部吸收了底部的股票供应，并完全控制市场。

跳离震荡区（JOC）案例（二）

图 2.16

如图 2.16 所示，这个 JOC 发生在牛市中的震荡区。

牛市的回调出现震荡区，K 线 1 和 2 都是牛市中的 JOC。JOC 之后的回测出现停止行为（弹簧效应），这是我们进场的最佳时机。但是测试 JOC 的时候供应不能扩大，从价量关系上看成交量和 K 线必须缩小和递减，否则，我们必须等待新的二次测试来证明供应已经耗尽。一旦二次测试的成交量还是大，甚至强力突破了支撑，我们将放弃这次进场机会。图中K线1之后的第一次测试成交量扩大，我们不能进场，因为市场出现了大量供应。这个供应是否能持续并把价格打压下来，我们还不知道，所以要耐心等待供应是否耗尽（供应是暂时的，没有跟随）。接下来我们看下冲反弹（弹簧效应）出现了二次测试，这个测试过程中供应已经耗尽，因为它的成交量已经很小，这是我们要等的进场点。

K线2同K线1一样，JOC之后的回测也出现下冲反弹（弹簧效应），同样有供应扩大的现象（成交量扩大），我们等待二次测试。但是后面的二次测试却出现了供应超过需求的现象，因为成交量依然大，而且价格突破了支撑。这是对我们进场依据的否定，我们必须放弃这次进场机会。

跳离震荡区（JOC）案例（三）

图 2.17

如图2.17所示，这个JOC发生在牛市中回调形成的震荡区中。

1号K线：K线1强劲需求柱突破以前的供应区开始回调，这种情形表明了市场参与者的态度，这是JOC，我们等待缩量回调后进场。后面的回调在 2～3 之间形成小幅交易区间（震荡区）。从市场行为讲，K 线 1 的强劲需求柱后的小幅震荡是吸收，为下一波上涨积蓄力量。小区间内部我们不参与交易，容易造成亏损。任何震荡区形成之后，我们要等待需求或者供应扩大的情况出现，也就是等待 SOS 或 SOW 出现。

3 号 K 线：这是需求强劲的表示，它的行为属于弹簧效应，特别是前一根的价格波动和下跌幅度缩小，说明市场的供应已经稀少。在这种情况下，需求还保持力量，并形成弹簧效应。K 线 3 之后需求持续控制市场，这一点我们可以从它后面的跟随看出。

4 号 K 线：这是 JOC，也是 SOS，强劲的垂直需求柱把价格带到了区间之上，原来的供应区成为需求区。我们的计划是等价格回到突破点进场，但是回测过程不能有大量供应入场，如果是那样，我们在场外观望。

5 号区间：首先看这个价格回调的过程有没有供应出现，因为全部是小幅 K 线，表明下跌失去了动力。需求控制的背景下，供应的枯竭给我们提供了好的进场时机。这是专业操盘手的进场点，我们也应该随着他们买入。

6 号 K 线：与 4 号的作用一样，强力需求柱吸收阻力上的供应。回调过程同样是短 K 线，告诉我们没有供应进入，这又是一个买入点。

7 号 K 线：让很多人迷惑，这是个上影线，加上成交量增加，说明供应开始扩大，但是我们要立刻冷静下来，第一，目前大背景还是牛市。第二，牛市中的上冲回落是陷阱，会误导人们做反转。第三，因为这些原因，我们要看是否有新的需求进入把这个扩大的供应吸收掉。如图 2.18 所示，这是后面的走势，反弹有强劲的需求进入并吸收掉前面产生的供应，市场还是需求占优势。我们看 K 线 7 之后的回调过程，供应在随着价格回落递减，这又是个好的买入点。

图 2.18

JOC 所描述的是价格强势突破供应区的行为，JOC 的出现等于给专业交易者（聪明钱）提供了进场平台，他们需要等待缩量回调进场。震荡区的顶部就像一个充满供应的小溪，价格要想越过这个供应区，必须有强劲的需求（成交量和长阳）把小溪中的供应吸收掉。如果在回测过程中出现放量阴线，说明供应又回到市场，这会导致价格继续震荡或者下跌，我们应该放弃入场的计划。

第七节 吸筹过程的操作综合案例

吸筹过程较短

底部之所以形成，供应耗尽是主要的原因。买方如果有需求，而当时又买不到平价股票，会寻求更高的价格，造成价格最终进入上涨阶段。我们在判断底部的时候，不能拘泥于表象去寻找明显的 K 线形态，而是去遵循市场行为主线。如图2.19所示，初次支撑之后是恐慌抛售，这里的抛售方是恐慌的大众交易者，原因是受悲观的市场情绪和坏消息影响。接盘方是主力资金，主力资金的介入使市场的需求开始扩大，并且需求正在吸收供应。一般恐慌抛售形成临时的支撑，这个临时支撑是否成立，需要进一步验证。验证方法有：一是价格突破下降趋势线（需求突破供应线）；二是通过二次测试，成功的二次测试可以告诉我们市场的供应开始稀少，那种类似恐慌抛售的清仓行为不再存在。恐慌抛售之后，我们暂时倾向于熊市停止，因为它会导致吸筹的开始，但是这种倾向需要验证，所以这里不能抄底。

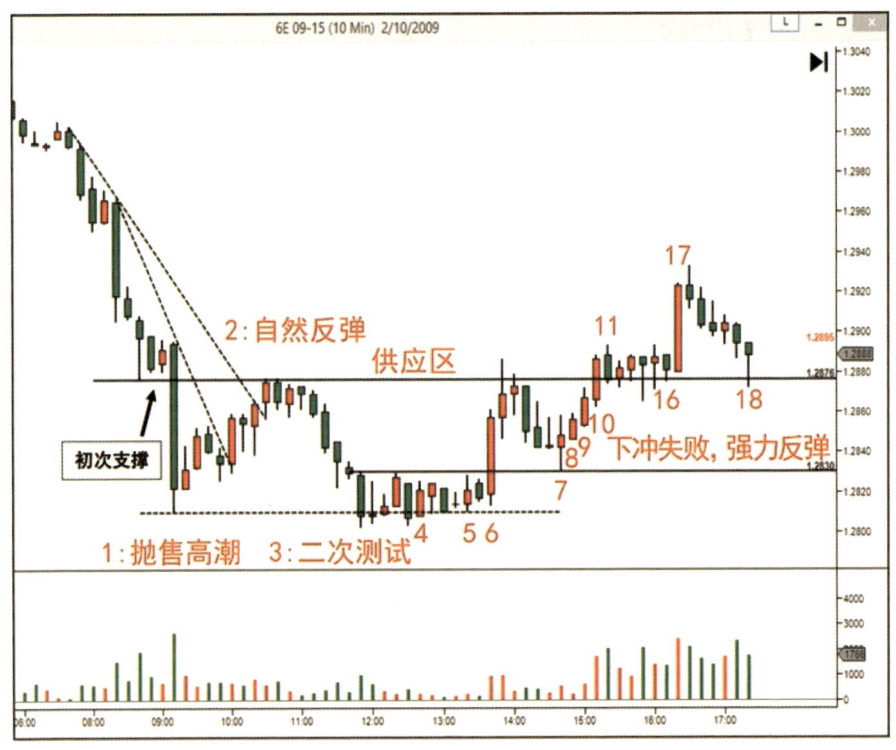

图 2.19

自然反弹：超卖行情后，价格会出现自然反弹。来自熊市的自然反弹属于空头回补，不是真正的买单流入市场，所以上涨不会持续很久。如果在这里抄底，容易遭遇震仓。这个自然反弹突破了最近的趋势线，从而确认了恐慌抛售形成的支撑。

二次测试：二次测试过程非常重要，我们希望看到缩小的成交量和缩短的K线。但是第一次测试成交量和K线长度还很大，说明供应在下降中还存在。这种高量告诉我们要耐心等下一个二次测试。

4号K线：这次的测试，成交量完全消失，说明供应枯竭。另外逐渐提高的支撑，说明主力资金已经提高收购价格（为什么支撑提高对反转是有利信息？因为在更低的价格区，市场的供应很稀少，主力资金买不到股票，所以他们需要把成本价提高来收购，这种行为确认了这个震荡区是吸筹，预示着牛市在孕育中）。4—6的小幅盘整，加上持续的低成交量，说明吸筹在进行中，但是还没结束。这次的成功测试使我们相信，目前的市场背景倾向于牛市。注意，这种不上不下的小幅盘整是吸筹的主要特征，在这个阶段，主力资金属于被动的吸收状态。他们不去Bid（主动向上竞价），只是在底部等着卖单出现，然后吸收。他们这种吸收行为导致价格没有继续下跌。

6号K线：这是SOS，伴随着高成交量突破死角和阻力，告诉我们需求吸收了市面上所有的浮动供应，并控制了走势。唯一让我们怀疑的是这次的上涨速度和幅度，有一种空头平仓的感觉。特别是后面在阻力区出现了这种上影线情况更像是小高潮，后面的三低回落证实了这一点。现在关键的是回落过程是否出现供应耗尽的现象，如果是，就证实了市场的压力不足，接下来的恢复状态必须是一种强势状态，这样才保持了上涨趋势的秩序。我们继续观察。

7号K线，价格回到支撑出现漂亮的反弹，证明市场的确由需求主导。我们称之为LPS，名称不重要，主要理解背后的意义。K线7在高支撑位反弹，说明下方已经没有股票可买，人们要想买入，只能是提高价格，到此，上涨趋势的秩序得到了确认。

8、9、10号K线：这三根K线非常重要，它们的特点是：三高（更高的收盘价、更高的最低价和更高的最高价），伴随递增的成交量，这种行为是真正的强势体现（也是一种SOS）。其中K线10是JOC（市场再一次给我们提供了进场平台，此时只等缩量回测给出进场信号）。市场在告诉我们，此时的牛市行情已经吸引了大量大众交易者的参与，市场很强。

11号至16号K线：这是在供应区附近形成的小的震荡区。在供应区有很多被套的大众交易者（他们在吸筹区盲目追高导致被套）。当价格回到他们的成本价位，他们会保本卖出，他们的行为会对上涨形成压力。这段时间成交量的扩大，表明大众交易者在抛售。但是这些K线的高位收盘告诉我们需求的力量更大，卖方的抛售已经全部被需求吸收。这个过程我们叫作吸收过程。吸收现象只发生在强势出现之后的阻力区。

左手边，右手边：1到2的过程属于左手边，或者说左手边是熊市中的第一次反弹，我们一般不在左手边抄底。从3开始，也就是从二次测试开始，市场进入右手边，从这里开始，我们可以开始寻找进场时机。在右手边，能够最后确认牛市的就是强势出现（SOS）。

17号K线：意义和6号K线一样，是SOS，也是JOC。它延续了牛市的秩序。在回调中，如果出现非常小的成交量和振幅或者是强力的反弹，可以进场。K线18是弹簧效应（停止行为），在高支撑截住了下跌，确认了牛市秩序。这种反弹速度是需求强大的体现，至于这个弹簧效应是否成功，我们要看后市价格是否创新高。

下面的图2.20是上图2.19的延续。

我们看K线18之后的连续三高确认了进场操作。在后面的上涨过程当中，我们关注回落的力度，只要是看出没有供应压力出现，上涨趋势的秩序一直在保持。是这种秩序一直在保持的市场内涵，让我们有信心持仓或者加仓。

最后，股票上涨中，成交量突然大幅增加，这对很多大众交易者来说是个令人兴奋的利好行情，这种行为可以引诱更多大众交易者上车。牛市中上涨不需要天量，只需匀速运行。如果出现天量上涨，说明大众交易者的抢购高潮出现了，是主力出货现象。这种天量是指供应开始大量涌入市场，也是对需求的迅速大规模消耗。抢购高潮预示着主力资金可能开始出货，是否成为顶部，我们需要市场进一步确认派发行情。如果有仓位，抢购高潮是预警。

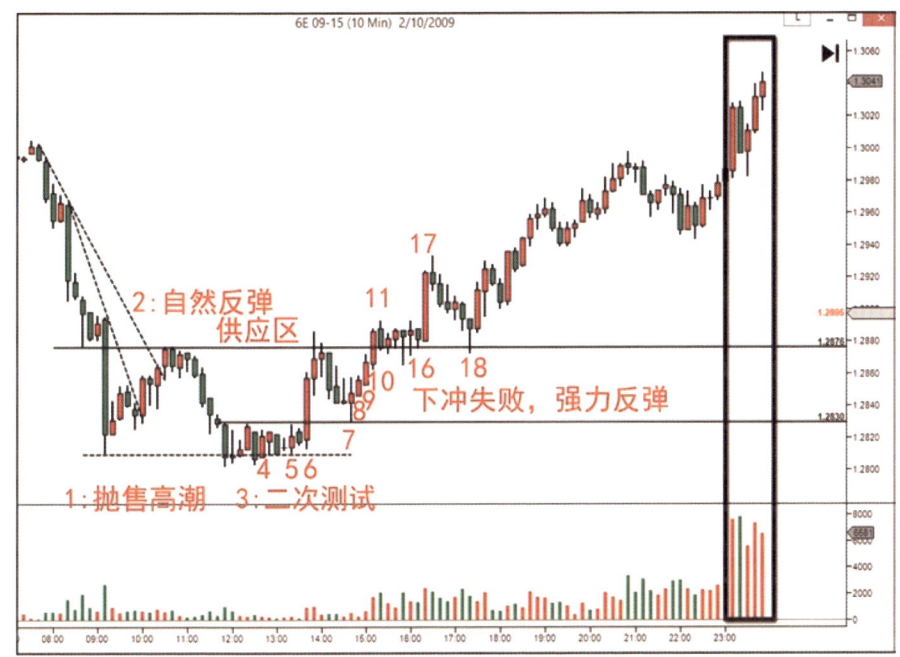

图 2.20

长期吸筹

吸筹时间长短不一，有的超过几年。我们还要强调，判断市场底部，重要的是供应逐渐耗尽这个主线，做决定不能依赖各种表象特征。下图 2.21 里面包含的细节很多，对每一个解释要认真思考，到底要不要抄底？在哪里抄？哪些细节告诉我们熊市结束和牛市的开始？

ＡＢ：这是一个小型交易区间，价格以高成交量突破支撑后，进入超卖行情（垂直下跌到Ｋ线１），下跌中没有任何大的购买力出现。超卖行情触底后，正常情况下应该有自然反弹。

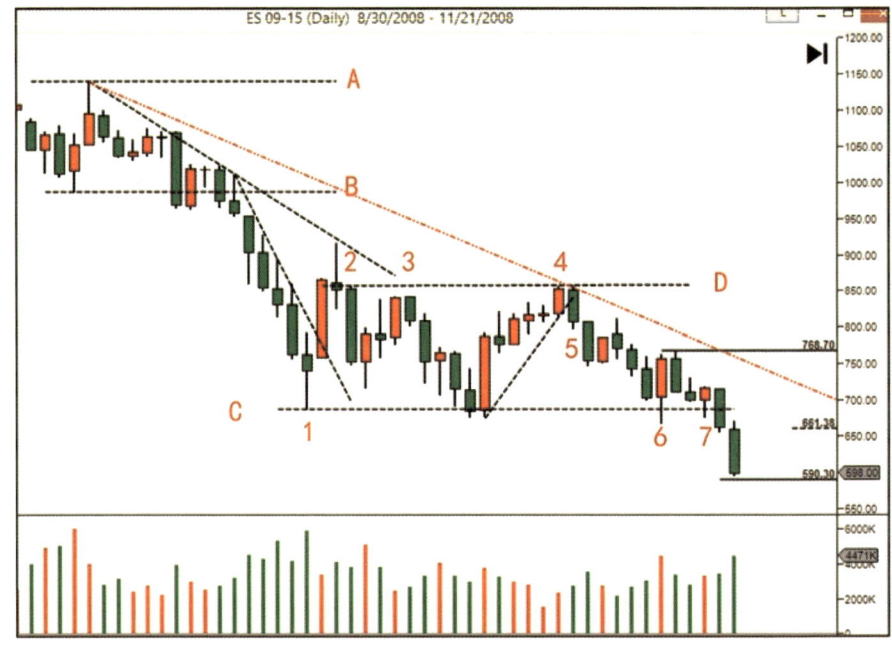

图 2.21

恐慌抛售：价格突破震荡区ＡＢ后一路跌到Ｋ线1，Ｋ线1的成交量之大和速度之快宣告市场进入恐慌抛售状态。接下来是自动反弹，此时要不要抄底？可以抄，但是必须是短线，因为自然反弹属于空头回补（后面的急涨），不会持续很长，它随时可以调头下跌。

二次测试：这是最关键的一步，主要是看下跌力度是否和恐慌抛售时一样。从2、3、4开始的下跌，告诉我们市场的浮动供应还大量存在，浮动供应本身是上涨的压力，在吸筹真正结束之前，这些浮动供应必须被吸收掉，这样股票才能顺利进入上涨阶段。回顾股票从恐慌抛售到Ｋ线6，我们一直没有看到供应耗尽的现象，因为价格回落的速度和成交量总是大于上升的成交量。特别是从底部到Ｋ线4这一波，成交量大幅递减，说明市场已经耗尽了向上冲的能力（需求耗尽）。这种在底部出现需求耗尽的情况，往往导致震仓或者继续下跌的行情，因为主力资金必须想办法把这些浮动供应在底部吸收掉，而清掉这些浮动供应压力的办法就是震仓或者疲劳战术。到此为止，我们还没有看到吸筹结束的主要特征：供应耗尽。

比如，下列现象都表明底部阶段的供应在逐渐稀少：

- 价格一到底部成交量就锐减的现象。
- 持续一段时间在底部低量小幅波动的现象。
- 高支撑现象。

熊市恢复的确认：K线5突破了小型上升趋势线，成交量增加，伴随着三低（更低的高点、低点、收盘价）出现，说明需求耗尽。接下来的下跌过程没有抵抗，更证实了需求不足和浮动供应的存在。K线6触底后迅速带量反弹，但是没有跟随，说明反弹没有吸引到买家，没有需求这种现象会导致价格突破支撑。接下来对K线6的测试就非常关键，我们希望看到测试的时候供应枯竭，或者需求再次进入。7是Spring测试，量增告诉我们供应一直延续到突破，根本不是我们期望的供应耗尽现象，没有上涨的基础，导致突破支撑。这种急速的下跌，看起来像是震仓，但是需要迅速反弹来确定。现在价格突破了最重要的支撑，说明新的一轮清盘可能开始了。

下面的图2.22是图2.21的延续：

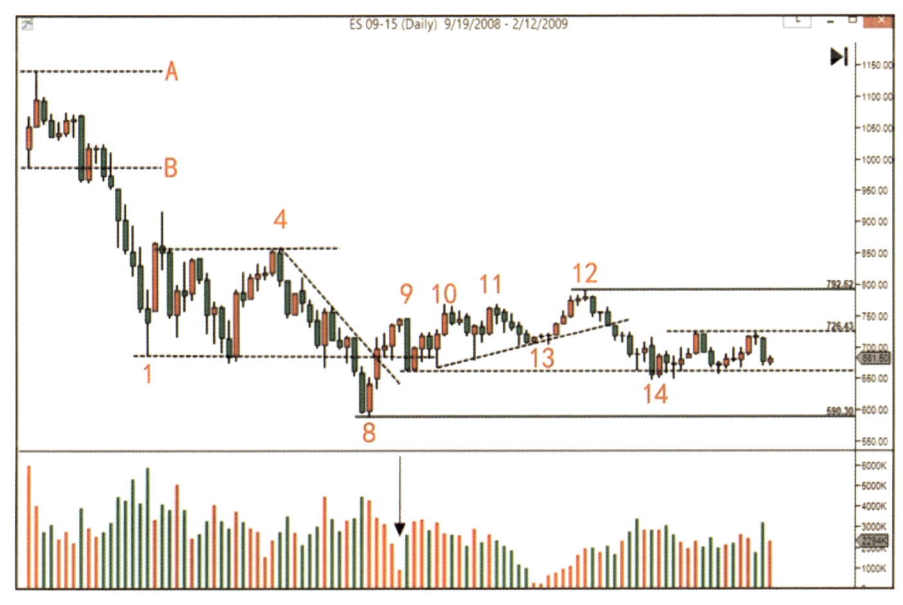

图2.22

再次触底：股票突破支撑后在K线8的位置遇到了需求。这里再次发生了超卖现象，大量供应的消耗导致了后面的迅速反弹。这种快速反弹说明K线4到8的大跌是终极震仓，这表明吸筹过程即将结束。这次反弹有两个对牛市有利的行为：一个是突破了趋势线（需求大于供应）；一个是价格回到前支撑附近（K线1的支撑）时候，购买力没有减小，而且迅速突破了阻力。但是有一个负面信息，成交量随着上涨而递减，说明底部聚集起的需求，在突破后出现枯竭。这种没有后续力量的突破告诉我们回调（或者二次测试）会出现，接下来回调的质量就很重要，我们希望的是缩量小幅回调形成LPS，然后我们进场。

二次测试：在K线8—9反弹出现需求枯竭的情况下，二次测试的强弱尤为重要。K线9的出现说明市场的供应还在（放量下跌），SOS（K线8—9的反弹）没有得到确认，我们放弃介入市场。K线9的急速下跌属于超卖，超卖后价格会出现自然反弹。

新高突破幅度缩小：看9、10、11、12四次的上涨努力，虽然成交量还保持幅度（努力在持续），但是每次突破都没有实际的进展（威科夫称之为SOT[①]）。K线13—12这一波的成交量持续上涨没有产生应有的结果，供应大于需求。

供应还在增加：从K线12跌下来这一波证实了供应在扩大。我们希望这次回调停在K线9形成的高支撑位置，或者K线8形成的最后支撑位置。

反弹失效：从K线14起来后，两次反弹都止于50%位置（12—14这波的50%），这属于正常反弹，不是反转，说明市场还是熊市。这两次反弹的成交量没有减少，价格上涨却半路夭折，足以说明供应的压力很大，吸筹还

---

① SOT：突破幅度缩小，这是停止行为。有时候是K线之间相比突破幅度缩小，有时候是波峰之间或波谷之间相比突破幅度缩小。SOT是个重要的停止行为，对进场非常有用。比如价格在测试一个主要支撑或阻力的时候，如果价格行为出现SOT，我们应该立刻进场。

没有最后确认。这种情况会导致震仓发生，只要再次震仓成功，就确认了市场在吸筹。继续看下面图2.23。

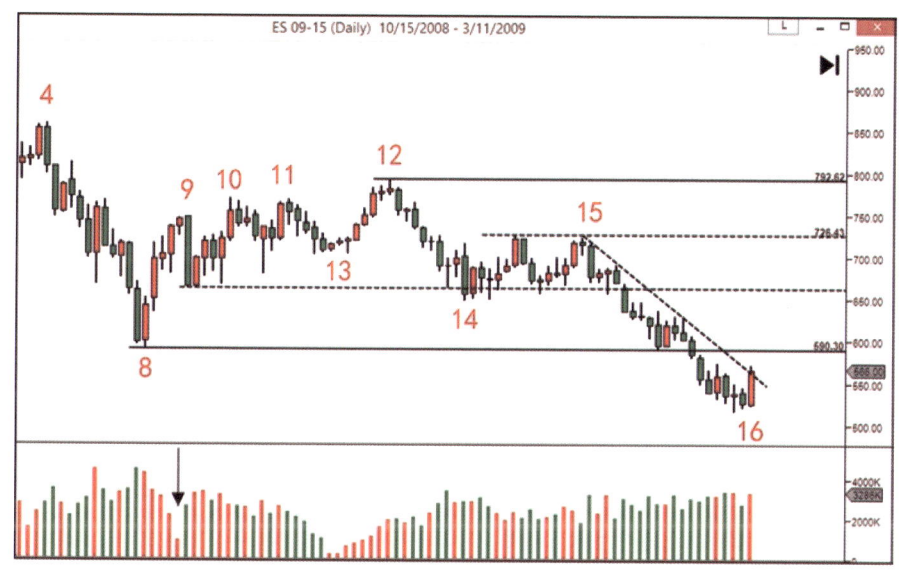

图2.23

震仓：从K线15下来这一波下跌过程很顺利，特别是在最后支撑位没有任何阻力，直到K线16的高量反弹，下跌暂时停止。如果价格迅速反弹，证明这个是震仓。

我们现在回顾一下大背景。这次从K线15开始的急速下跌，属于超卖行为，最大的可能是震仓。前面的吸筹过程已经持续了数月，这次大跌迅速冲破了最低支撑位，最坚定的大众交易者也会因恐慌而抛掉亏钱的筹码。特别是那些每次反弹都抄底的大众交易者，这次震仓把他们清洗离场。如果我们判断没错的话，这次震仓之后，市场上大部分股票落入主力资金的口袋。

图2.24是后来的牛市行情，震仓结束后，价格迅速反弹到前面支撑之上，市场从此进入牛市。在第一个回调位置我们可以买入。

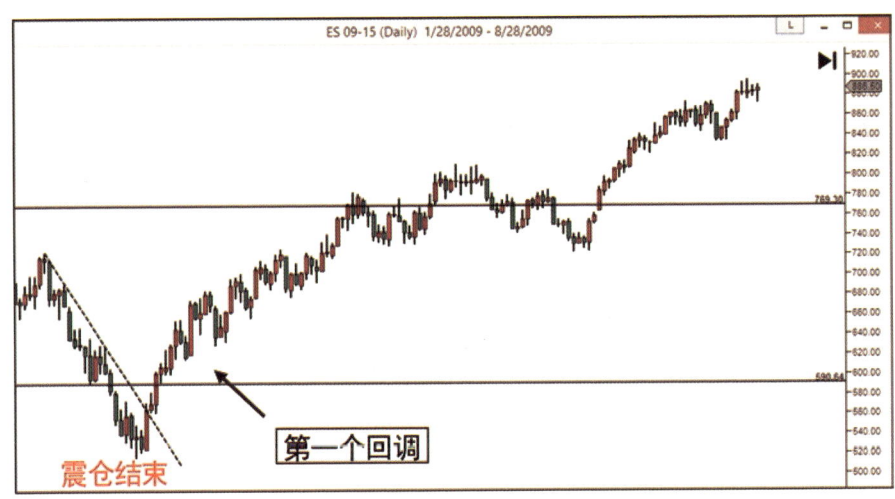

图 2.24

总结一下上述的分析。底部形成过程的主线是供应耗尽，在观察当中，我们一直要等待能够证实这个主线的量价关系。底部供应的耗尽，导致收购方逐渐抬高收购价，也就是我们看到的高支撑。我们如果进场做多，需要的是上涨趋势的秩序，而高支撑是上涨趋势秩序形成的苗头。所以供应耗尽和上涨趋势秩序的苗头是我们动手之前必须看到的两个行为。无论 K 线如何变化，我们的思维中要保持住这两条主线，这样我们的思维不会乱，不会被表象勾引。

底部的进场案例

根据上面的总结，我们在看图之前，或者说准备做底部反转之前，思维中一直两个主线，一个是供应必须耗尽，一个是上涨趋势的秩序必须出现苗头。进场后，这个秩序必须一直保持，只要秩序被打破，我们就离场。

第二章 底部研究

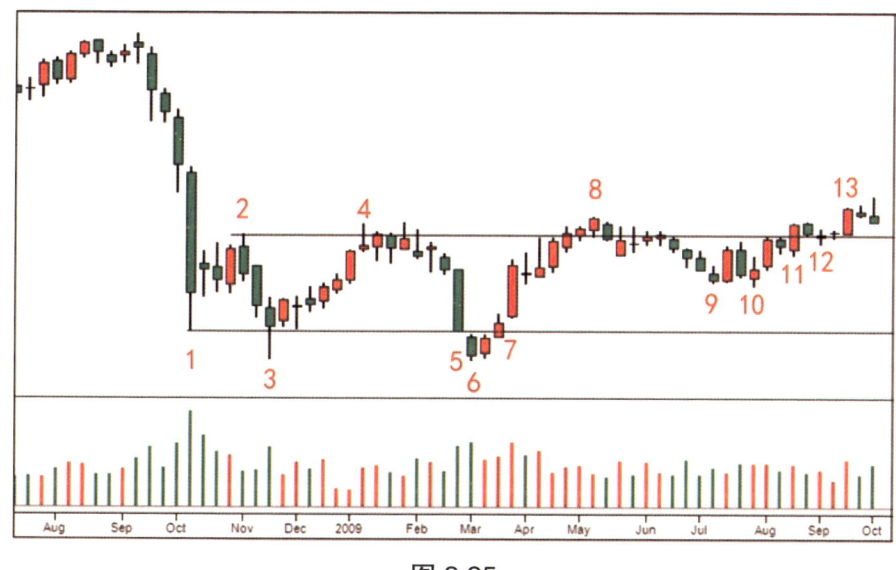

图 2.25

- K线1：是恐慌抛售，也是临时支撑。K线2是自动反弹，突破供应线，表明供应不足。

- K线3：是二次测试。这个二次测试是个弹簧效应，但是他的长度和成交量比较大，说明在底部的股票供应还很大，我们还要等一个二次测试。这里不建议进场。如果冒险进场了，注意保护。这里我们可以画震荡区。

- K线4：是顶部上冲回落。价格尝试突破震荡区失败。这告诉我们主力资金还没有结束吸筹，他们还有很多股票要买，所以这里打压。

- K线5：这是震仓的开始。也可以说是一个小型恐慌抛售，主力资金接盘行为。

- K线6：扩大的成交量伴随缩小的K线，这是停止行为。是需求的扩大才导致这种价量背离出现。

- K线7：大幅加长的K线，伴随扩大的成交量，这是SOS。可惜它没有回测，所以没有进场时机。

- K线8：是探索阻力位置的供应情况。K线8—9的缓慢回落，告诉我们阻力的股票供应很少，这为后面的突破提供了保障。K线10是个二次测

95

试，努力没有结果，需求大于供应。4和8之后的回落给了我们重要市场信息：深度回落表明供应的力量还很强，市场的吸筹阶段还没有结束。非常浅的回落说明供应不足，从JOC的角度来讲，8那里的压力要小于4那里的压力，更容易吸收。

- K线11：尝试脱离震荡区。这个时候正是需求要挺住的地方，供应是否被吸收，关键看回落过程。
- K线12：这次回落低迷，上涨没有压力出现。这个位置正好是价格测试JOC的突破点。K线13是需求强劲的表现，上涨趋势的秩序继续延伸。下面图2.26是后来的走势。13之后的回落低迷，确认了上涨趋势持续的秩序。

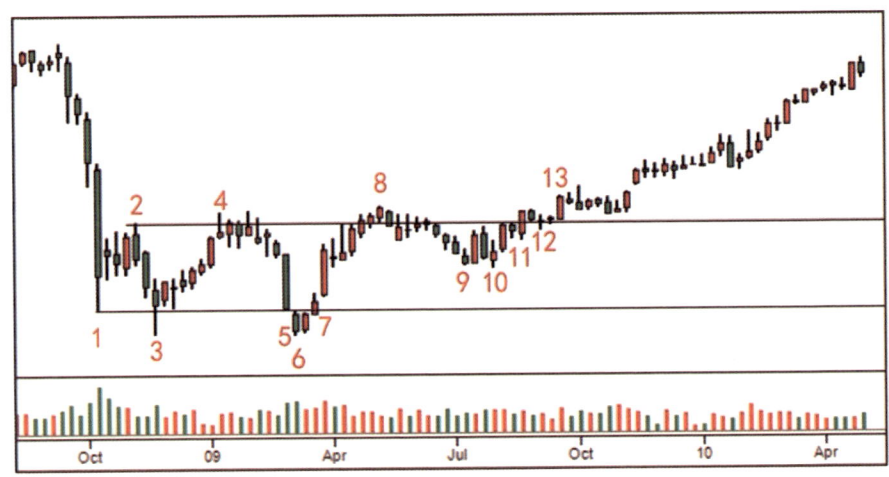

图2.26

鄂武商A，波段底部案例

是否到达底部不在于形状，而在于市场内部的供求关系是否出现了变化。要想让下跌趋势停止，下跌趋势的供求秩序必须改变或者消失。下跌趋势供求秩序的特征是：反弹不是买家的统一行动，而是零零散散的上涨（需求不足），而下跌过程必须创新低。如果跟这种秩序相反的，就是上涨过程，我们会看到买家一致的努力和持续的上涨过程，并且创新高。而下跌过程断断续续，很枯燥，证实当时的市场背景供应不足。带着这种线索去观察行情不会犯迷糊，因为你知道要看什么，而不是每个 K 线都要去分析。下面我们看鄂武商 A 的日线（2016 年 5 月之后）。

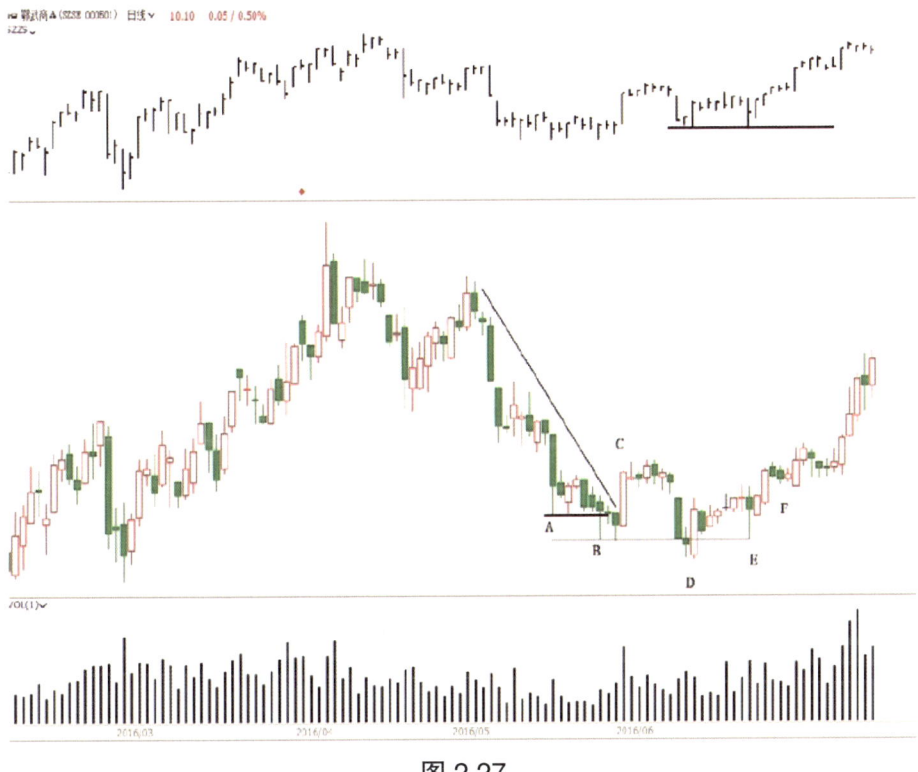

图 2.27

- 如图 2.27 所示，从顶部下跌到 D，一个明显的特征就是看到了波与波之间的突破缩短（SOT），而且已经突破下跌趋势线。首先趋势线的突破体现了供应的不足，而波与波之间突破缩短说明下跌的秩序起了变化。下面我们看细节。

- B 的故事明显比 A 重要。A 是个小型恐慌抛售，这个我们从放量急速下跌和当天迅速的反弹看出来的。恐慌抛售的低点非常重要，因为他是在恐慌行情中所能达到的最低价。换句话说，在这个最低价之下，已经没有卖单。另外恐慌抛售的最低点，也是需求进入的最低价格。所以这个最低价对于被套牢的大众交易者来说非常重要，也是决定市场再次出现恐慌的临界点。

·能够确定恐慌抛售最低点形成临时支撑的，就是接下来的行情当中不再创实质性的新低。第二个确认就是突破下降供应线。

·恐慌抛售之后连着六天，从收盘价来看，没有创新低。证明恐慌抛售那一天确实消耗了市场上非常大的供应，才导致后六天没有更大的供应把价格推向实质性的新低。

· 我们要时刻关注市场背景中的供求的强弱。此时市场背景是需求进入之后，市场压力减弱，供应不足。R创了新低，量增说明供应增加，但是高收盘告诉我们供应无法满足更大的需求。这个时候的市场背景是需求的能量在扩大，这满足了底部形成的一个条件。另外，B突破了恐慌抛售低点，造成的小恐慌也进一步消耗了当时市场上的供应。

· C的猛烈上涨，我们先不管他是需求还是空头平仓，他给了我们一个想要证明供应不足的条件，那就是突破下降供应线。到现在为止，我们看到自从A之后，市场持续表现出了供应不足的特征，这也是底部形成的一个重要条件。如果准备抄底，现在条件还不成熟，因为我们没有看到买家人气随着价格上涨而持续上升的现象。主要表现为高支撑和持续稳定的量增价涨。

·C的上涨对整个市场背景来说是昙花一现，因为后面几天需求的力量没有续上。上涨当中出现需求不足会导致价格回落。

·C之后的回落，我们看到了小型恐慌抛售的现象，或者叫作震仓，名字不重要，意义都相同，都是为了快速消耗市场上的供应，扫清后市上涨的障碍。所以，这种SC冲向支撑是买方张大口袋收购的行为。

· D又是一个对整个市场背景起重要作用的一天。这一天创了新低，并且成交量大于昨天，告诉我们恐慌抛售在持续，这一天的重要性在于价格的高低范围，这种极度缩短的高低范围，并伴随着更大的成交量，只能说明一个问题，当时市场的背景是需求大于供应。D这一天更明确地反映出买方张口袋收购行为。

- 到此为止，我们已经看到了供求力量的彼此消长，从原来下跌趋势当中的供过于求，现在转变为需求大于供应，这是一种市场自身行为的转变。这个现实决定我们当前的操作只能做多不能做空，或者说做多的背景已经建立。如果追求好中最好的入场时机，我们还要等到高支撑和需求在价格上涨当中持续稳定的现象，因为这两点体现了上涨趋势的秩序。

- D 之后的迅速反弹不奇怪，因为前一天需求已经吸收了底部的全部供应，是供应的严重不足造成今天的快速上涨。而增加了的成交量告诉我们这个时候的市场需求完全主控。但是后面的上涨很零碎，不是需求持续的表现，所以我们期待价格回落。我们期待的回落不要出现新的供应，并且期待回落停在高支撑，因为那是我们动手的条件，达不到就不能动手。

- E 给了我们动手需要的条件。当天的卖单依然很多，但是更大的需求把供应全部吸收。如果说好中最好的进场点，我们最好等到 F，因为那个回落我们看到需求保持力度背景下的供应不足的证据。

> - 另外，从与大盘之间的相对强弱对比。E 这一天已经强于大盘。当天大盘回落形成了双底，而 E 已经是高支撑。
> - 此时大盘已经是高支撑，是整体背景趋于强势的特征。

- 总结：以前我们看待底部是从识别行为入手，而我们现在分析市场是更深一步的分析博弈关系。博弈关系更体现了市场自身行为及其内涵，而这些内涵是我们判断市场和决定动手的核心依据，这种分析方式完全摆脱了表象思维方式。

鄂武商 A，短线波段底案例

其实很多短线的波段操作没那么复杂，我们也不能教条地一门心思去找全套的吸筹行为。按照名词去找这些表象行为并没有涉及市场内涵，分析底部的时候，我们需要三个内涵信息，这些主要信息需要在量价上获取。

第一，需求力量的改变，从需求不足到有能力克服供应。

第二，需求的力量体现出来之后，供应开始越来越稀少，支撑越来越高。

第三，价格开始以一种没有压力的方式轻松上涨，而停顿的时候依然没有压力。

如图 2.28 所示，我们继续以鄂武商 A 为例（2017 年 5—6 月）。上方是大盘，下方是个股。

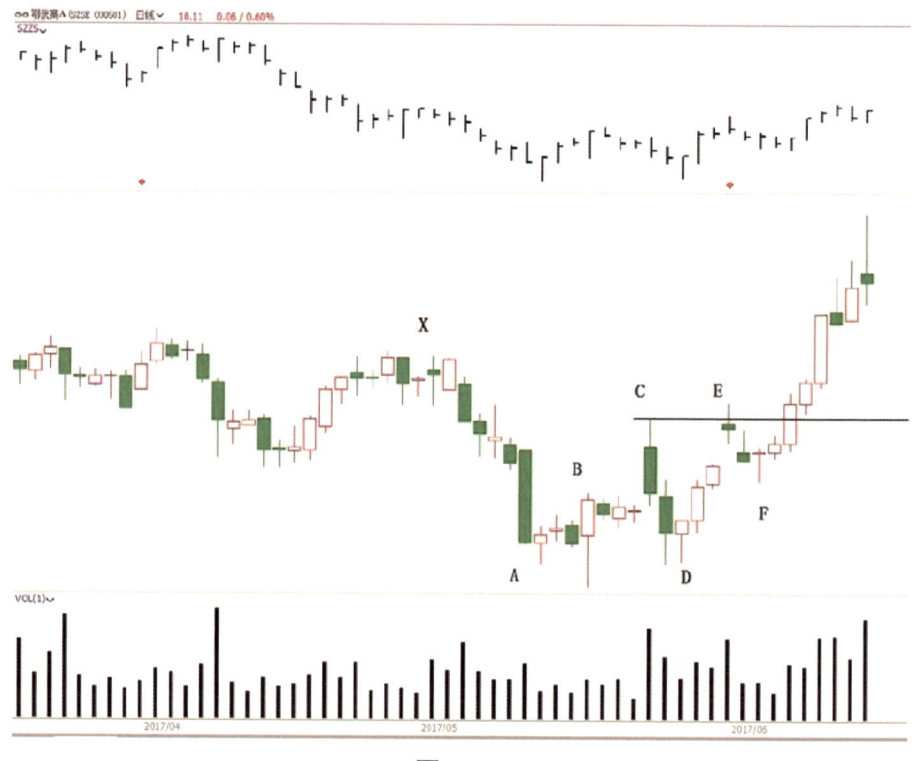

图 2.28

- A 起到了一种截住价格继续下跌的作用，因为他本身是超卖行为。为什么能够起到截住继续下跌的作用？我们知道价格下跌背后的动力是供应，而超卖行为恰恰大量消耗了当时市场的供应。至于这次恐慌抛售是否能够形成支撑，还需要两个条件：第一个是突破下降供应线，第二个是高支撑的二次测试。这两个条件都告诉我们，趋势继续下跌所需要的秩序被打破。

- B的快速反弹告诉我们支撑有效，因为底部有资金投入。从这里我们看出买方的人气（需求）非常旺盛，但是接下来三天没有跟随，没有让我们看到买方的人气随着价格上涨而保持旺盛，这种需求的不持续性告诉我们股票还没有准备好上涨。

- C的急涨是出货现象（供应恢复）。我们不要忘记，在底部的买家是主力资金，他们的习惯是从底部价格往上静静地扫货，目的是不引起大众交易者的跟风抢购，所以他们在底部的态度是静静地等待卖单出现，然后吃掉。他们只有在底部看不到股票的时候，才偶尔Bid（竞买）高价，所以这种急速向上涨的行情，不是主力买入的动作，而是出货动作，目的是把价格控制在他的吸筹范围内。C起了一个关键作用是突破了最近的供应线，宣告了供应开始不足的背景。

- C之后的三低回落证明了C是个小高潮行为。同时这么急的回落为超卖或者震仓信号，这种行为迅速消耗了当时的供应。

- D的迅速反弹证明了震仓行为。首先看成交量的大小，低量说明供应耗尽，这样需求不用很大的力量就把价格推到高位。这里的关键是后面的持续三高上涨，这是多头需要看到的现象，它证明了需求在价格上涨的情况下保持的状态，也告诉我们买家的人气已经随价格而上升，这是牛市秩序的信号。另外一个重要信息是高支撑，确认了需求的强劲。

- 在供应区，E的量价行为告诉我们浮动供应依然存在，而后面两天回落的极低的量和极其小的波动告诉我们供应在耗尽，而不是增加，并且告诉我们E的行为属于探索，这一天频繁交易中，供应消耗的更多。

- F是LPS，在需求控制市场并维持上涨的背景下，回落的时候供应耗尽，这是进场的好时机。到这里我们看到了完整的上涨趋势秩序。

第八节 震仓

终极震仓

终极震仓发生在区间的底部。如图2.29所示,终极震仓是主力资金制造恐怖气氛的一个策略,经常发生在吸筹的末期。经过长时间的吸筹,主力资金想最后评估一下还有多少股票在大众交易者手里,于是他们让价格急速穿过所有支撑。大众交易者本来已是惊弓之鸟,这种暴跌让他们彻底崩溃,他们担心市场会继续暴跌,于是纷纷抛掉筹码,让不安心理得到解脱,这些筹码自然落入主力资金的口袋里。终极震仓之前一般是震荡区或者主要支撑区。主力资金震仓的目的是迅速消耗市场的供应,检验市面上的浮动供应已经耗尽。

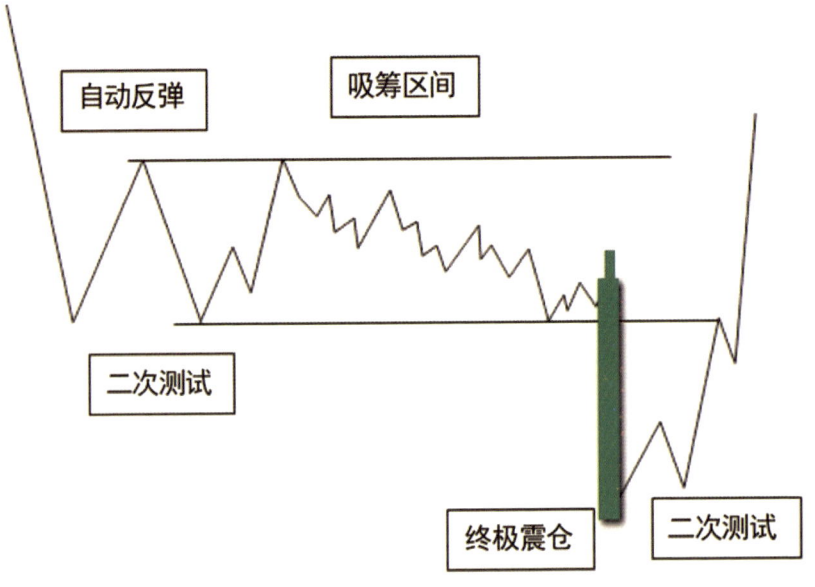

图2.29

下面是震仓的总结：
- 发生位置：终极震仓出现在吸筹阶段的末期，或者交易区间的末期。
- 震仓目的：主力机构制造短暂恐慌，迫使中途以低价买进的、意志不坚定的大众交易者抛出股票，以减少接下来拉升股价时的压力，而抛掉的股票被主力机构全部吸收，并摊低主力机构的持股成本。
- 表现形态：在图上表现为急速大幅度深跌，冲破所有支撑。终极震仓之前，市场的表现是区间交易，在交易区间内，每次从底部起来的反弹，都无法离开这个区间，并且反弹高度越来越低。临近交易区间末期时，价格突然大幅度向下突破区间下限，但随后市场快速反弹，价格再次进入交易区间内。
- 卖方：终极震仓中，卖方是没有经过专业训练的大众交易者，他们看到终极震仓后，感觉更糟的结果还在后面，所以在恐惧中把股票抛掉。他们有的在派发阶段建仓（高位建仓），有的是盲目抄底而建仓的。当终极震仓出现的时候，即使比较坚定的大众交易者也会感到害怕，被迫赔钱抛售手中的筹码。
- 买方：终极震仓是主力机构策划的，他们自然是买方。
- 震仓结果：大量供应被消耗，主力把股票收入囊中。震仓经常是吸筹即将结束的一个信号，震仓后，市场上的可供应股票已经非常稀少（大众交易者的恐慌抛售和主力机构的接盘），最大的可能是牛市马上开始，当然，我们必须看到震仓后的反弹必须带有牛市的特点，那就是持续的、更高的最高价/更高最低价和更高的收盘价。
- 牛市启动初期成交量呈稳定递增状态，而不是大幅增加。主力机构这样设计的目的是尽可能让场外大众交易者在低价位不敢进场。这些人得不到机会进场，看着价格上涨等得不耐烦的时候，会追高入场，帮助价格持续上涨。另外，持续稳定的价格上涨，没有大的回调，空头没有回补的机会。当空头看着价格节节上涨，无法忍受的时候会无奈平仓，这种行为也促进了价格的持续上涨。

- 震仓前预警：震仓的原因是市场还有大量浮动供应，这些浮动供应会对上涨造成压力。如图 2.29 所示，如果在震荡区内，反弹后价格总是没有到前高点，而且每个高点呈台阶式下降，这是压力的体现，这种情况容易出现震仓。这些行为背后的故事是这样：如果市面上的股票供应耗尽，主力资金的最低收购价应该逐渐抬高。如果市场没有出现这种情况，反而价格总是向下挪动，这说明市场上浮动供应还在，主力资金为了结束吸筹并让价格进入牛市，必须清除这些浮动供应，于是他们采取了终极震仓的策略。

震仓案例

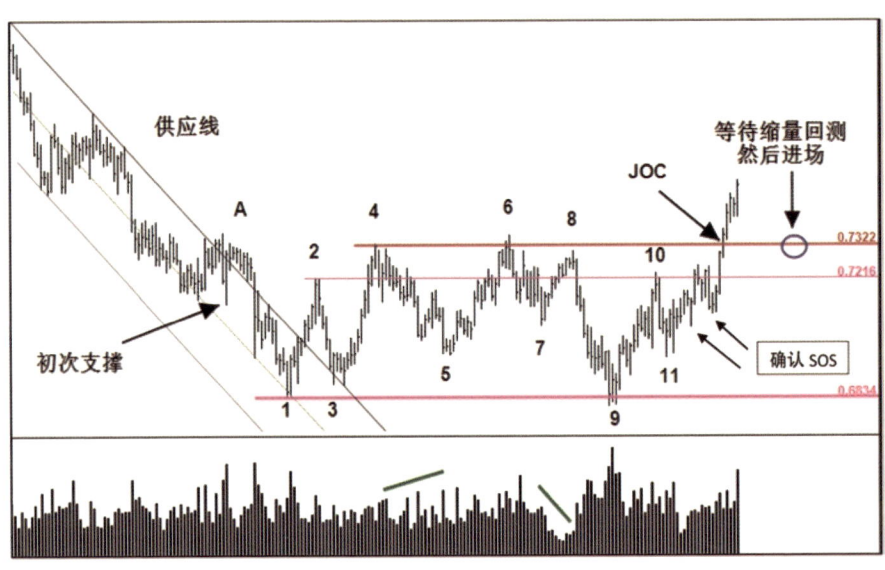

图 2.30

如图 2.30 所示，从趋势线的角度分析这个通道，以下几点让我们看出市场可能进入吸筹阶段：

- 在下跌过程中，我们发现市场供应趋向不足，因为价格已经完全离开超卖线（轨道下轨）。
- 在供应力量减小的情况下，我们看到需求有所增加并且有战胜供应的可能，因为价格维持在轨道的中线以上，并且不断冲击供应线，直到最后 1 — 2 这波完全突破了供应线，使我们看到了需求战胜供应的行为。

- 如图 2.30 所示，这是 2016 年 3 月中的澳元日线图。从左边看，背景是持续的熊市轨道。在 A 区，需求尝试突破供应线失败，在初次支撑位置，天量（需求进入）暂时阻止了下跌进程。然后背景中出现恐慌抛售（K 线 1），自动反弹（K 线 2）和二次测试（K 线 3）。K 线 1 和 2 之间形成震荡区，至于这个震荡区是否是吸筹或者派发，我们需要等待供应测试结束才能知道。这个测试过程由底部的终极震仓、弹簧效应或者顶部的 JOC 完成。

- 4 号位置是价格尝试离开震荡区，相对于 2 创了新高，这是上涨趋势秩序初步形成，等待回落确认。

- 从 4 到 5 的下跌看出市场上的供应还没有减少，因为波动幅度和成交量都有所增长。一个好现象是回落停止于高支撑，让我们知道上涨趋势的秩序依然存在。（回落过程中出现了两个小型恐慌抛售，这是停止动作）

- 6 号位置是上冲回落，说明高抛的行为还存在（供应没有减少），供应积极涌入把价格又压下来。没有创新高说明上涨秩序没有延伸，这种情况我们寄希望于回落，如果回落幅度小，停止于高支撑，上涨趋势的秩序还有机会继续。后面的回落确实停止于高支撑，告诉我们上涨趋势的秩序，还有机会继续。但是从回落过程的成交量来看，浮动供应依然很大，对上涨趋势的秩序造成压力。

- 7～8 是本图的关键点。低量上涨的行为表明需求耗尽，无法吸收顶部的供应。在供应持续存在的背景下，这种需求耗尽的行为会导致市场继续大跌或者终极震仓。很显然，上涨趋势的秩序没有形成。

- 8～9 这波是我们期待出现的终极震仓，因为价格出现天量急速下跌，并突破了支撑，然后 9 — 10 是迅速的反弹（SOS）。终极震仓的出现告诉我们吸筹接近结束，只要接下来出现缩量回调，就确认了 SOS 的有效性，也证明了震仓消耗了市场大量的供应。

- 10～11 的成交量和波动幅度还较大，但是以弹簧效应的行为（强反弹）

停在半路，说明需求持续强劲。高支撑的出现是上涨秩序的苗头，后面的缩量测试确认了 SOS，也确认了上涨秩序。后面的小幅回落测试可以进场或加仓。市场从此开始结束了吸筹，进入牛市节奏。

- JOC 的出现证明了牛市的开始，前面说过 JOC 本身也是 SOS，它后面如果出现缩量回测，属于 LPS，是个进场的好时机。
- 终极震仓和 SOS（包括 JOC）是确认牛市的重要行为。如果在底部没有看到他们中之一，不要抄底。

普通震仓

发生位置：在上升趋势中。经常发生在一些刚刚启动不久的个股上，有些主力为了洗盘、震仓，利用价格的深幅下跌，吓出不坚定持仓者和跟风者。

发生形态：上涨过程中，在没有看到任何供应出现的情况下，价格突然急速下跌，造成这种现象的原因是什么？是由于突发性消息，大众交易者对此产生的临时恐慌抛售，主力机构趁机把他们的抛盘（供应）全部吸收。震仓发生后，价格会出现自然反弹，然后是二次测试（有些情况下适用）。

二次测试：如果震仓时伴随相当大的成交量，我们必须等待二次测试，以确认是否有新的供应进入市场，才能决定是否进场。如果在震仓时就盲目抄底的话，一旦有新的供应进入市场，我们就被市场套在空中。二次测试必须是低成交量，伴随小的振幅，牛市才能恢复。

震后结果：如果二次测试成交量非常小，说明供应耗尽，震仓是突发消息后短暂的市场行为，所以牛市很快恢复。

处理方式：上涨中出现急跌现象，慌乱是错误行动的开始，这个急跌已经是现实，上涨趋势的反转需要一个过程，而现在我们没有看到这个过程，所以这次下跌不是一个持久的反转。急跌是一种超卖现象，迅速消耗了市场当时的供应，会引起反弹。基于以上考虑，我们给市场留有一点空间，但是要把止损挪到附近支撑的下方，以防下跌持续。如果价格出现了迅速反弹，证明了供应被大量消耗，也初步确认了前面的大跌是震仓，最终的确认是接下来的低迷回落。

下面看图2.31。

图 2.31

市场背景：牛市中，价格携带高成交量突然下跌，速度告诉我们这是超卖行为。因为目前是牛市，这种急跌可能是由于消息影响。首先挪动止损，支撑是前面的垂直需求柱底部，把止损放在其下方。

需求进入：K线1是停止行为，需求进入并吸收了供应，因为它的行为是放量滞跌，努力没有结果。

二次测试：K线2表示供应开始稀少。当天的走势为价格先跌到底部，然后收于高位。K线2的初始阶段是下跌，属于测试K线1的底部，但是成交量明显缩小，说明价格在测试震仓底部的过程中，供应已经耗尽。K线3是跟随，特点是更高的收盘价、最高价和最低价，表明市场恢复强势。K线2—3的迅速反弹是对震仓的确认。

第九节 总结

吸筹就是在严格控制价格上涨的前提下,主力资金尽可能把市场上所有浮动供应收入囊中,直到按照他们的收购价格,在市场上已经买不到股票。吸筹过程发生在大盘经历了长期熊市之后,持续下跌的价格和每天的坏消息,在某一阶段,会触发公众的恐慌。如果主力资金认为价格很吸引人,他们会开始建仓,他们的突然介入导致熊市停止。主力资金的巨量买单必须在下降过程中成交,因为如果他们在上涨中投入巨量买单,价格会迅速起飞,大幅跳离他们的收购成本。

吸筹过程就像是电池的充电过程,这个过程中大量股票从公众手中转移到主力资金手中。充好的电池所储存的能量有个限度,这个能量在使用中慢慢消耗,就像是价格上涨过程中逐渐消耗需求一样。当需求耗尽的时候,上涨趋势结束。

本章讨论了市场底部的形成过程,包括熊市是怎么结束的,以及确认熊市结束的市场行为。吸筹区间是主力资金收购股票的价格区,我们描述了主力资金的控盘手法和迫使大众交易者割肉的策略。我们讨论吸筹的主要目的就是提醒大家不要盲目抄底。我们知道现在市场上充斥着各种信息,这些信息打乱了大家对市场的判断。市场的走势不以任何消息、技术指标或传言而改变,它有自己的规律。价格背后有主力资金操纵,我们必须培养自己能够解读主力资金行为和意图的能力,这样就跟随主力的脚步。

第三章　顶部研究

为什么很多大众交易者被套在顶部，因为顶部充满着谎言。这种谎言让人们忘掉危机，这些谎言的外表是一片繁荣景象，让全体大众交易者疯狂。谎言的来源和种类很多，有来自主力资金的、媒体的、上市公司的，他们编造谎言的目的是让大众交易者沉溺牛市思维，并疯狂接盘。主力资金在底部吸筹阶段收购股票后，基金公司和大众交易者帮助把价格推高。当股票涨到主力资金设定的目标价位时，他们开始出货，但是市场必须有足够的买家才能让主力资金顺利出货，于是他们制造谎言和繁荣表象，把公众的钱圈进来（同时把风险转移给公众）。本章的宗旨是利用市场行为识别出主力资金的用意和谎言，以便保护自己的资本。市场到顶的理论依据是供应开始大量进入市场，然后需求耗尽，导致供应完全控制市场。当我们从价量关系分析中发现这些理论依据已经成立的时候，牛市就结束了。

本章我们将要讨论如下话题：

- 典型的顶部特征有哪些？
- 牛市中危险什么时候来临？有哪些细节可以提醒我们市场到顶了？
- 派发的过程是怎样的？分几个阶段？我们应该在哪个阶段全身而退？
- 哪些市场行为引起大众交易者疯狂抢购？哪些现象让大众交易者确信牛市会继续？
- 在派发阶段，谁是需求方？谁是供应方？
- 如果做空，哪个阶段是最好的做空点？
- 主要市场行为：弱势出现（SOW），上冲回落（UT），冰线和破冰，突破幅度缩小（SOT），抢购高潮。

第一节 主力资金的出货过程

整个出货过程包括四个阶段。第一阶段是描述牛市如何结束，第二阶段描述主力资金是怎样设立出货（派发）区，又是怎么引诱大众交易者继续买入的，第三阶段讲的是测试过程，主力资金想确定需求已经耗尽，并准备让股票进入降价阶段，这个阶段最重要，因为它确认市场处于派发阶段并且接近尾声（顶部成立）。最后一个阶段是熊市信号（SOW）出现，然后整个市场进入熊市。

牛市是怎样停止的

上升的突破幅度递减

如果上涨波的突破幅度递减，表明需求开始减弱或者来自供应的压力增大。突破幅度是两个上升波顶点的距离，但是有时我们看到趋势中很多小的上升波，那些属于次趋势，我们使用主趋势的上升波判断上涨幅度。突破幅度递减，说明随着价格上升，需求开始匮乏，需求的匮乏会导致供应变得积极，接下来的供求关系可以告诉我们是否派发开始。2018年上半年的上汽集团日线图（图3.1）描述了上涨趋势中突破幅度递减的行情。

一旦发现上涨波的突破幅度明显递减就要小心。我们通过把主趋势上升波的顶点画上横线，来判断上涨幅度是不是逐渐缩短。这种异常市场行为出现后，我们必须着手分析它的来源和可能造成的后果。一种可能是需求萎缩导致上涨力度减小（需求的萎缩是因为买家人气降低造成）。另一种可能是主力资金开始出货，导致市场上股票供应量增加，这种情况的严重性要比第一种大。这两种可能所导致的结果是牛市接近尾声，价格或者出现大幅回调或者反转即将开始。这种预警出现后，我们应该缩紧止损，并准备好出逃计划。

第三章 顶部研究

图 3.1

当上升趋势线（需求支撑线）被突破的时候，市场上的股票投放量已经远远超过需求（需求严重不足导致突破趋势线），市场的牛市秩序由此改变。

趋势反转之前不是每次都有这种现象出现，但是一旦出现，就要警惕。这种突破减小的市场行为的英文是 Shortening of Thrust，简称SOT，为了叙述的一致性，我们以后将使用SOT来代表这种市场行为。

在牛市中价格出现回落是正常的价格行为，是因为上涨中遇到了一定压力，这种压力来自暂时的卖盘。一旦这些短暂的卖盘结束，需求必须恢复原有的力度才能使价格持续上涨，如果恢复上涨的力度很小，说明需求没有恢复价格回落前的那种力度，导致趋势的节奏变缓。这种现象出现之后，我们应该密切关注接下来的供求关系，如果这种背景下，供应持续增加，市场变盘的可能性增大。

牛市的停止需要四个市场行为，对于大众交易者来讲，这四个行为是不同程度的警告，无论是有仓位，或者因为任何原因打算入场，当看到这四个行为出现的时候，一定要谨慎。这四个市场行为按顺序分别是：初次供应（股票供应量开始扩大）、抢购高潮（股票供应量继续扩大，大众交易者进入疯狂接盘阶段）、自然回落和二次测试。其中成功的二次测试标志着牛市的结束。虽然有时牛市没有出现抢购高潮，而以圆顶结束，但是抢购高潮体现的到顶信号更明显，因为它包含了大众交易者的贪婪、盲目和疯狂情绪。作为交易员，控制情绪是首要素质。

牛市中，市场处于供不应求的秩序当中，每个价位的股票都无法满足所有买家，所以买家只能提高成本才能买到股票。那么这种趋势持续到什么时候为止？试想，如果所有买家都能轻易平价买到股票，价格还会像原来那样涨吗？当然不会，因为市场已经有充足的股票供应来满足他们的需求，他们不用竞价就能买到平价股票。随着市场上股票的投放量扩大，价格停止了上涨。

主力资金在吸筹阶段买入大量股票，在顶部出货的时候，他们会在一个价格区内出货，而不是在一个具体的价格出货。这些大单子进入市场后，最初的接盘方是场内的专家或者做市商，有的单子直接成交，有的单子没有立刻成交，就暂时停留在做市商那里，做市商必须再把这些股票卖出去，但是卖价不能太低（损害利润）。为了能够把这些股票再以高价卖出去，做市商必须设支撑来截住价格的下跌，然后在反弹中把库里的股票出掉。当他们把所有股票出完的时候，市场进入熊市（所有的证券市场都是按照这种轮回运行的，这些基本的市场知识，我们必须掌握）。在这个阶段，当公众的买单送到市场的时候，所成交的可能是做市商手中大量卖单的一部分（这些卖单在公众下买单之前已经在市场当中了，这些卖单正在等着在不能低于卖方所要求的价格区派发）。

主力在吸筹阶段占有了股票大量的份额，然后推动价格向他们预定的目标上涨。在到达目标之前，他们不会大量出货，而大众交易者在牛市中的表现是热火朝天地买入，这是他们的投资习惯（喜欢上涨趋势）。偶尔的卖盘导致回调，这个只是短线操作者的获利回吐，对上升趋势的秩序没有影响。这种情况，到了主力资金设定的离场目标价位附近发生了变化，主力资金为了顺利地在高位出货，会使用一切办法造势。

在顶部，主力资金是怎么引诱大众交易者接盘的？在出货前，他们买通媒体，让媒体营造利好气氛；同时他们伙同上市公司，发布产品和业绩的利好消息。大众交易者被这些好消息蛊惑，担心错过更猛的牛市，而疯狂买入。主力资金还有一个办法是价格急涨（大阳线或者长下影线），这种急涨吸引了大众交易者的眼球，于是贪婪的本性让他们疯狂抢购。主力资金正是利用了这种大众疯狂来出逃（转移风险）。

初始供应

从字面上讲，初始供应是牛市中首次出现大量供应的行为。初始供应在图上的表现是放量（大幅超过平时的成交量）。放量就是供应扩大，平时成交量小是因为供应不足（才能保持上涨趋势的秩序）。初始供应只是临时阻止牛市发展，不是牛市结束。因为从因果关系上分析，新趋势的形成需要一个准备过程。主力资金在吸筹阶段吸收的巨量股票，他们总是需要一段时间才能把货出手。这段时间内，他们想办法把价格保持在高位，同时想办法让大众交易者保持牛市思维，以便接盘。初次供应阶段经常出现很漂亮的停止行为，特别能够诱导我们摸顶做空。

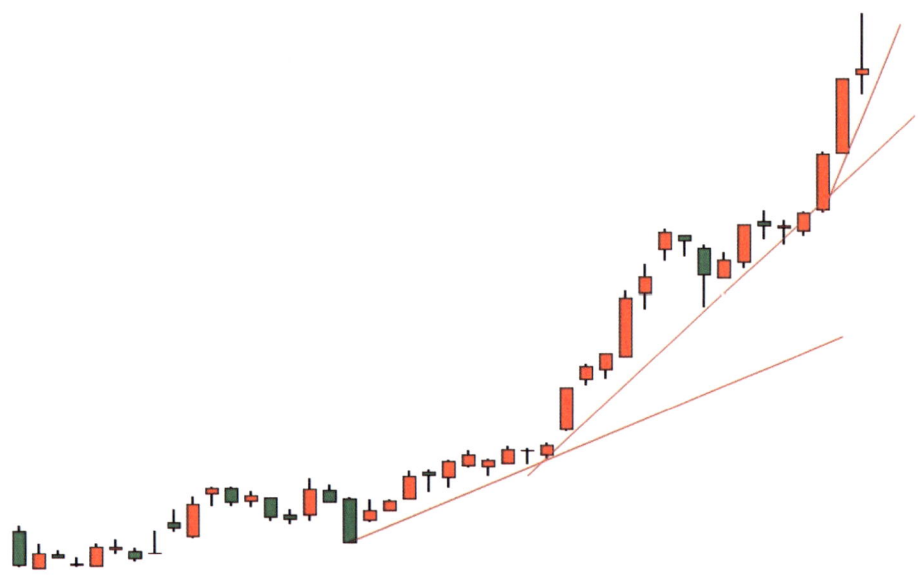

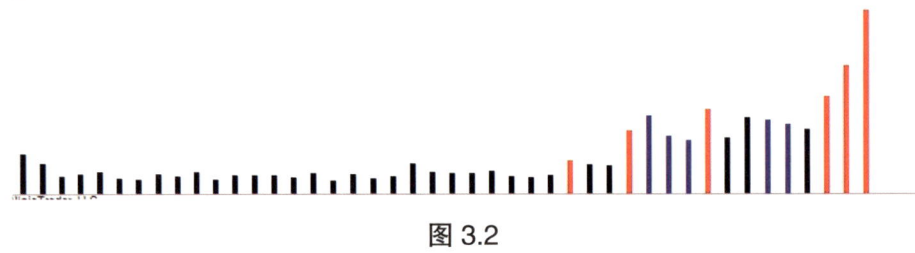

图 3.2

比如 2018 年 5 月前后的苹果期货日线（如图 3.2 所示），从上涨速度上看，不断趋于垂直的上升趋势线告诉我们市场进入上涨高潮阶段，巨量代表供应大幅度增加，上影线又告诉我们供应大于需求。上述现象告诉我们上涨趋势出现了危机，有反转的危险。那么这个时候我们是不是可以做空呢？如果做空，是不是违反了左出右进的风控原则呢？以及违反了因果关系的原则呢？我相信当时很多投资者都忽视了这两项重要的原则，携重金做空。这种操作是百分之百的依据表象形态和主观思维造成的，他们没有从市场内涵角度上考虑，也没有考虑到上涨趋势的秩序是否被打破。

上涨趋势的秩序由两部分组成，一部分是上坡需求持续保持力度，另一部分是回落或停顿的时候供应不足。这个上涨趋势的秩序必须被打破，我们才能考虑趋势的反转。而要做空的话，我们还要看到下跌趋势的秩序形成。从苹果的案例上来看，我们既没有看到上涨趋势的节奏被打破，也没看到下降趋势的秩序形成。所以市场的自身语言还没有告诉我们可以动手做空，单纯凭主观想象和表象形态就决定动手，是只考虑了对自己有利的市场表象信息，而没有客观地分析市场整个背景。苹果期货后市一直涨到了9月末。

初始供应之后，我们还会看到抢购高潮，自然回落和二次测试。有时初始供应表现不是很明显，我们就把初始供应和抢购高潮当作一起发生。对持仓者来说，初始供应是个预警信号，我们不能忽视，要提前做好危机来临准备。

其他主力资金看到了初次供应，他们开始考虑是否开始出货。如果他们决定出货，他们会通过媒体等手段设计抢购高潮，然后会在高位设定一个支撑价位（派发区底部），并在出货完成之前用买单保护这个支撑。当我们看到每次价格回到支撑后就反弹，并且价格反弹到顶部时候出现巨量滞涨，这才是主力资金在派发时的最明显行为。看到这种行为的时候，我们必须启动出逃计划。当这个受主力资金保护的支撑被长阴线放量突破的时候，说明主力资金已经撤掉夹板，他们的货快出完了，不用再保护这个支撑了，到那时，熊市即将开始。上述市场行为的细节都应该作为风控和资金管理的重要组成部分。

抢购高潮

主力资金派发（或者叫出货），无非是把吸筹时期买的股票在派发阶段卖出去。大众交易者是接盘方，他们买的原因多数是因为当时市场的利好消息（当然设计这些消息的是主力资金）。这些消息当中，有的是关于宏观经济的，有的是上市公司放出来的，还有很多专家的预言。这些消息或者传言让大众交易者认为他们的建仓行为非常有道理。在所有消息中最能让大众交易者疯狂的是价格的急速上涨或者不断地快速突破，很显然，这些暴涨行情是主力资金制造出来的。

大众交易者抢购股票的主要原因是他们始终保持牛市思维，并坚信自己的股票很快能带来利润。他们有的追高（买突破），有的买回调，因为他们认为自己在大牛市中捡了便宜。当主力资金完成出货之后，他们不再保护自己设立的支撑（可以从增量突破支撑或者支撑上无力反弹看出主力资金已经不保护支撑了），同时他们开始做空，期待在接下来的熊市收割利润。其他的聪明钱察觉出主力资金的意图（我们也应该成为聪明钱），也纷纷出逃，然后跟着主力资金一起做空，这几种行为使市场的供应剧增。大众交易者由于在抢购高潮中已经满仓，现在没有能力去接这么巨大的卖盘（说明市场需求耗尽），结果导致市场进入熊市。

抢购高潮反映出一种（大众交易者）在贪婪和希望情绪驱使下的疯狂行为，而制造这些贪婪情绪的是主力资金，他们的派发正在充分满足大众交易者的贪婪。市场的股票供应增加是牛市发展的最大障碍，也是导致趋势反转的最主要因素。抢购高潮在图上的表现是成交量陡然剧增，同时上涨速度骤然加快。如果用趋势线衡量速度，其上涨角度开始变得很陡（走向垂直，已经严重超过了45度角）。但是我们不能忽视下列信息：

- 抢购高潮必须经过迅速回落的价格确认。
- 上涨趋势停止，必须经过抢购高潮后的二次测试确认。
- 必须在上涨趋势的秩序被打破之后，才能考虑趋势的反转。
- 因果关系。

当视觉信息严重左右我们的思维判断的时候，我们容易忘乎所以，一意孤行。比如这里的抢购高潮，非常容易让我们立刻想到反转并动手做空。解决这一问题的方法是把上述几个信息放在眼前，时时刻刻提醒自己，做趋势的反转要考虑整个背景，而不是局部表象，即使这个表象特别吸引人。

下面我们看图3.3（青岛海尔日线图，2018年1月份顶部）。

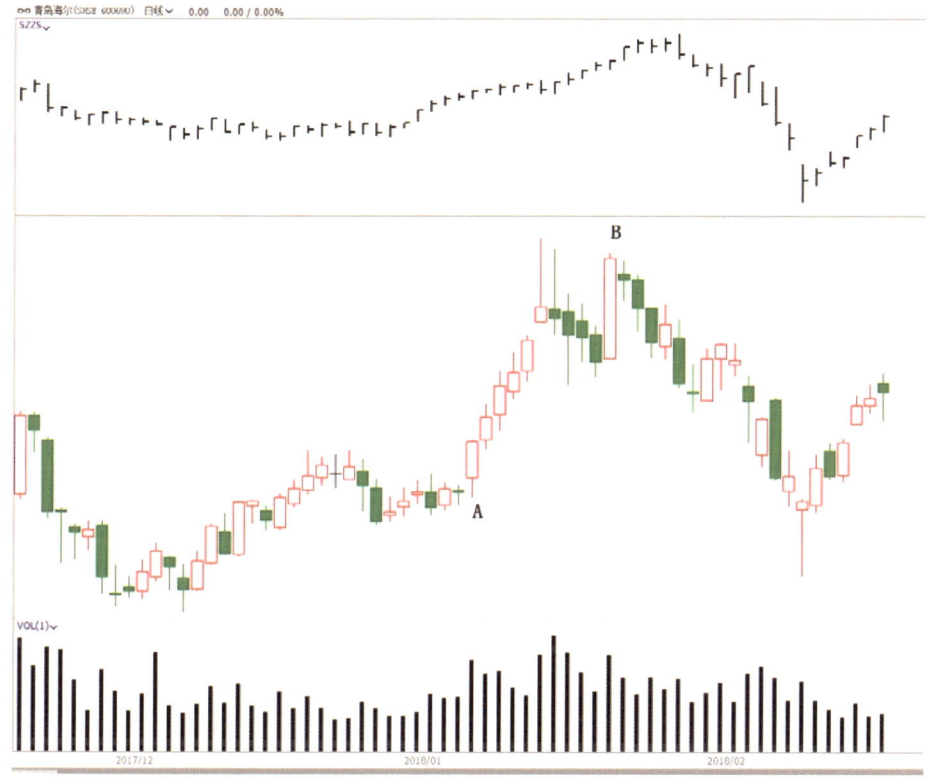

图 3.3

上涨趋势当中，从 A 开始加速，让我们产生怀疑的是，价格不可能按这种速度永远涨上去，这种速度不是一个上涨趋势当中的正常速度，我们认为上涨趋势到了高潮阶段。顶部的两天上影线，价格伴随天量创新高，但是当天立刻回落，确认了市场正处于抢购高潮阶段，市场的确出现了供应扩大的现象。特别是第二个上影线，从成交量可以看出大众交易者巨大的资金投入，收盘在下方，说明这些巨量买单被主力资金的出货吞噬，市场已经套住了一大批大众交易者资金。这是明显的巨量不涨现象，已经显示出派发的苗头。有仓位的多头，此时必须准备出逃（缩减仓位止损，扫掉就认，不再抱侥幸心理），但是我们还没有看到上涨趋势的秩序被打破的情况，所以要做空的话，还不到火候。

抢购高潮之后，三天的回落伴随着递减的成交量，说明供应明显不足。从上涨趋势的节奏来看，这个回落确认了上涨趋势秩序的存在，价格还会继续涨。B这一天的上涨速度让我们看到了派发阶段的市场行为特征。

- 巨量代表迅速消耗了买方的资金（需求）和市场上的供应。
- 主力要想买的话，会先把价格压低，而不是在迅速拉升当中买入。所以这一天的买方不是主力资金，那么这大量消耗的资金就是大众交易者的。
- 这么大的资金投入，价格没有涨上去，看出供应严重过剩产生的压力。
- 没有创新高，说明上涨趋势的秩序没有延续，可能被打破（取决于接下来回落过程）。

上面几点描述就是这一天的市场内涵，我们作为专业交易员，就应该培养这种挖掘市场内涵的能力，然后根据市场内涵做决定，就完全抛弃了被表象牵着鼻子走的判断和操作。

B之后回落的两天供应减少（递减的成交量），我们在想，这是上涨当中的供应不足的回落现象？还是证明B是一个抢购高潮？如果是前者，价格应该反弹继续创新高，并延续上涨趋势的秩序。但是回落第三天的三低量增现象，告诉我们供应没有减少，反而在增加。这就证实了B是个抢购高潮，这个当中消耗更大的是需求。到此为止，上涨趋势的秩序被打破。破冰告诉我们下跌趋势的秩序形成，后面的三天的低量反弹确认了下跌趋势的秩序。

自然回落和二次测试

抢购高潮之后的市场行为是自然回落和二次测试。其中二次测试的成功：
- 是多头离场信号。
- 确认了市场大量的需求已经被消耗。
- 标志着牛市的终止。

这个时候特别考验人的贪婪和理性。二次测试是看大众交易者的购买力是否已经耗尽，另外也看市场的牛市秩序是否能够保持（创新高）。自然回落的低点和二次测试的高点形成了震荡区。如果确认是主力资金开始派发，这个震荡区是主力资金的派发价格区，主力资金会想方设法把大众交易者吸引到这个价格区投资。如图3.3所示：抢购高潮之后是自然回落，B的反弹是二次测试，这次的二次测试不是理想的二次测试，原因就在成交量。高量二次测试证明市场的需求依然存在。这种情况下，我们需要新的二次测试。下面图3.4是抢购高潮，自然回落和二次测试的示意图。

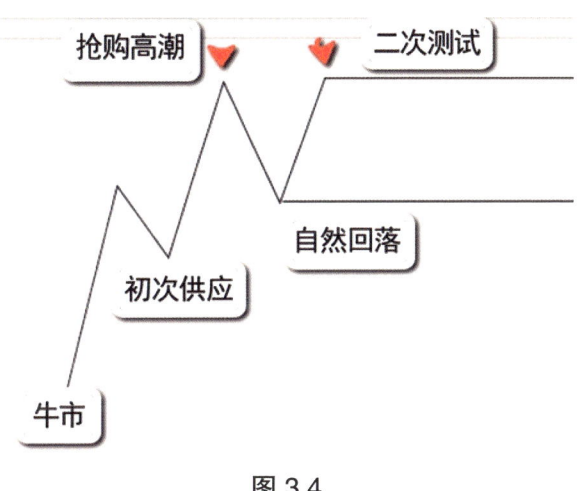

图3.4

二次测试之后的震荡区内，初期价格波动比较猛烈，因为大众交易者还在抢购。由于主力资金不断投放大量股票给市场，价格的上涨总是无功而返。随着主力资金的不断出货，市场的需求越消耗越少，导致价格的波动和成交量也逐渐减弱。到这里，我们还无法确定这个震荡区是派发还是吸筹，或者就是横盘交易。直到进入测试阶段，我们才能确认市场是否在派发阶段。我们尽量避免在震荡区内交易，应该耐心等待震荡区右手边出现明显强势或弱势特征。

第二节　派发的确认阶段

对于任何判断，我们都不要跟着名词或者被表象牵着鼻子走。比如说顶部，主线是不断地消耗市场的需求，这种消耗的结果是：不论买方拿多么大的资金往里冲，价格就是不再创新高。不再创新高的原因是，买方资金投入量和庞大的供应量相比，远远不够。另外，每次猛烈上涨的引导者都是派发者，他们利用强势K线和利好消息刺激大众交易者的贪欲，并把大众交易者吸引到他们的派发价格区。在这个阶段，我们通过测试行为来确认市场是否在派发阶段。这些测试行为包括：

- 熊市特征（SOW）。
- 创新高的上冲回落（UTAD），包括巨量上冲没创新高。

这个过程是整个趋势的转折点，因为无论出现任何到顶信号，最终决定市场由牛变熊的因素是供应的能力压制一切价格上涨，无论这上涨后面有多大资金，直到大众交易者的资金完全耗尽，没有能力再为市场贡献任何需求。为了本书叙述的一致性，我们统一使用SOW来表示熊市特征的信号。在第二阶段，我们有两个做空点。一个是在上冲回落，另一个在SOW之后的回测。

上冲回落（UTAD）

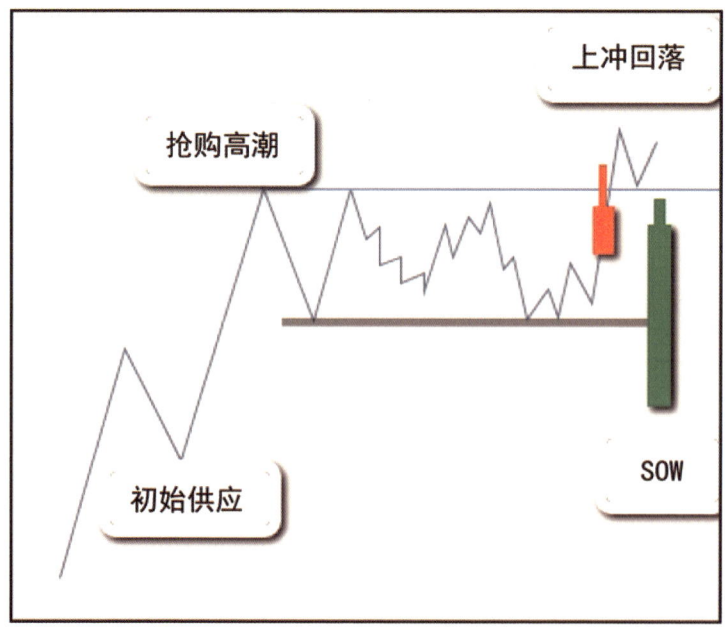

图 3.5

如图 3.5，派发区的上冲回落的行为是价格试图突破震荡区顶部，结果没坚持住，立刻跌回震荡区，它的形成过程是 1 至 3 根 K 线，表象要求是 K 线越短越好，而且带着大幅扩大的成交量。上冲回落之后必须有跟随才能证明市场的供应强劲。上冲回落的目的是扫清空头的止损，同时用突破诱惑更多大众交易者追高投入。无论是扫清空头的止损，还是诱惑大众交易者追高，这两者的行为都是买入，帮助主力资金转移风险。上冲回落过程中成交量是增加的，它说明买方付出很大努力让价格离开震荡区，但是突破遇到了强劲的供应。

一个例子可以更清晰地说明上冲回落的意义。

比如价格从 50 元涨到 51 元的时候，买方的努力是 1000（成交量）。第二天价格又从 51 元涨到 52 元，这次买方的努力是 2000。这个例子告诉我们，买方虽然付出了双倍的努力，但是没有得到相应的收益。出现这种结果的原因是，在第二天的交易中，市场上股票投放量（供应）扩大，导致卖方更加积极地竞相出货（也就是供应超过了买方的需求）。这种现象属于努力没有结果，是一种停止行为。上冲回落的确认是接下来价格出现放量下挫的跟随，表明供应持续控制市场，市场正式进入熊市。很多时候价格应该做什么但是没有做成，这是个警告。在实际交易中，使用这种方法可以提前判断出反转。在测试阶段，主力资金没有使用上冲回落的方法，他们直接使用放量下挫的方法，我们把它称为 SOW。

弱势出现（熊市特征）（SOW）

如图 3.5，SOW 是市场进入熊市的信号。SOW 的内涵是在顶部派发区内每一个价位上，都没有足够的需求成功吸收供应（没有能力阻挡价格下跌），让下跌更顺畅。这是下跌趋势秩序形成的开始，然后等待无力反弹来确认下跌趋势的秩序。SOW 的表象特点是放量长阴，必须出现在震荡区的右手边才有效。当这种行为出现的时候，市场只是出现了可能的 SOW，它必须要经过紧接着的无量上涨才能确认。耐心的交易者都是等到SOW之后才考虑做空。SOW有两种表现方式，第一种是在震荡区内，表示供应完全控制市场，并且正在努力向下突破震荡区。第二种是直接突破震荡区，我们称之为突破冰线，价格跌破冰线之后会有个大幅的下跌。这里用了一个形象的比喻，就是把支撑比喻为冰线，价格突破震荡区底部，就像一个人跌落冰层，他在冰下向上努力的时候，如果碰到冰层很厚（供应），他们会再次沉入水底。把这个比喻用在市场上，如果价格破冰之后再返回冰线时遇到强大供应，那么这次努力会失败，价格会重新开始下跌。SOW之后，价格以小的成交量和K线的反弹叫作最后派发点，简称LPSY，是最佳做空点。看图3.6（深振业2015年9月至2016年2月初日线）：

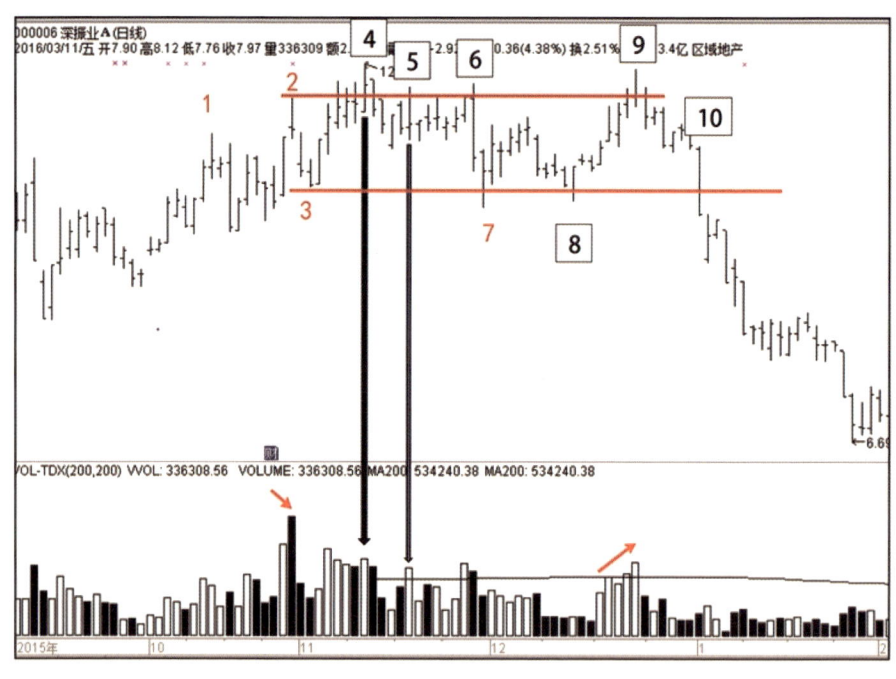

图3.6

从图的左面向右看。1号柱的那一波是初次供应，进入市场的供应开始扩大。2号柱是抢购高潮（天量新高），供应开始扩大，有派发可能。3号柱是自然回落，4号柱是二次测试，4号的特点依然是放量高抛，说明供应持续入市，然后 5 号和 6 号柱的情况相似，同样放量高抛。4、5、6 号柱的行为说明卖盘在持续增加，此时大众交易者需要头脑清醒，而不能再受任何蛊惑追高，因为市场的自身行为已经告诉我们主力资金可能在派发。这里有一点要说明，我们不能对二次测试的量，教条地认为应该是极其小的成交量。我们要从内涵上考虑，只要二次测试阶段的量小于抢购高潮阶段的量，就说明需求开始不足，不足的原因是在抢购高潮当中已经大量被消耗。

7 号和 8 号柱的行为明显告诉我们主力资金在建立派发区的支撑价位，这个行为也告诉我们主力资金还没有派发完，不然他们不会建立支撑阻止下跌。他们会在反弹中继续派发，而这个反弹行为恰恰是蛊惑大众交易者追高的手段。

9 号是测试，这是个上冲回落（UTAD），目的测试需求的力量，清扫空头的止损，同时也为锁住最后的买家。我们看 8—9 这一波的成交量还在递增，说明部分大众交易者还在追高投入。9 号的上冲回落确认左面的一系列市场行为是派发，市场即将进入熊市。注意上冲回落的特点是巨量小柱。上冲回落之后的顺利下跌跟随说明需求耗尽。

10 号是破冰，也是 SOW，虽然成交量不是天量，但是它在增长。在关键位置成交量的增长更重要。10 号的长阴突破是供应超过需求最明显特征，而放量又说明流入市场的卖单在增加，市场破冰之后的任何低量反弹都是做空点，因为破冰之后的下跌空间很大。

第三节　派发案例

抢购高潮，二次测试，主力资金建出货支撑

案例（一）

如图 3.7 所示，这是三安光电周线图（截至 2017 年 11 月）。

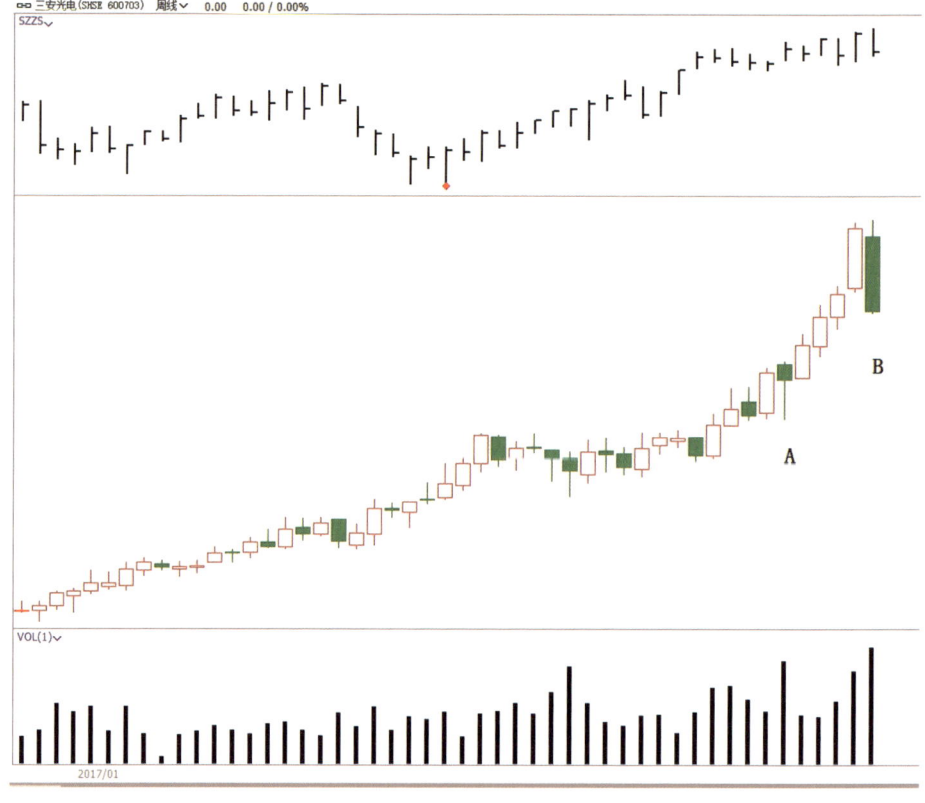

图 3.7

首先观察最后几周的上涨速度明显加快,角度趋向垂直。这种节奏不是一个正常趋势的上涨节奏,应该引起我们的注意,我们可以感到买方的急不可待。这种买的方式不是聪明钱和专业投资者的方式,每天拼命追的方式是一种情绪冲动的表现。因此我们判断这里面的买方是大众交易者,他们怕赶不上最后一班车。

最后两周买方的行为达到高潮,巨量和深度回落告诉我们前几周这种疯狂的买入行为消耗了市场大量的需求,也就是消耗了买方的大量的资金(圈钱成功)。上涨出现了高潮,巨量表示出货(供应)已经启动,不然不会有这么大的成交量。A 是初次供应。对于持仓的多头,现在应该启动保护措施。接下来关注市场需求迅速地大量消耗对市场背景产生了什么影响,我们要做好如下观察的准备:

第三章 顶部研究

- 如果接下来的回落，成交量递减，属于供应不足，保持了上涨趋势的秩序，那么价格还有一涨，开始了二次测试的过程。
- 如果有二次测试，还会不会有现在的这种需求的能量？

　　·要是没有的话，就证实现在的这种需求消耗起了作用，市场已经没有足够的需求推动价格继续上涨。

　　·要是在二次测试的时候，价格直接创新高（伴随量增），说明需求还有足够的能量来维持上涨趋势的秩序。

　　·如果接下来的日子，当价格回到顶部的时候，出现巨量不涨的情况，证实了派发已经进入背景当中。

我们继续看图3.8。

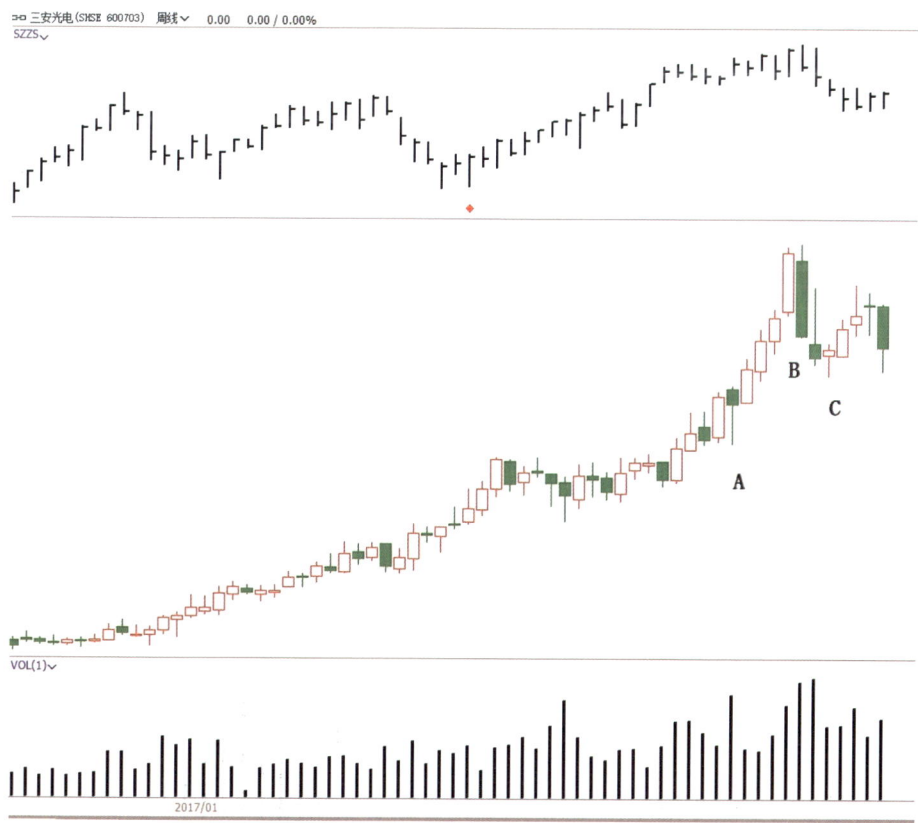

图3.8

在回落的时候我们看到成交量迅速缩小（C 的那一周）。这是供应不足的表现，价格会反弹。牛市秩序能否保持，就看这次反弹能否创新高。

事实上，这次反弹没有创新高，成交量也低于前面疯狂上涨的阶段，成功完成了二次测试，牛市的秩序被打破，上涨趋势暂时停止。停止的原因是支持继续上涨的动力已经不足，特别是反弹的最后一天，量增告诉我们市场依然有需求，但是上影线告诉我们，需求遇到了无法克服的供应。我们接下来要观察的就是派发的确认和熊市秩序的形成。继续看图 3.8a。

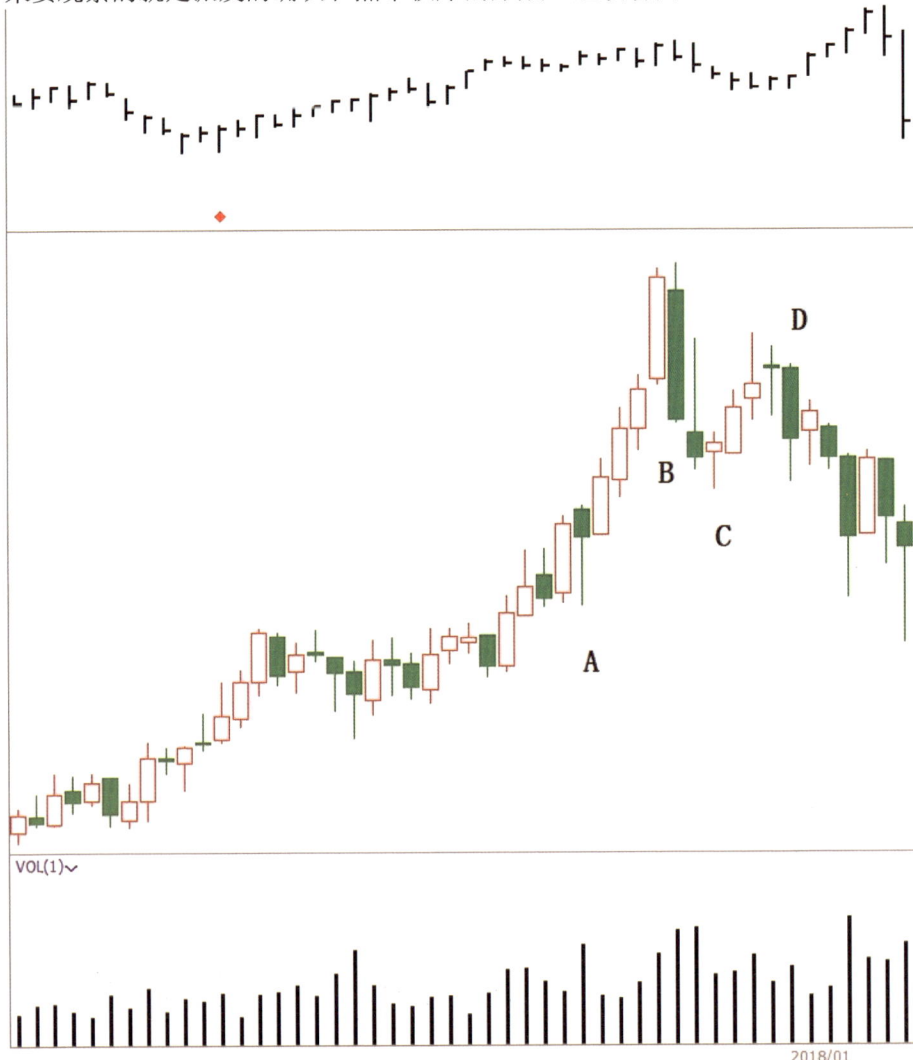

图 3.8a

如图 3.8a 所示，三低量增结束了反弹（D）。现在是右手边。接下来的回落过程给了我们更多信息。首先,破冰创了新低,下跌趋势的秩序初步形成。另外，这次回落过程当中，没有遇到很大的需求阻挡，阴线的成交量都是增加的，说明供应在持续扩大。

回落到底部的两个巨量下影线是超卖行为。成交量扩大阻止了这波下跌，形成支撑。到这里我们接下来有几种期待：

• 如果这是一个大背景的牛市回调，接下来会继续上涨。顶部的巨量供应是上涨的障碍。市场必须积攒足够的需求才能吸收那里的供应。我们或者看到 JOC 行为，或者看到吸筹的行为，总的牛市秩序才能恢复。

• 但是我们既然看到了出货行情，如果主力站在出货一边，不会这么快就上去解救那些被套的大众交易者，这是他们的行为习惯。从这个角度讲，接下来的反弹不会引起牛市秩序的继续，主力资金只是为了把价格拉上去，以便他们继续出货。

我们继续看下图 3.8b。

如图 3.8b 所示，先看这次反弹的成交量，因为成交量可以让我们看出需求能量。虽然上涨很顺利，但是需求不足。除了成交量上可以看出来需求不足，再就是价格没有能力超过 D 的高点，说明那里的供应克服不了。这个也就证实了我们的推断，这次上涨不是真的上涨，是为了更多的派发。E 之后的回落，不断形成三低，伴随的成交量递增，说明供应在继续扩大，需求耗尽。

从抢购高潮的顶部到回落创新低，现在反弹没有创新高，形成了完整的下跌趋势的秩序，在这个秩序当中，任何无需求的反弹都是我们做空的好时机。

从大盘和个股的相对强弱来看，也能提前告诉我们个股很弱。比如大盘最后的一波上涨，个股完全没有上涨迹象，而是不断地创新低。

图 3.8b

案例（二）

如图 3.9 所示，我们看黄金 2011 年第四季度的 3 日线。市场在 X 的位置的成交量扩大，但是涨幅缩小，说明供应扩大。这是初始供应，一部分主力开始出货。如果只是看 K 线形状的话，这是个非常不引人注意的细节。

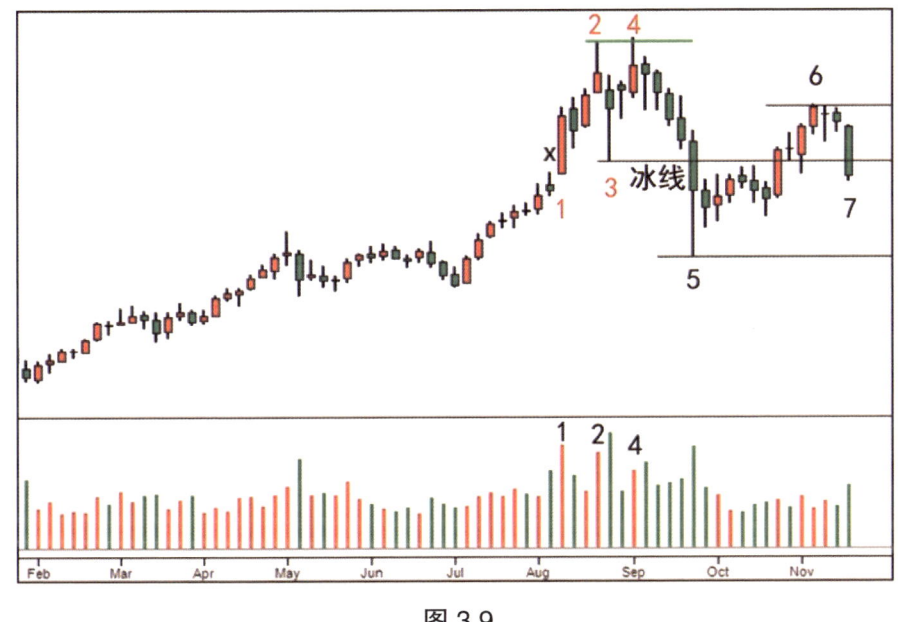

图 3.9

从 1—2 这波是抢购高潮，因为成交量和价格都暴涨，同时上涨速度突然加快。K 线 3 是自然回落，注意 K 线 3 的收盘和成交量，这是陷阱。收在高位说明大众交易者还在疯狂抢购，他们认为黄金还在牛市。但是他们忽略了一个事实，他们这么大的资金投入能够买到货，说明市场的出货量很大（顶部供应充足）。自然回落的底部是主力资金建立的派发支撑，我们也称为冰线，在派发还没结束的时候，主力资金会保护这个支撑，不让价格跌破。一旦价格跌破冰线，说明主力资金的派发接近完成，后面下跌空间会很大。

K 线 4 再次探顶，进入二次测试过程。它的成交量相对增长，但是已经小于抢购高潮时的成交量，说明人们的购买力开始消耗，表明牛市已经停止继续发展。K 线 4 本身是个上冲回落，说明顶部价位的黄金供应非常充足，主力资金还在大量派发，这个上冲回落是供应超过需求的证明。K 线 3 强力反弹之后，黄金价格一直在涨，探顶时成交量又增加，说明价格已经准备好继续上涨。但是这种努力因供应扩大失败了，导致价格直接跌落冰线到 K 线 5。

K线4—5这一波暴跌伴随剧增的成交量说明市场出现SOW（这个SOW也是破冰行为，它完成了测试阶段并确认了主力资金的派发和熊市的开始）。K线5—6的上涨过程有什么特点？第一，成交量低于SOW的过程，说明大众交易者的购买力已经耗尽。第二，K线4—5的大跌经历了21天，K线5—6的上涨经历了43天，但是成交量大幅缩小，表明供应大于需求。这种现象告诉我们K线4—5是SOW，并且K线5—6的上涨过程（LPSY）确认了SOW。SOW之后的确认过程如果是相对大的阳线伴随递增成交量，说明市场有新的需求进入接盘。如果这种现象出现，SOW的功能就失效。

SOW之后，黄金立刻快速下跌。K线7是个长阴，伴随成交量的扩大，说明供应继续控制市场。

我们继续看图3.10，该图告诉我们要时刻衡量供求关系，因为市场不会因为我们进场而完全按照我们的方向走。

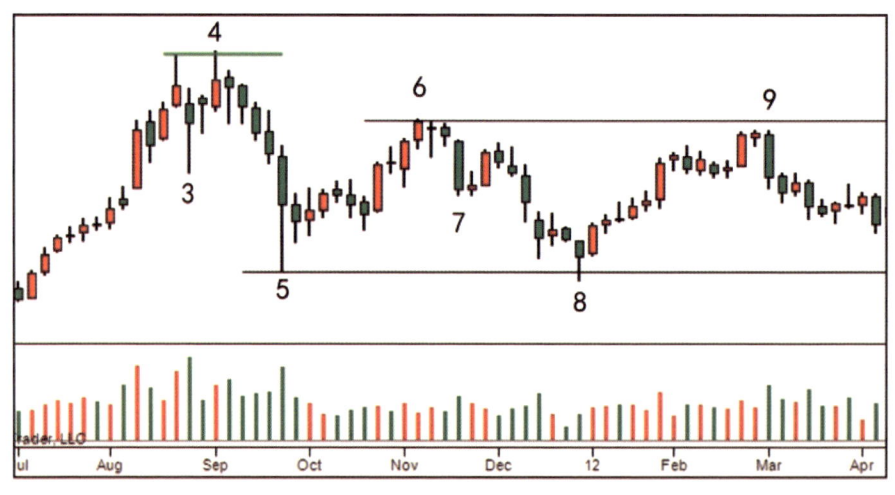

图3.10

从图3.9的分析，我们知道4—5是SOW，K线5—6的无力上涨之后，市场应该进入熊市。但是这次下跌止于前支撑位置。截止到K线8，我们从超卖角度看K线4—5的急速下跌，它属于超卖行为。同时K线5的成交量剧增和高收盘更像是小型恐慌抛售。如果是恐慌抛售，说明市场可能进入再吸筹阶段，然后牛市继续，那么我们从图3.9得出的派发结论会被市场自身行为推翻。如果K线5恐慌抛售之后，我们从吸筹的角度看待当时的行情，K线5—6就是自然反弹，K线8是二次测试，而且很成功（因为K线6—8的成交量远远小于4—5的恐慌抛售阶段），它告诉我们从K线4开始的熊市有可能终止。自然反弹和二次测试之后，市场进入震荡区，我们要在震荡区的发展中判断这个震荡区是再吸筹还是再派发，因为这个判断关乎下一步的方向。前面我们讲过，判断一个震荡区是吸筹还是派发，关键是测试阶段的市场行为。

在震荡区交易进行中，我们要耐心等待结束震荡区的价格行为出现。

• 如果出现SOS，终极震仓或弹簧效应，说明这个震荡区是再吸筹，然后牛市恢复。

• 如果出现SOW，或者带量上冲回落，说明这个震荡区是再派发，然后熊市继续。

K线8—9的上涨势头很好，这一点可以从连续的阳线和递增的成交量看出。这种上涨被K线9的放量阴线压住，如果是吸筹，说明主力资金的收购还没结束。因为目前价格还在派发区之下（K线3—4），所以K线7和K线9的放量阴线表明市场上的黄金供应量还有扩大的现象。

我们继续看图3.11，为节省空间，我们用柱形图展示。绿色柱是放量下跌，红色柱是放量上涨。

图3.11

交易还在震荡区间进行。从 5—12 这段时间震荡区交易持续了 18 个月。我们注意 K 线 10 那一波的探底反弹过程：4 根柱在支撑上横盘，而且成交量很大，这是努力没有结果，说明人们以强大的需求接盘。我们再看 K 线 11—12 的走势。K 线 12 是小型恐慌抛售，然后是自动反弹和二次测试。但是二次测试的成交量比较高，说明黄金的卖盘（供应）还很大，市场需要再一次测试来确认供应消耗。

再次的二次测试后价格开始反弹，同 K 线 10 和 K 线 8 的反弹相比，这个反弹非常的弱，弱的原因是没有需求，买家不愿意追高。所以此时非常危险，如果市场想要向上发展，接下来必须出现个强势阳线，并伴随增加的成交量。否则这个支撑将要失效，价格会继续下跌。

K 线 13 是反弹后回调的第一根柱，成交量大幅增加而且三低。只有供应扩大我们才能看到这种现象。K 线 13 非常小，不容易引起人们的注意，它告诉我们两个市场现状：第一，价格没有出现上面所说的强势阳线，表明下面的支撑将失效。第二，继上次清仓（K 线 12 的恐慌抛售）之后，在反弹中又遇到了供应扩大。以上两种现象已经非常清晰地告诉我们，市场的浮动供应依然很强，如果接下来探底依然没有需求接盘和顺利反弹，市场的清仓行为还会继续。

K 线 14 是放量下挫并突破冰线，解开了我们所有的疑惑。后面的低量反弹再次确认了需求不足，供应主导市场。K 线 15 继续放量下挫，从 K 线 13 到 K 线 15 这一波是 SOW（这是我们要等的确认派发的信号）。SOW 的出现结束了震荡区交易，也确认了整个的震荡区是再派发（K 线 5 之后的震荡区中，我们没有看到 SOS 出现）。从此，价格进入长期的熊市。如图 3.12 所示，黄金从 SOW 时的 1600 点，短短两个半月时间，跌到 1200 点。

图 3.12

急速下跌后的区间

下面这个例子是低位派发，这种派发没发生在顶部，而是发生在 SOW 之后。以图 3.13 为例讨论低位派发的行情：

图 3.13

K线1是抢购高潮，然后K线2放量下挫，这是一个A型急顶，破冰直接告诉我们供应大于需求，上涨趋势的秩序直接被打破。那么这个到底是上涨中的震仓还是到顶信号？后市反应和成交量可以给我们答案。

- 如果是震仓，这是因为消息导致的昙花一现的行为，确认条件是迅速反弹，然后创新高。
- 如果真是出货开始了，后面的上涨努力不会创新高，形成了区间交易，导致上涨趋势的秩序被打破。

图中的区间表现否认了震仓现象，那么这个巨量破冰下跌就是出货信号。我们从3—4的回升中看出，这种枯燥式上涨的量价节奏，我们看出这种上涨背后需求不足，要是买方需求非常积极的话，不会是这种上涨节奏。这种上涨节奏里边没有看到主力资金的参与，他们一直是观望态度。虽然我们看的价格是缓慢上涨的，但是这个过程当中没有任何一方的主导力量，这种情况下，需要一种力量的出现来确定最后的方向。

快接近阻力区的时候，上涨速度加快，成交量快速递增。我们能看出买方正在着急地追赶最后一班车，这是一个抢购高潮行为（可以从4和后面的量增三低看出），也是出货行为。从力量对比上能看出供应大于需求。

回顾一下整个过程，前一阶段的深度顺利下跌告诉我们需求不足，连续的量增下跌告诉我们供应完全控制了市场。接下来的反弹又没有引起买家的兴趣，市场也就没有出现需求。这种无需求的反弹发生在供应控制的背景之下，市场中稍稍出现一点供应扩大的行情，价格就会下跌（因为没有需求）。

看下面的图3.14。K线4的上冲回落之后，价格出现了放量阴线下挫，这是对上冲回落的肯定和跟随，说明供应超过需求，局部的下跌秩序形成。这再一次提醒抄底的大众交易者，不能再心存侥幸，灾难很快到来。如果已经抄底，需要看到SOS来确认这个震荡区是否吸筹，但是我们没有看到

SOS，所以要及时离场。

上冲回落加上放量下挫后，价格开始回升，但是这个回升告诉我们需求完全枯竭，因为成交量和波动幅度的递减，需求已经没有任何能力化解来自供应的压力。前面下跌过程中需求不足，现在价格反弹过程中依然需求不足，足以说明市场的弱势。

图 3.14

继续看图3.15。需求的匮乏导致价格最终破冰（支撑无效），整体的下跌趋势的秩序形成。如果多单还没有离场的话，现在为时已晚。后面测试冰线的时候，有两天巨量出现，但是价格无法回到冰线之上，这是明显的努力没结果行为，这是供应过剩造成。

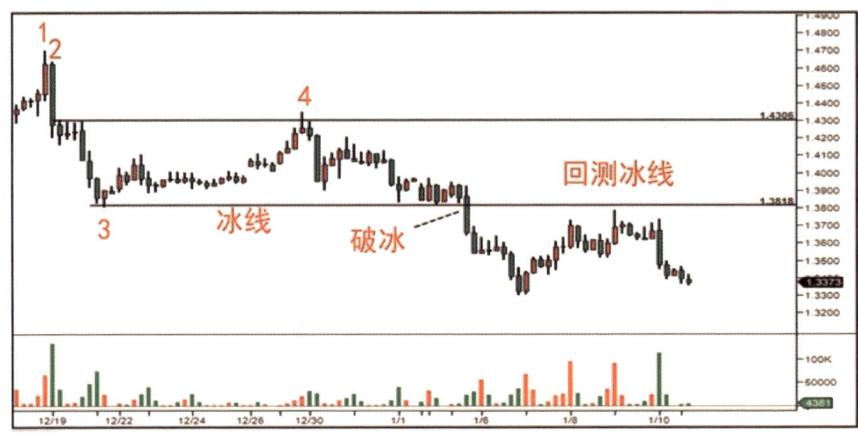

图 3.15

2015年中国股指案例，观察主力资金的离场策略（制造临时支撑，引诱大众交易者追高）

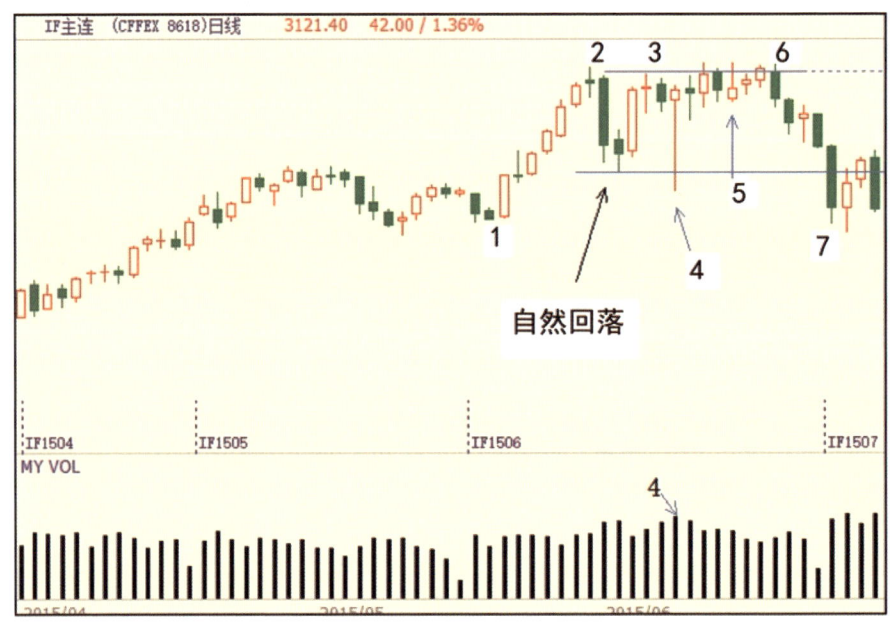

图 3.16

- 如图3.16所示，从5月19日到5月27日之间，仅仅7个交易日，指数涨 800 多点，但是之前要花一个月时间才涨了 800 多点（4 月份），从 1 开始的趋势线几乎是垂直上涨，这种速度背后有一种着急心态，这是主力资金的一个策略。他们故意让价格看起来涨势凶猛，以此挑动大众交易者的兴奋神经，使当时市场出现抢购高潮，而主力资金在利用这种疯狂转移风险给大众交易者。

- 看 K 线 2（十字星），成交量同前一天相比没有减少，说明大众交易者还在抢购。但是价格没有出现以前的那种涨势，反而收在中部，说明供应正在超过需求，这是个最明显的派发信号。大众交易者的努力没有减退，是什么力量抑制了价格的增长？这种力量来自主力资金的隐蔽式派发，使市场上供应量增加。看到这种现象，我们应该开始警惕。

- 抢购高潮出现后，价格开始自然回落，然后是二次测试（K 线 3）。自然回落中的最后一个短 K 线的成交量增长，说明卖盘还在继续，但是缩短的 K 线告诉我们，这是停止行为（和 2 的意义一样，但是方向相反），有人在阻止价格下跌，否则这么大的卖盘，价格跌幅会很大。这是主力资金在制造支撑并抑制价格下跌，为什么？因为他们肯定还有没卖完的股票，他们需要一个区间继续派发。我们看到这么多隐蔽的危险信号后，必须在价格再次探顶的过程中，实施离场计划。任何时候，当我们看到牛市中的成交量开始连续几天猛涨，市场就有可能进入抢购高潮。

- K 线 4 是个陷阱，为什么？高成交量反弹，这是非常强劲的需求，说明广大大众交易者还在因股票便宜而疯狂抢购。强大的卖盘一度将价格压到冰线之下，然后被强大的需求顶回区间内。试想，买方这么大的努力，应该使价格暴涨，但是 K 线 4 没能突破顶部，这说明供应依然强劲，这又是一个明显的派发行为。上涨趋势出现强力回调之后，人们开始紧张的时候，对上涨趋势还抱有希望。4 的出现，让公众完全忽略了当前的危机，重新回到牛市思维当中。

- K 线 5 试图带量突破阻力，但是失败。这是个上冲回落，再次证明供应的强劲。接下来的回升伴随着短 K 线和小成交量，说明需求已经耗尽，这是成功的二次测试,牛市已经终止。

- K线6的成交量略有上升,但是关键是它的收盘低于前一天,这说明主力资金开始降价满足大众交易者的需求(此时大众交易者认为股票便宜,还在买)。这个三低是最重要的熊市信号,但是很容易被人忽视,更重要的是接下来的三低跟随,确认了供应的主导地位。
- K线6—7的暴跌是SOW,特别是K线7,放量突破了冰线。冰线一旦被成功突破(带量突破),市场大跌在即。我们继续看接下来图3.17。

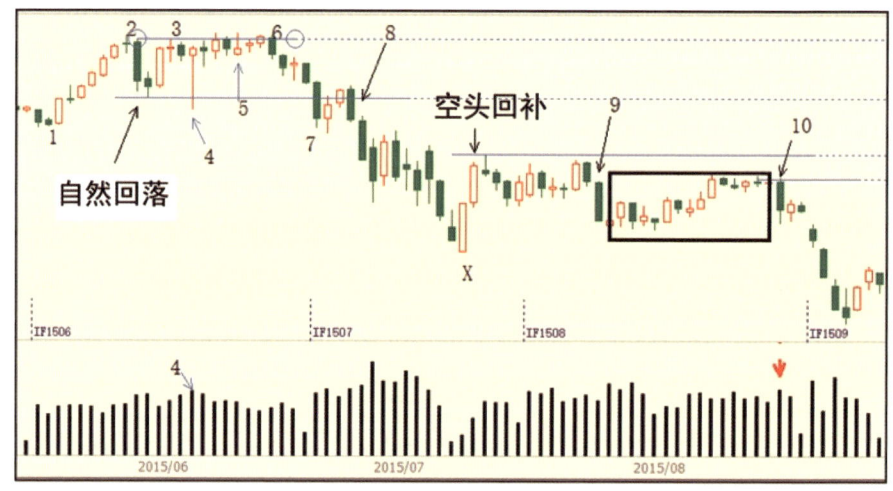

图3.17

- 破冰后反弹两天,成交量没有减少,还有人在抄底。接下来的三低回落,又套住了抄底的大众交易者。从破冰到反弹,到再次量增下跌,我们所看到的都是供应大于需求的现象。
- K线8开始,价格再次突破冰线,离开震荡区,供应控制市场。
- K线8之后的下跌速度之快,表明市场进入超卖状态。我们期待有反弹。
- 从K线X起来的反弹是熊市中第一次大幅上涨,但是成交量很小,说明这是空头回补或者散户抄底,不是大规模买单产生的需求(不是主力资金的行为),所以熊市没有结束。

- K线9长阴下跌，而且成交量保持高度，说明目前市场的供应还占主导地位，这是潜在的SOW，但是需要无量反弹确认。
- 方框中的上涨花了三周时间还没有弥补K线9那波的损失，虽然成交量还保持力度，但是价格上涨没有任何进展，这是努力没有结果。这个回升确认了K线9那波下跌是SOW。SOW的出现，证明了这个震荡区是派发，不是吸筹。
- K线10的放量下挫（三低），是熊市的真正开始。它的含义和K线6是一样的，主力资金在开始降价派发。

没有抢购高潮的派发

很多时候，牛市不是以抢购高潮结束，只是K线和成交量逐步递减，这种现象是需求耗尽。确认这种牛市结束的方法是市场上股票供应在价格回落中剧增。这种牛市结束的特点是，在震荡区内，每次反弹之后，K线和成交量的长度随着价格上涨递减，这是需求耗尽的现象，然后立刻放量下挫，这是供应控制市场的现象。

这种市场顶部很纠结，价格上表现为一种缓慢、不规律的上涨过程。成交量上的表现就是每天的成交量特别低，告诉我们这段时间的市场活动特别低迷，仿佛买方和卖方都不愿意参与这个市场（从供求双方的力量上看，都没有克服对方的表现）。这个阶段的行情看似上涨，其实不上涨，看似下跌，其实也不下跌，这就是所说的纠结和枯燥的行情，这种行情比较难以判断，如果此时持仓，这是最考验我们的耐心的时候。那么市场接下来到底会怎么走？手里的仓位怎么办？成交量行为可以告诉我们接下来的两种走势。

1. 这种枯燥行情导致买家的人气和信心彻底耗尽，市场需求疲软，没有买家再愿意关心这个市场。如果此时卖家态度稍微积极一点，他们还是想把货出掉。当他们发现在顶部无法出手的时候，他们开始降价大甩卖，导致市场的供应急剧增加，大家别忘了此时市场的需求非常疲软，这种供应急剧增加的现象，会让价格快速下跌。

2. 枯燥行情持续的过程当中，一些人开始不耐烦，开始获利回吐。他们这种行为是因为不耐烦产生的，不是一种非常积极的主动想出货的态度。这种行为对市场没有产生一种无法克服的压力，也就是说，价格不会因此进入下跌趋势。从买方角度看，人们还是非常的消极，他们看不到希望，所以不会积极地投入，因此市场的需求也就不会扩大。需求不扩大，价格自然也不会进入上涨趋势。这种情况的背后，主力机构也处于无法结决定的状态当中，他们在等一种确定性的消息来刺激市场。

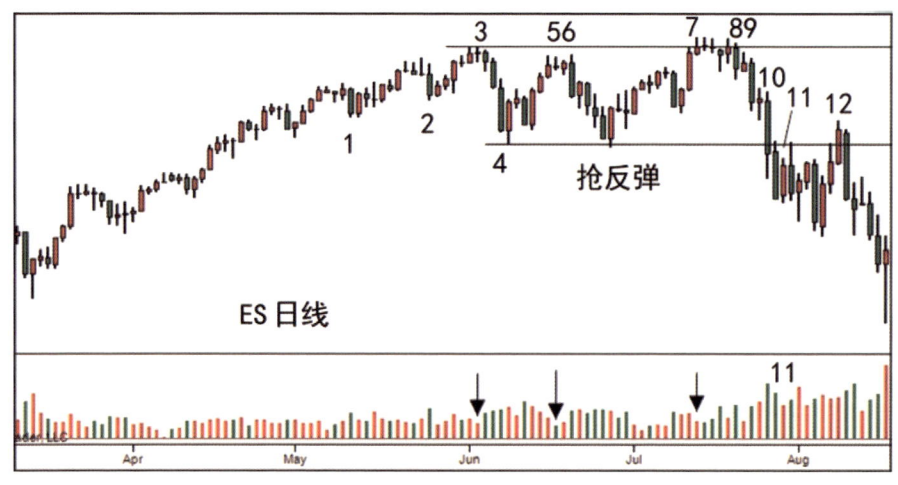

图 3.18

牛市当中，如图 3.18 所示，我们看到几次带量的反转 K 线（K 线 1 和 2），对于他们的出现不要惊慌，因为我们没有看到股票供应增加的现象。单单一个反转 K 线，不会对趋势有什么威胁。每次的反转 K 线之后，市场没有卖盘跟随，说明每次卖盘的努力都被市场吸收，然后价格恢复上涨。牛市的结束，我们需要看到供应和派发过程！

在这个牛市的发展过程中，我们没有发现天量新高出现（天量是指某一天出现天量，也可以是某一上涨波的累积成交量成为天量），说明市场没有抢购高潮。

K线3—4：价格急速下跌，同时成交量在递增，这是出货现象（因为出货有跟随）。这时我们的预期是这个卖盘必须被买方吸收，否则牛市可能终止。这个急速下跌也是个超卖行为，会有反弹。K线4出现反弹之后，市场进入震荡区，震荡区底部是冰线（支撑）。冰线位置是危险区，现在这个危险区是由主力机构护盘（因为他们要利用震荡区派发），一旦他们派发完毕，他们就不再保护这个支撑，导致价格迅速下跌。这个支撑的出现，告诉我们派发区间已经形成，我们可以画线，接下来就是利用供求关系看主力机构是如何实施派发计划的。

K线5—6：当价格上涨时，成交量随着价格上涨还在递减，说明买方的购买力（需求）还在继续消耗。K线6的快速带量下挫，说明顶部供应非常强劲，已经超过了需求。然后价格回到支撑位置，强力反弹反映出两个现象，第一是主力资金在护盘（为了继续派发）；第二是大众交易者还在抢购。

K线7—8：这个情况和K线5—6相似。价格急涨后，成交量和K线在阻力区立刻缩小，说明需求不足。然后是带量下挫（K线8），供应大于需求。K线9—10的是更严重的放量下挫，这是供应剧增的现象。如果这是SOW，接下来的应该有低量回升来确认SOW。K线11确认了SOW。

突破冰线：K线9这波暴跌，突破了冰线。突破冰线会带来大幅下跌，任何回测冰线都可能是做空的时机。K线12回升并测试冰线，虽然成交量没有减小，表明需求强，但是下一根的放量下挫说明供应以压倒一切的优势控制市场。

低位派发案例

对牛市的直接警告是市面上股票供应的扩大。如图3.19所示，K线1表示供应扩大，因为成交量剧增，并伴随上影线。这种供应是个提醒，不必惊慌。接下来它立刻被K线a吸收，第二天没有继续出货的现象（没有跟随），然后牛市继续。

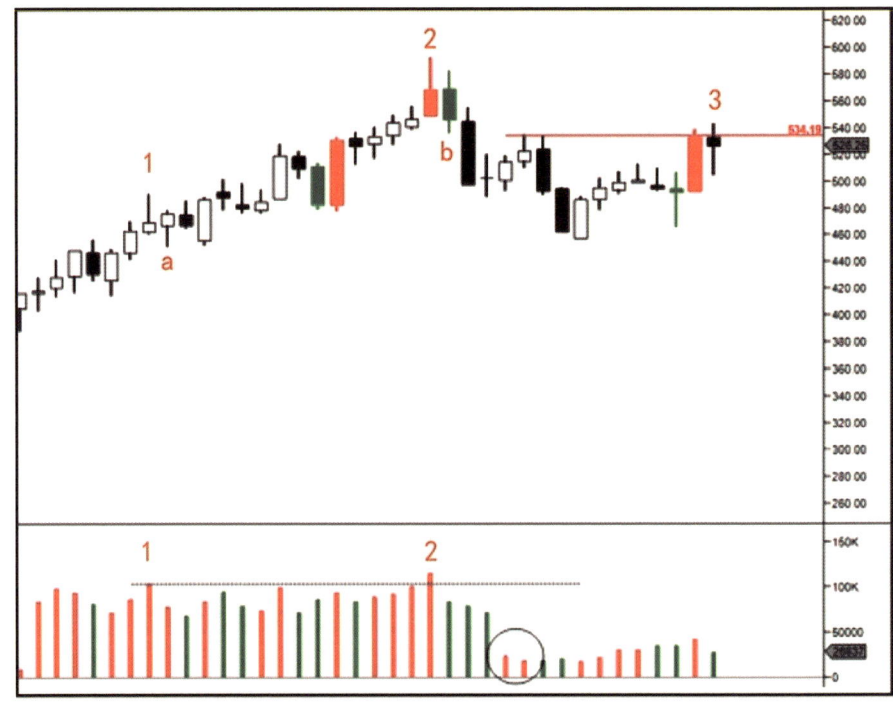

图 3.19

牛市中出现的反转 K 线,都可能是陷阱。一旦出现,应对思维是:

• 有没有跟随,也就是说市场股票投放量是否继续增加。有跟随的话表明市场更多的供应,更多的卖方积极出货。这种情况下,我们要启动保护措施。

• 是否有新的需求立刻吸收了这些卖盘。K 线 a 结束后,我们得到的一个信息是卖盘没有跟随并且被吸收,没有更多的卖方跟随出货。

• 上涨趋势当中的上影线,只是说明遇到了一些卖盘。单凭这一现象,我们不能判断市场会反转,这个卖盘只是为市场后面的上涨提供了一个压力。这个压力是否有效,还要看接下来市场的需求强弱。

K 线 2 的情况和 K 线 1 相似,只是成交量再次创新高。但是接下来 K 线 2 的增量卖盘没有出现被吸收的现象,反而出现更多卖盘的跟随,这是个比较严重的警告,K 线 b 是对 K 线 2 的卖盘跟随,看出市场尝试着恢复牛市,但是供应的出现使这个尝试失败。b 之后出现非常明显的卖盘跟随(长阴),这样顺利的下跌,说明需求不足。我们看接下来的回升,成交量和波动幅度都缩小，说明需求依然不足。很显然，上涨趋势的供求秩序被打破，后面再次回落创新低，开启了下降趋势的秩序。

图3.20是图3.19的延续。K线3前面的长阳说明买方尝试恢复牛市，但是K线3没有跟随这个恢复努力，或者说买方的努力没有得到结果，原因是供应扩大，这是个小型的抢购高潮。K线3的下影线告诉我们买方依然在投入，但是低量说明需求已经不足，缺乏继续上涨的动力。接下来三低卖盘有跟随，成交量减少说明供应不足，让我们怀疑是否还有一次上涨。后面的带量长阴（绿色K线）打消了我们的疑虑，这是SOW，它突破了冰线，然后SOW被后面的无量回升所证实，下降趋势的秩序得以保持。

图 3.20

市场自我否定行为的案例

如图3.21所示，K线1—2的下跌幅度和成交量增加，这是初始供应。然后没有出现我们常见的抢购高潮（长K线配剧增的成交量）。K线3出现供应扩大的现象，为什么？因为成交量猛增但是K线很小，说明买方的努力很大但是没有看到价格上涨，这是供应增加导致。

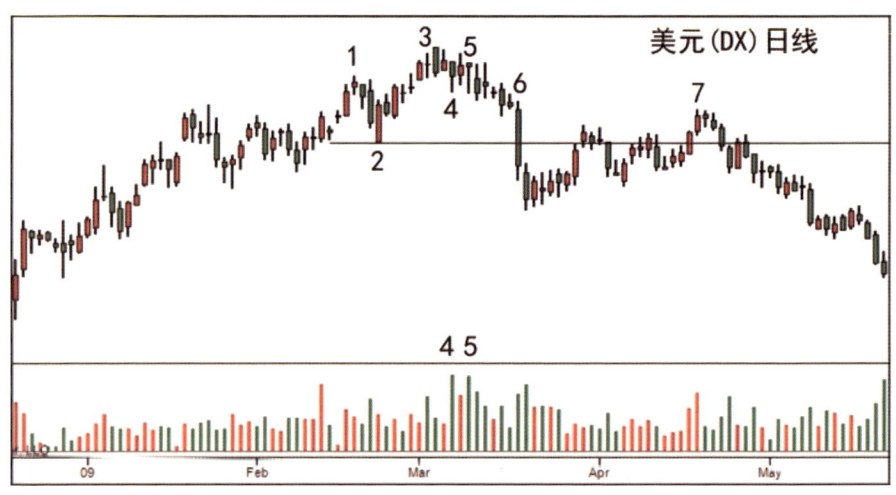

图 3.21

这个图需要着重讨论的是 K 线 4 和 5。K 线 4 是强力的弹簧效应，而且成交量剧增，说明供应和需求都非常强大。供应大的原因是，这一天的巨量出货让价格创了新低。需求大的原因是，这么大的出货量，收盘却没有收在最低。很显然，需求已经有了继续上涨的力量，但是今天没有完成任务，因为没有创新高。这种情况下需要更多的买家投入资金，来延续上涨趋势的秩序。第二天价格又创了新高，成交量略减说明需求有所减少。但是价格还挺在了高支撑，供应还没有完胜需求。一个重要事实是依然没有完成 4 的任务，就是说今天的努力没有让价格创实质性的新高，未能恢复牛市的秩序。此时双方处于僵持阶段，我们期待后面的发展能够打破这个僵局。

K 线 5 的情况和 K 线 4 类似，只是这个反转形态更具有欺骗性，公众只看到了反转形态，而忽略了努力没有结果的事实。买方进行两次巨大努力之后，价格没有任何进展，再次让我们看到了背景中力量的差距，供应大于需求。

市场到了这个时候，背景已经发生改变，供应的持续扩大终止了牛市的发展。K 线 6 突破了冰线，这是 SOW。接下来的回升测试冰线的时候，缩减的 K 线和成交量确认了 SOW，也确认下降趋势的供求秩序。K 线 7 测试冰线时形成上冲回落，成交量再次剧增，但是价格却没有大幅上涨。这又一次努力没有结果，或者说价格在买方巨大努力下应该涨却没有涨，这个现象同样反映了供应的强劲。特别是后面一根 K 线的成交量立刻缩小，反映了需求已经耗尽。

头肩顶案例

头肩顶是大家都熟悉的走势反转图形。很多人说它失败率很高，事实上交易失败与图形没有任何关系，其主要原因是价格背后的供求关系。约翰·迈吉曾经深度讨论过头肩顶的价格行为，我们这里用威科夫的方法再讨论一下这个图形。

- 左肩：就是我们上面说的初始供应，这里要着重从量增的角度考虑。
- 头：是抢购高潮。要求是上涨中出现超长阳线和巨大成交量。从头部下跌时如果出现 SOW，那么接下来的右肩就是对 SOW 的确认，也是对派发的确认。
- 右肩：属于测试阶段。如果是二次测试，测试过程必须是小成交量和 K 线，表明需求耗尽，从而确认牛市秩序结束。从右肩下跌时，可能出现 SOW。或者当价格测试右肩的时候，出现上冲回落，表明供应强劲。

我们不能死记图形，而应该理解其背后供求关系。任何图形或者价量关系都是证明走势的理论根据的工具，我们不能只是以图形为依据交易。比如头肩顶，不能一看到头肩顶就马上认为趋势反转，因为趋势反转有自己的理论依据，无非是供应大举进入市场，而需求已经无法应付，导致供应主导市场。头肩顶的形成过程中如果符合上述理论依据，我们才能说趋势进入派发阶段，然后进入熊市。另外头肩顶的位置和间距不一定很完美地出现，就像初始供应、抢购高潮和二次测试不会完美出现一样。只要懂得了他们背后的含义，无论他们以何种面目出现，都能灵活地识别它们。我们看图 3.22 的例子：

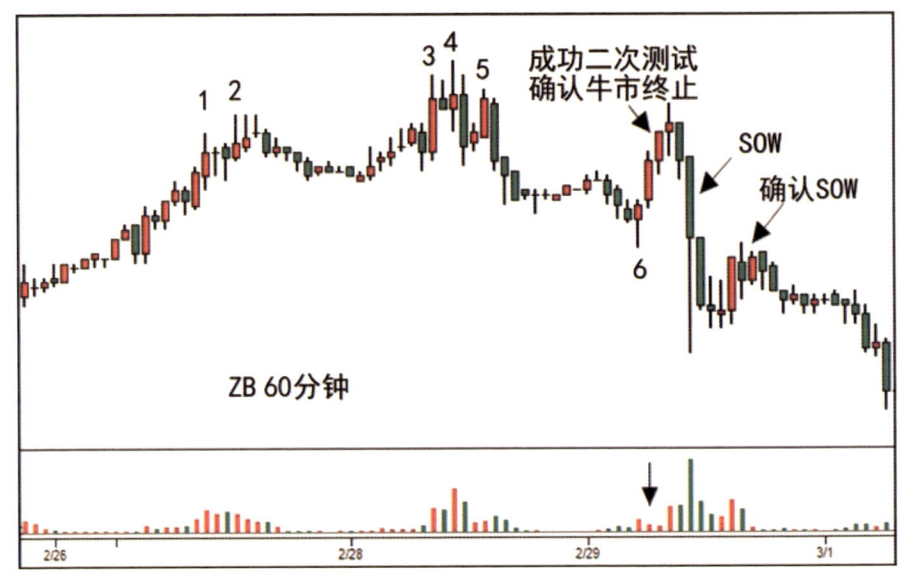

图 3.22

K线1和2是成交量增加和上冲回落,说明初始供应出现。但是接下来的低迷回落告诉我们价格还会继续上涨。紧接着是K线3和4的抢购高潮,对它的确认是后市不再创新高。K线5是二次测试,低量测试说明测试成功,牛市秩序被打破。接下来的新低开启了下降趋势的秩序。K线6是个弹簧效应,足以看出抄底的很多。接下来这波的上涨的速度以及最后一天爆增的成交量,说明这是个小型的抢购高潮,而这个抢购高潮(需求消耗),恰恰发生在派发区。

派发区现在是什么状况？那里已经有大量被套的大众交易者留守,他们此时的想法是回本(卖)而不是买,不会为价格的继续上涨提供需求。而小型抢购高潮又是一个大量消耗需求的行为。另外主力资金的行为特点是,不会花更高的价钱来解救顶部被套的大众交易者,他们会让价格继续滑落,直到恐慌抛售才建仓吸筹,因为那样成本最低。还有一种情况,即使他们看到了更高的价格目标,打算让价格上涨,他们也要先使用震仓等方式,让顶部被套的大众交易者在底部割肉,这样他们既能低成本收购股票,也清掉了顶部的压力,以便价格顺利上涨。这种市场内涵和主力资金的操作习惯告诉我们,上涨趋势的秩序不会恢复。后面的三低回落确认了抢购高潮,符合我们的判断，说明清仓行为恢复，接下来的SOW再次确认了供应的强劲。然后无量回升确认了SOW的有效性。头肩顶不是每天都出现，一旦出现并符合上述要求，等于市场给了我们做空机会。

上冲回落的派发模式

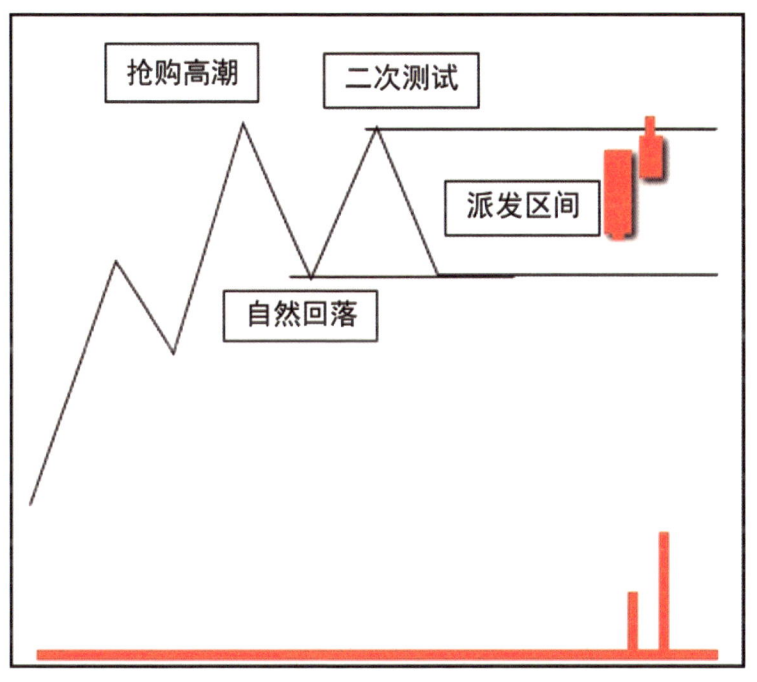

图 3.23

上冲回落的派发模式是比较特殊的一种，不是经常发生，但是一旦发生，就是个很好的做空时机。如图3.23所示，牛市中出现了抢购高潮和自然回落，二次测试确认表明牛市终止，然后市场开始形成震荡区。在震荡区右手边出现价格尝试突破阻力向上的现象。这个突破的特点是：K线相对缩短，但是成交量大幅上升，然后1—3根之内价格又回到震荡区。这种现象告诉我们这个震荡区是派发，不是吸筹。如果牛市中没出现抢购高潮，上冲回落是派发特征，然后出现长阴下挫的现象（SOW），表明供应主导市场，然后的低量回升是对 SOW 的确认。我们看个美元期货日线的例子：

如下图 3.24 所示，K 线 1 是抢购高潮，然后是自然回落。经过低量二次测试之后，牛市接近终止。这里有两次二次测试：第一次是从自然回落反弹起来的，强力反弹告诉我们主力资金在为派发筑底。这次测试的成交量很大，不是理想的二次测试，也不是牛市终结的证据，市场需要再次测试。第二次测试是从 X 反弹起来的上涨波，这次上涨的成交量大幅递减，是成功的二次测试，证明牛市接近终止。

观察从 Y 到 2 这一波上涨力度和成交量，猛烈上涨的势头应该让价格离开震荡区，但是缩小的 K 线 2 说明供应进来阻止了价格上涨，这是个努力没有结果的例子。这种派发区猛冲的现象的内涵：这个猛冲是人为制造的，目的是为了继续出货，突破不但扫光了空头的止损（空头平仓的行为是买入，有利于主力出货），也吸引了更多的大众交易者的资金投入（帮助主力出货）。

从 K 线 2 开始的上冲回落属于最后的派发测试阶段，它确认了左面的行为是派发行情。接下来 SOW 的出现，确认了上冲回落。如果做空，进场点应该在测试 SOW 的回升中。这个回升的特点是短 K 线和大幅缩小的成交量，确认了 SOW 的有效性，也是需求耗尽的体现。

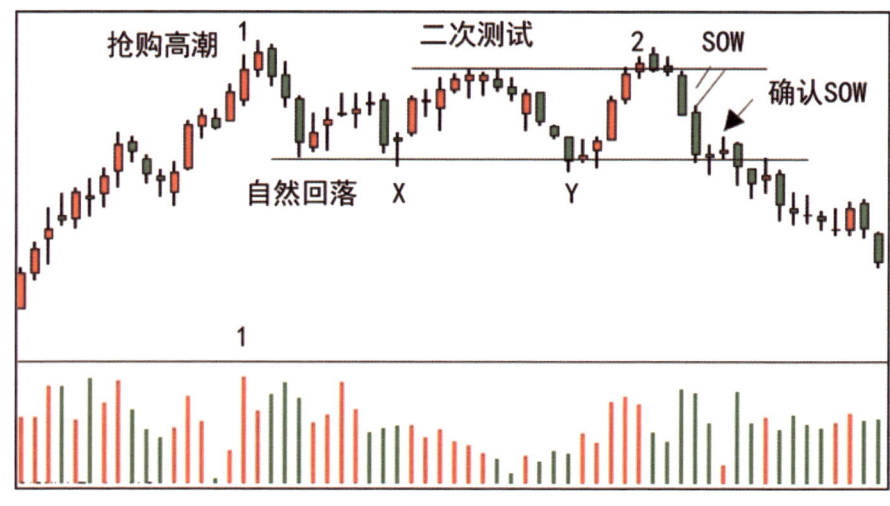

图 3.24

派发和破冰案例（一）

判断牛市接近终止，主要是看供应是否增加和需求是否减弱。这里我们先用趋势线的方法判断趋势的变化。我们使用的方法是50％原则和突破幅度减小的原则。如图3.25所示，XE是牛市通道，其中Y的回调没有超过前面上坡的50％，压力不大。观察上升过程中的突破（前面高点）幅度在缩小，在图上已经标出（横线）。尤其是C和E之间的突破幅度几乎为零。导致这种价格没有进展的原因或者是需求已经在减少，或者是供应的增强并超过了需求。这种现象出现之后，大家要小心，因为供求关系或者上涨趋势的秩序起了变化。接下来我们开始研究其他市场行为是否也出现了牛市疲惫的现象。

观察趋势通道。从B起来的上涨已经无法到达超买线，甚至无法超越中间线，说明价格已经无法正常上涨，或者说上涨乏力，这种压力来自供应增加或者需求减少。C之前出现了价格带量上涨失败的情况，这更说明了供应在扩大，我们可以称之为初次供应。同理AB的下跌产生了15.5万手，这波下跌的成交量高于以前的下坡成交量，也看出初次供应。

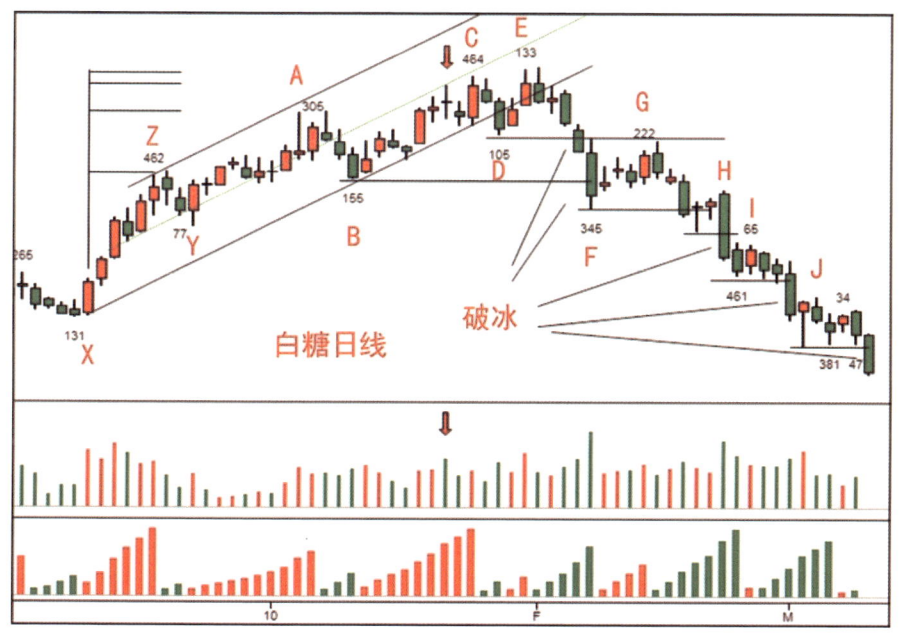

图 3.25

这里简单说一下风控，如果我们在Ｄ买入，进场的根据是牛市回调，我们买入的期待是需求持续大于供应，价格继续创新高。Ｅ到达Ｃ的供应区后，市场供应再次扩大，这个可以从Ｅ的放量上影线看出。因为Ｃ属于供应区（阻力区），当价格恢复上涨到这个阻力区的时候，需求应该扩大并战胜供应（应该增量突破阻力创新高），这是牛市恢复的证据，也是我们持仓需要看到的市场行为。但是我们看Ｅ后面的Ｋ线，没有上涨的跟随，说明需求已经耗尽，如果此时需求依然很大的话，我们应该看到增量阳线，或者回调立刻缩量的现象。再看累积成交量，ＢＣ这波成交量巨大，而ＤＥ波的累积成交量已经稀少，这也证明了需求的耗尽，我们应该考虑离场。

现在我们从派发过程的角度研究行情。ＢＣ这波，从普通成交量上看，没有出现抢购高潮的行为。从波形成交量上看，这个上坡产生了46.4万手的成交量，但是ＡＣ之间的突破幅度却远远小于前面ＺＡ之间的突破幅度，这是努力没有结果，导致这种现象的真正原因是供应在剧增，或者说主力资金开始大举出货。我们可以把ＢＣ当作抢购高潮。ＣＤ是自然回落，ＤＥ是二次测试，ＤＥ的成交量只有13.3万手，同前面46.6万手，已经大幅减小，说明需求耗尽，确认了牛市结束。

ＥＦ的大幅下跌是ＳＯＷ，它有几个特点：第一，这个下跌产生了34.5万手的成交量，是上涨以来最大的下坡成交量，这体现了非常强大的供应，同时ＥＦ强烈地突破了支撑线（破冰），说明供应彻底超过了需求。ＳＯＷ确认了主力资金在派发，也表明派发接近尾声，接下来我们需要市场对ＳＯＷ确认。ＦＧ是对ＳＯＷ的测试，只有22.2万手的反弹，没能突破冰线，而且反弹过程枯燥，没有看到强需求的表现，确认了ＳＯＷ的有效性。至此市场进入熊市。这里的做空点主要是破冰后的无需求回测。

派发和破冰案例（二）

判断上涨趋势中压力扩大的方式，我们用50％原则和突破幅度减小的方法。上涨当中，回调超过50％的时候，行情看跌；当回调不到50％的时候，行情看涨，这种方法要和其他市场行为结合才有效。使用的时候不能有教条和精准的心态，只要价格到50%附近，我们关注价格的停止行为和成交量大小。

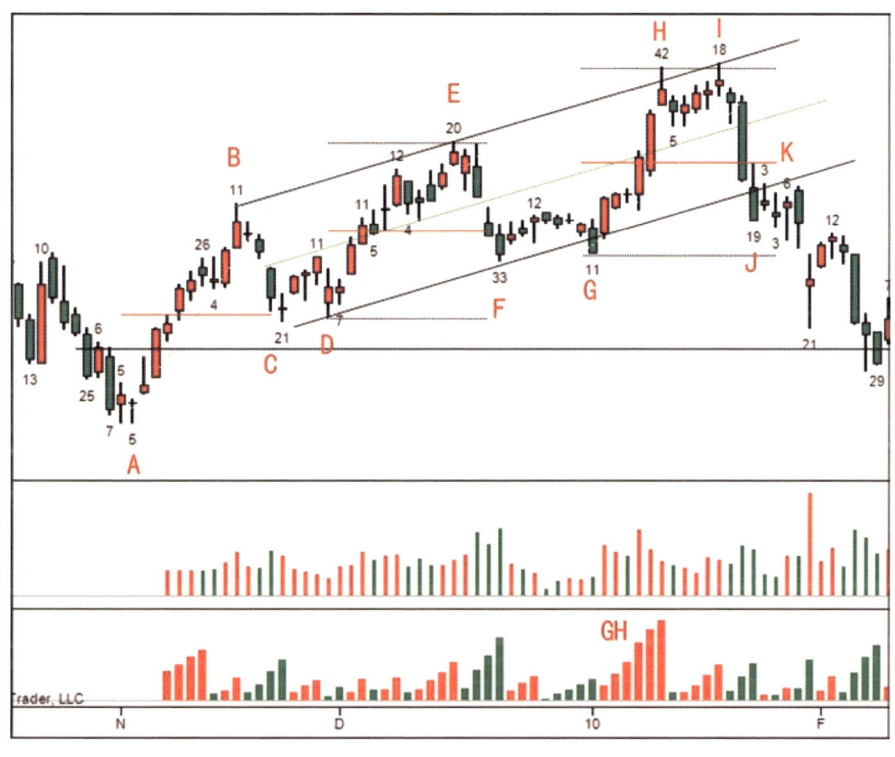

图 3.26

如图3.26所示，大背景是牛市。ＢＣ的回调不到ＡＢ的50%，这是正常回落，牛市在持续。ＥＦ的回调开始超过ＤＥ的50%，而且突破50%的成交量扩大，这是初次供应。ＩＪ的回调明显超过50%，说明供应已经严重超过需求。

ＧＨ的急涨以及扩大的成交量，是抢购高潮，这一点我们从波形成交量看得更清晰。这一波的抢购达到4200万手，这种现象告诉我们牛市即将到顶。Ｉ是二次测试，但是仅仅带来1800万手成交量，远远小于抢购高潮时的4200万手，说明需求耗尽。二次测试的成功确认了牛市的结束。

I 后面的长阴是 SOW，J 是跟随，并突破了支撑线（冰线），I J 这波是供应完全超过需求的现象。J 到 K 的无力回涨是对 SOW 的确认，从此市场正式进入熊市秩序。

第四节　总结

本章介绍了派发的过程和需要遵循的原则。我们描述了派发中的各种市场行为以及它们产生的后果。在分析案例过程中，我们特别介绍了突破幅度缩短（SOT），SOT 在以后的分析中经常出现，它是一个非常实用的停止行为，特别是在区间交易的时候，如果在支撑或阻力位出现 SOT，说明当前趋势可能停止。

抛开表象，顶部的判断主线是，无论有多大的需求努力，都无法克服顶部的供应压力，导致价格无法创新高。派发的最后观察是需求耗尽。

本章描述了如何识别和确认牛市的终止和熊市的开始，这对风险控制有着至关重要的作用。仔细阅读本章内容，会避免买在顶部的情况出现。即使买在了顶部，通过对派发过程的掌握，也能及时纠正错误。在分析中，我们也谈及在派发过程中建立空仓的位置。我们强调，任何震荡区出现的时候，要耐心等价格走到右手边并出现 SOW 时候，我们才能在 LPSY 阶段考虑进场。一般下跌的速度要快于上升的速度，所以做空的利润来到更快些。

如果想练习，多找些图，然后观察派发的过程和其中的市场行为，找出牛市结束的位置和熊市开始位置，并且锁定出逃和做空的位置。

第四章　持仓：洞察趋势的脉搏

第一节　趋势的脉搏

在本章，我们探讨如何跟踪趋势的脉搏。无论建仓、持仓还是平仓，都需要我们准确把握趋势的脉搏，从而在好中最好的时机采取行动。对于趋势的判断方法五花八门，然而多数方法都是让大众交易者感到遗憾的操作（比如技术指标和基本面）。那么我们到底应该如何从市场的自身行为当中把握趋势的脉搏？在找到这个方法之前，我们首先要了解趋势到底是什么。

从市场内涵来讲，趋势是价格所遵循的一种秩序，秩序的核心是供求关系。秩序的形成由供需两方面的力量决定，缺一不可。如果从资金活动角度，可以理解为：一个是资金流入的力度；一个是资金流出的力度。

- 从资金活动角度分析，要想保持上涨趋势，资金流入的力度要远远大于资金流出的力度。我们看到的上涨趋势中的回调，内涵就是已经持仓的买家有多少愿意成为卖家。

- 从市场行为原则上分析，价格上涨的时候，需求有努力也有相应的结果。而价格停顿或者回落的时候，供应或者没有增加，或者有努力没有结果。

- 从量价关系上分析，上涨趋势中的上坡成交量和价格上涨幅度是递增的，而下坡成交量和价格幅度是递减的。这是供不应求的具体表现。

在具体行情分析当中，我们不能机械地期待每根K线和成交量有完美的递增和递减的形态，而是应该从供求关系的细节上分析双方的强度。比如说上涨趋势当中，我们更应该关心阴线的成交量（特别是三低的成交量）。因为阴线的成交量代表供应的力度。三低是指和前一天相比，更低的高点，更低的低点，更低的收盘。

摸准趋势脉搏的因素有三个，第一是量价关系，这个属于表象信息；第二是资金活动情况；第三是供求关系。我们要从量价关系的表象信息解读出后两者。而后两者是读懂趋势的关键因素。下面我们用威科夫先生制作的几张图表来剖析趋势过程中的秩序和供求博弈关系，以及每个博弈细节。下面的案例是如何用供求关系跟踪趋势节奏。

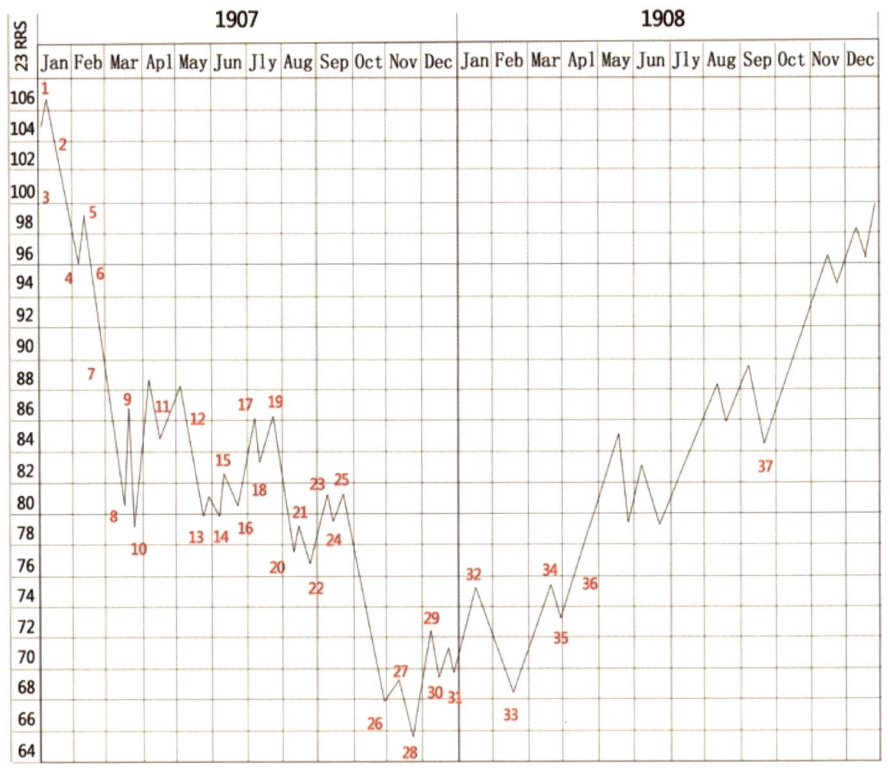

Movements of twenty-three Active Railroad Stocks.
1907 and 1908. Gibson's Averages. Moves of less than
two points disregarded.

图 4.1

图 4.1 是 1907—1908 年美国 23 只铁路股票的趋势（下方英文的翻译）。这个分析当中，我们没有看到 K 线和成交量，而是以价格走势为基础对趋势的发展和反转进行分析。用价格走势分析趋势之后，再把成交量因素加到分

析当中，能更清楚看到成交量行为的重要性。不使用 K 线的原因是让大家忽略 K 线的几何形态，而是直接从内涵思考市场趋势。因为一旦我们聚焦于 K 线的几何形态，就会被这些表象所吸引，而忽视了市场内涵。

图中第一行的英文简写代表的是月份（1月—12月），图中的波段描述的是每个月的总体走势。上面的数字是我们用来解释趋势脉搏的。

1. 这个行情起始于上涨趋势，然后迅速反转。

2. 供应的持续增加导致价格破冰。这个在持仓当中要特别小心。一个光头阴线大幅度突破昨天的最低点，这是非常明显的破冰行为，用小时图看得更清晰。这个时候必须启动保护措施，不要在乎账户盈亏。

  a. 破冰之后，市场进入熊市。为什么这样说？在冰层之上，套住了大量大众交易者，这些人此时处于后悔和恐慌当中，非常盼望价格起来帮他们解套。但是从主力资金角度讲，帮大众交易者解套等于自己要用更高的价钱吃进股票。很显然，这些主力不会这样做。因为这种做法不符合他们的利益。他们需要做的是耐心等待，当股票价格在大众交易者硬扛的过程中走到谷底，大众交易者因恐慌而低价抛售的时候，主力们才会开始收购。而确认市场处于熊市背景的是接下来的测冰或者无力反弹。

  b. 这里解释一下破冰。破冰是价格以极大的供应力度突破主要支撑。突破原因是支撑上的需求没有足够的能力完全吸收供应，导致市场进入供应控制的背景。破冰如果在顶部派发区出现，说明价格将会有很深的跌幅。破冰标志着熊市秩序的启动。

  c. 破冰之后，价格反弹去测试前支撑的时候，叫作测冰。如果测试过程没有出现强有力的需求吸收那里的供应（低量小柱），是个非常好的做空时机。

3. 价格继续下跌，没有看到有力的反弹或者测冰行为，这更说明市场很弱，需求严重不足。

4. 价格跌到96的时候有需求进入，导致反弹。这次反弹的力度可以告诉我们市场是否依然在熊市秩序当中。这里形成了暂时的支撑。反弹是让空头持仓感到害怕的时候，害怕是主观情绪作怪，或者说在关心账面的盈亏。但如果懂得市场的行为习惯，就不会紧张。因为反弹不代表反转，一个趋势的反转是需要一个准备过程的，至少需要一个二次测试。

5. 当价格反弹到99附近的时候，没有继续延伸，反而再次回落。说明需求推动价格的能力最大也就到这儿了。很显然，反弹第一腿需求努力不够，价格会出现回落，刺激新的需求。我们看能否形成第二腿反弹。接下来的关注点是96附近是否出现支撑的动作。我们要从支撑动作，判断买家是否对价格的未来还持有信心。比如量增的三高或Spring，就是不错的支撑动作。这次反弹如果是低量的弱需求反弹，就确认了熊市秩序。

6. 直接破冰，对市场的影响和2一样。在96没有任何支撑的动作，说明买家不看好这个价格，没有需求。熊市秩序持续。

7. 2月份收盘的时候，非常明显，市场处于熊市当中，这是背景。

8. 从5到8的这种下跌幅度上看，很明显市场进入了超卖状态，因为中间没有任何需求阻拦。为什么在8出现了强烈的反弹？因为超卖消耗了大量供应，导致在8的位置，供应进入真空状态，只要买单稍有增加，就会导致价格持续快速上涨。

> a. 8的这个位置是一个比较重要的支撑，在实战当中有了成交量的配合，我们更能确认市场进入恐慌状态（SC）。恐慌状态是清仓行为，代表当时市场大量的供应被消耗，接下来要关注的是清仓现象是否恢复。如果不再出现清仓现象，熊市暂时停止，趋势底部形成。能否进入吸筹状态，需要在接下来的走势当中确认。记住，这里是还在死扛的大众交易者的心理底线！如果再次强力突破，他们会崩溃，这种强力突破就是主力机构为了扫清障碍而进行的震仓。

第四章 持仓：洞察趋势的脉搏

9. 超卖必然产生自然反弹，9 这里是反弹能够达到的最高价位。价格要想进入上涨趋势，这个最高点必须被突破（JOC），否则价格依然在区间当中，没有形成上涨趋势。价格从这里回头之后，关注市场的清仓现象是否再出现，二次测试的质量可以告诉我们。

  a. 这里我们看到了不使用 K 线的好处。因为一旦反弹，大众交易者会盯着 K 线。想方设法从 K 线的形状当中找出判断理由。找到判断理由之后，期待的是下一根 K 线的形状，这样完全走入了表象交易。

  b. 如果没有 K 线，我们就很清晰地从上涨幅度上看出这次需求有多大，并且从接下来回落的最低点可以看出供应的力量有多大。

  c. 按照上述两点分析市场，我们走的是内涵这条线，这条线是决定市场进一步走势的核心因素。

10. 略微突破恐慌抛售底部之后立刻反弹，这是我们常看到的 Spring（弹簧效应）。很显然主力机构又低价收购了一批股票，因为那个突破行为造成了一部分大众交易者割肉离场。如果价格从这里开始进行一个有质量的反弹（K 线上出现三高行为），告诉我们这个底部支撑已经确立。这个有质量的反弹就是到达 50% 的位置（从 1—10），价格大约在 93 左右。一旦价格回到并超过这个位置，我们知道市场的底部已经确立。有了这个条件，接下来的交易就更明确一些。但是一旦这个反弹没有到 50% 的位置就遇到了压力或者需求本身失去能量，我们可以判断出市场真正的灾难还没到。

11. （10 之后的反弹高点）很显然没有形成上涨趋势的秩序。上涨趋势的秩序就是这里必须创新高。价格上涨到了 89 之后回到 84 附近，价格在创新高之后需要资金力挺才能保持上涨势头。但是因没有后续资金进来，导致回落。价格回落到 84 停止的时候，需求还有一次机会恢复上涨趋势。

  a. 其实上涨趋势就是需求在每个上涨的价位都完全吸收那个价位的供应，或者说是需求在上涨的每个价位上不断克服供应的过程。这个需求背后的动力就是不断涌入的资金。当这些后续资金断链的时候，价格会第一个做出反应。因为在新价位没有足够的需求全部吸收那里的供应，会导致价格滞涨，甚至回落。一旦此时供应压力出现，如果没有出现足够的需求来顶住和克服这个压力，价格会停止上涨，如果这种压力持续增强，而需求背后的资金不够，价格会进入下降趋势。任何时候，判断供求背后的动力的强弱是衡量市场健康的重要指标。

12. 很显然，价格没有创新高，上涨失去了一个重要机会。买方的后续资金没有上来，导致上涨停止，这里也没有形成上涨趋势需要的秩序。我们在实际操作过程中，可以使用价格的停止行为来判断上涨停止，比如上冲回落和突破缩短（SOT）或者有努力没结果。显而易见，在顶部价位88上的供应过剩，需求不足。能否有下次努力？这是个关键时刻，如果大笔资金涌入，吸收了全部供应，特别是在88附近的供应，价格会继续上涨；相反，资金没有进来，供应的压力一直占上风，那么熊市会恢复。

  a.在目前位置，价格趋向走低，但是需要破冰来确认熊市秩序的持续。当价格最终破冰之后，观察重点就落在了恐慌抛售的底部了。因为那里是危险区（最后的支撑底线），资金是否上来力挺决定着这波可能的牛市是否彻底死亡。如果没有资金上来力挺，价格也没有涨到93那里，市场已经非常清楚地告诉我们：最坏的行情还没有到来！

  b.从这段描述可以看出，在观察行情过程当中，我们的观察重点在关键价位的供求关系，而不是每根K线都去分析。这次熊市反弹出现的双顶（需要停止行为的量价配合）是做空的好时机。

13. 价格回到危险区过程当中出现了高支撑，说明底部依然有需求。这个需求能够产生多大的效果，或者说这个需求的能量能够持续多久，是市场能否进入上涨趋势的关键。

  a.高支撑的重要性，我们强调过多次。特别是在抛售之后的二次测试过程中，如果在高支撑位置出现了支撑的动作（Spring，SOT），市场在告诉我们两个信息。

第四章 持仓：洞察趋势的脉搏

  i．一个是卖方的态度。在高支撑价位之下，已经没有人愿意出售股票，或者说买方想买的话也买不到，反映一种供应耗尽的现象。而供应耗尽是预测下一波上涨的最主要的依据。

  ii．另一个是买方的态度。他们在提高自己的最低收购价。从这里可以看出买方人气的上升。也就是说当时的市场背景中需求依然强劲，需求强劲是判断下一波继续上涨的核心因素。结合上述两点，根据这种供求关系就能提前为市场的继续上涨做准备。这就是使用市场行为内涵最大的优势（根据当前供求关系预知下一波走势，并且提前做准备）。价格是表层，供求关系是基础，我们通过分析当前价格的基础，来预测下一步价格的走势。

14. 第一腿反弹非常的虚弱，很显然，需求没有挺住。这种情况下，我们寄希望于回落。如果回落非常弱，说明供应没有上来，价格还有上涨的机会。在判断价格是否继续上涨的时候，思维的重点在于市场的供应有没有上来。只要供应弱，思维中坚持一种继续上涨的倾向，这样就不会被当时的各种K线形状影响判断。

15. 这次的新高是一个好现象，让我们初步看到了上涨的秩序。当然这种秩序还需要无供应回落来确认，而且必须高支撑（前面已经说过高支撑的重要性和内涵）。

16. 价格回落停止于高支撑，确认了上涨秩序，由此判断价格会继续上涨。

17. 价格继续上涨并创新高，说明价格已经处于上涨的秩序当中（当前是局部上涨秩序，因为价格还处于区间中）。很显然前方面临12那里的阻力。也就是说价格涨到那里的时候，需求本身不能萎缩，并且压力出现的时候，需求要能扛住（抗压能力），不让价格大幅度下跌。只有努力突破前方的压力区，价格才能进入更大的上涨趋势和秩序。

18. 小幅回调，价格上涨当中，没有出现供应压力，这是价格继续上涨的依据。在这里多头更期待价格创新高。

19. 但是价格走势没有满足多头的心愿，形成双顶之后回头。说明在17那里的供应力度依然存在，市场的需求没能力克服那里的供应。此时价格依然在大的区间当中，而且连区间顶部都没有达到，说明需求能力的不足（在上方压力面前）。也就是说价格没有能力立刻离开区间交易，牛市秩序没有最后形成。这种情况告诉我们需求力度在消失，会导致下跌。18—19这里形成了一个小区间，一旦向下破冰，更确认了市场的弱势。我们不要忘记，现在市场的整体背景还是熊市。在熊市当中需求的努力无果，或者说需求逐渐消失，说明熊市背景没有改变。这个双顶又是个做空时机。

20. 价格突破了18之后，下一个支撑是80左右。但是价格在80再次破冰，导致市场恢复了清仓行情，也恢复了下跌趋势的秩序。

21. 这个反弹就像13那里的反弹一样，是个需求不足的反弹，没有买家追高，这会导致价格回落。

22. 这是个Spring，但是不要忘记此时的背景是熊市。所以这个Spring不能当作正常的Spring使用。要是有成交量观察的话，如果这个Spring量大，说明供应在价格突破的时候依然大，这种行为不是上涨中的行为，必须等待二次测试。这种Spring即使带来反弹，也是给聪明钱提供高抛（做空）的机会。

23. 这次价格创了新高（和15一样），给了多头鼓舞。我们等待回落确认供应是否不足，促成上涨秩序。

24. 小幅回落确认供应不足，这是价格继续上涨的依据。期待价格创新高（进入更高的上涨趋势秩序）。

25. 价格回头，没有能力创新高，无法延续上涨趋势的秩序。这次的反弹跟19和11相比，上涨能力更弱，反映了一种需求不足的现象，市场依然处于熊市背景当中。

26. 价格直接破冰，市场恢复清仓状态。但是这么大的下跌幅度告诉我们这是一个超卖行情。超卖必然有反弹，反弹之后的回落力度才能确认下跌是否暂时停止。这个类似恐慌抛售行为，说明一些大众交易者已经因为恐慌而割肉。那么还有一些死扛不卖的大众交易者，这个恐慌抛售的低点就是他们心理底线。一旦突破会导致他们割肉离场。恐慌抛售迅速消耗当时市场的供应，导致快速反弹。

27. 这是个虚弱的反弹，需求不足，让我们的注意力转移到接下来的回落上（这是一种交易员思维习惯）。恐慌抛售导致当时市场的供应急剧减少。这个时候只要需求稍微加强，就会看到比较有力量的反弹。但是这种反弹告诉我们市场的买家对这个超卖行情没有反应，很显然主力机构还在等更低的价格。

28. 价格突破了恐慌抛售的底部，导致了新一波的割肉行情。这个持续恐慌的行情是否造成市场真正出现供应耗尽状态？如果是，会出现强有力的反弹。

29. 这次的反弹创了新高，证明了供应耗尽和需求的持续走强。趋势线（供应线）被突破，告诉我们供应不足，也确认了市场的临时支撑。接下来我们看回落是否反映供应开始耗尽。其实每次的上涨都是在消耗供应，如果在上涨中把供应消耗得差不多了，那么回落就会看到供应耗尽的现象，这种现象就确认了上涨趋势的秩序。这个当中我们提到了趋势线突破，是做反转的一个条件。认真坚持趋势线突破就能避免很多盲目在左手边做反转的操作，违反了左出右进的好中最好的原则，做空做多都要关注趋势线的突破。

30. 回落到高支撑停止下跌，表明需求的强劲，供应不足，确认了上涨秩序。期待价格进一步上涨。

31. 价格反弹无力，导致二次测试。二次测试出现无供应回落，表明价格会继续上涨。

32. 创新高，非常符合上涨秩序的延续条件。

33. 这种情况我们在实战当中经常碰到。就是说刚刚进场不久，正在紧张盼望市场进一步上涨的时候，价格突然大幅度下跌。这种情况经常造成持仓者的恐慌情绪，特别是在牛市的初期，出现了这种大尺度的下跌，让多头怀疑这次上涨又失败了，市场又恢复了熊市背景。很显然，这种下跌幅度打破了上涨趋势的秩序。

> a.在交易当中遇到这种现象，采取的方法有两种。第一种是无奈割肉走人。第二种是给市场留有一些空间，看到这种情况之后立刻在下方找到主要的支撑点，并把止损设好。然后让市场自身行为告诉我们这个大幅度下跌是否属于震仓行为。如果接下来出现快速反弹，就证明了这是个震仓行为，也告诉我们市场的上涨背景依然存在。

34. 急速反弹告诉我们这次急跌是震仓，目的是为上涨扫清障碍。虽然这次上涨没有创新高，但是我们更多关注的是急速反弹，因为它能显示前面的下跌是震仓，而后面无供应回落确认了震仓。然后价格会继续上扬，因为震仓已经导致供应耗尽，需求依然在主控市场。

35. 这是对震仓的确认，因为前面的大跌产生的大量供应被后面的急涨迅速吸收，低迷回落告诉我们没有新的供应出现在市场，我们判断需求依然主控。

36. 现在价格又回到了前面的供应区，那里曾经有足够的供应挡住了价格上涨。价格回到这里时，我们要看需求能否把这里的供应全部吸收，并且推动价格大幅度地离开供应区，然后进入上涨轨道。

37. 价格进入上升趋势之后，一直没出现有力度的回落，表明需求完全主控市场。在37出现了一个新低的回落现象，造成多头恐慌。我们也做好应急计划。如果后面出现JOC，我们持仓，如果进入TR，我们考虑减仓。这里可以采用33那里的震仓行为的解决方式。

以上是一个以市场内涵为基础的趋势跟踪过程。描述了怎么看待市场中出现的特殊行为，以及如何利用这些特殊行为预测后市发展。这种方式适用于任何时间框架，无论是日线、周线还是月线，或者小时、分钟线，对市场行为的解读方式都是一样的。

贯穿整个趋势的是需求和供应，趋势的形成需要供应和需求之间不平衡的秩序，只有这种秩序存在，趋势才存在。如果这种秩序被打破，那么现有的趋势也就会出现改变。观察这种秩序最核心的因素就是成交量行为和价格行为。其中成交量行为更重要，因为它反映的是市场的资金流动。价格只是资金流动的一个结果。通俗点说就是买家的人气和出货压力之间的关系。需求大于供应，价格上涨，或者说需求主控之下的市场，只要价格停顿之后没有足够的供应出现，价格会不断地形成高支撑，继续创新高。研究趋势，其实是研究价格回调或者反弹的供求关系和抗压能力。市场方向的真正暗示来自走势面临极大压力的情况下的抗压能力。因此，深挖抗压能力之后的博弈过程是判断行情的核心。

掌握趋势内涵最难的部分就是具备解读市场行为的能力。培养这种能力没有捷径，只能从长时间的实盘练习当中研究。如果说捷径，有一种捷径就是融入一个真正研究并依据市场行为交易的专业交易团队，并在专业交易员指导下成长。很可惜普通投资者能够获得这样机会的非常少，而且目前我国金融市场上所谓的专业机构又特别的少，所以学习市场的内涵只能靠自己长时间的摸索。这本书的用途帮助大家打开一扇窗，让大家通过这扇窗接触到市场的自身行为，并且沿着市场自身行为这条路进行研究和实践。这本书所展示的是一种判断市场的思维角度，而不是那种圣杯似的交易绝招。金融市场上没有圣杯，最后能够走到财务自由境界的，是那些愿意花时间和精力潜心耕耘的人。

还有一种方式也能帮助大家提高解读能力。我们挑选一些带有典型市场行为的行情，让大家锻炼解读这些市场行为和模拟交易，在交易之后由专业交易员为大家进行点评。这种方式也是需要长时间的训练，逐渐让解读市场行为成为直觉和常识。

下面继续看一个以市场内涵作为判断基础的趋势跟踪分析（图4.2）。这个也是威科夫用来分析趋势跟踪的案例。大家在阅读下面的分析的时候，要联想到在实战当中如果碰到这种情况，该怎么处理？

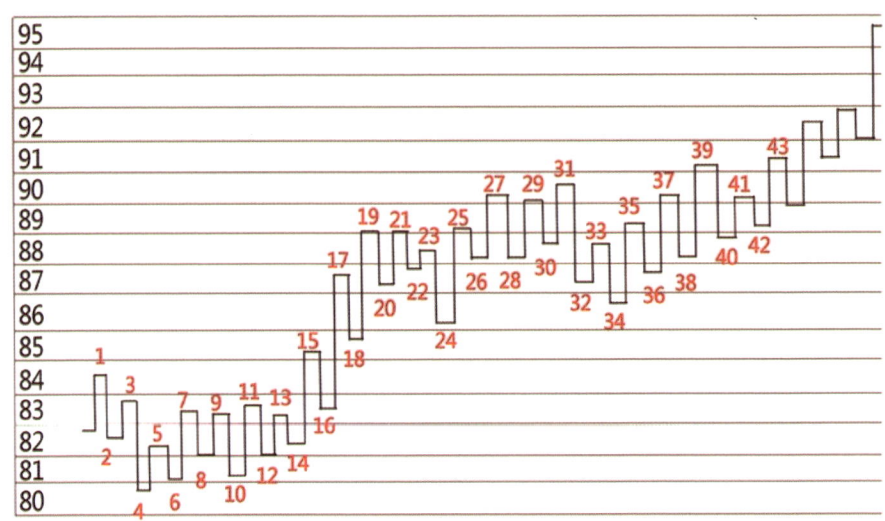

图 4.2

图 4.2 1909 年 5 月 2 日到 8 日的美国熔炼公司股票

1. 价格快到 85 的时候停止上涨，开始回落。回落的幅度告诉我们上涨趋势能否继续。要想继续上涨的话需要回落停止于高支撑，而不是破冰。

2. 这次回落破冰告诉我们继续上涨所要求的秩序被打破。那么现在的市场背景是下跌，如果接下来反弹无力，没有创新高，就确认了下跌趋势的秩序。

3. 反弹没有创新高，需求不足导致。而当前是下跌背景，需求不足会导致价格继续下跌。

4. 价格冲破支撑破冰，市场处于下跌趋势秩序。到了这种地步，我们只需关注下跌趋势秩序就行。对下跌趋势秩序的确认就是反弹无力，或者说无需求反弹。

5. 这次的反弹确认了下跌秩序。反弹力度把价格推到了 50% 的位置。如果接下来的回落没有破冰。市场的下跌趋势秩序被打破，确认 4 成了临时支撑。

6. 如果下跌趋势的供求关系秩序依然存在，反弹之后会继续破冰，这也是我们空仓继续持仓的一个根据。但是在这里市场没有破冰反而停在高支撑

第四章 持仓：洞察趋势的脉搏

位置，告诉我们下跌秩序没有延续，现有的趋势受到了威胁。

- 高支撑给了我们两个信息，第一是供应不足，卖压没法把价格压到冰下；第二市场的需求在持续扩大，买家已经不等到更便宜的价格就出手了。进入上涨秩序的条件：首先接下来价格要出现新高，然后回落不再创新低，并且低量（如果有成交量做参考的话）。

7. 当价格突破82的时候，我们知道新的支撑得到确认。这是个非常重要的预测上涨的信息，因为我们看到了市场的供应遇到了更强的支撑，反映了市场非常强的抗压能力。我们期待在接下来的回落中对上涨秩序进行确认。

8. 回落没有创新低，确认了上涨秩序。要想维持这种秩序，接下来必须创新高。我们在持仓过程当中，如果看到接下来价格没有创新高，立刻缩减仓位止损。

9. 这次推动价格上涨的需求不足，无法吸收顶部的供应，导致价格卡在那里，没法创新高。市场到这里还有一次向上冲的机会，那就是回落必须无力，而且不能创新低。

10. 顶部产生的卖压导致破冰。到此市场在警告我们，趋势可能反转向下，多头此时应该做好撤离准备。一旦没有新的买方资金注入，市场反弹虚弱，后市价格会更低。所以下面关注重点是底部是否出现更大的需求。目前10的位置依然处于整个趋势的高支撑位置，这次猛烈下跌能否形成震仓，就看接下来的反弹力度。从风控角度看，如果市场自身行为显示出危机现象，我们唯一要做的就是准备离场。这个时候不要考虑账户，当时亏多少赚多少都不是我们要考虑的重点。我们现在要做的就是离开雷区，避免灾难。

11. 反弹创新高，确认了震仓行为。要确认市场是否进入上涨趋势，接下来必须是无供应的回落。

12. 这个回落停止于高支撑，这是对买方的利好信息，需求在保持力度，供应不足。

- 到这里，可以确认10是个震仓，把市场的供应全部消耗掉，导致市场再次回落的时候没有创新低，所以12这里是一个进场点。注意！关键是进场之后，我们首先要看到的就是新高，因为新高代表牛市秩序的延续，然后用无供应回落确认这个秩序。如果我们没有看到这个秩序，说明现在的市场背景不是多头能够生存的背景，我们必须离场，不侥幸，不幻想。市场不在乎人的侥幸和幻想。

13. 需求没有持续到前高点就疲软，导致价格无法创新高，卖压对牛市是个威胁。到此我们必须缩减仓位止损，或者出掉一部分仓位。如果后面回落停止于高支撑，说明卖压没有持续，威胁解除，突破死角之后再进。我们时时刻刻记住，资金进入市场就等于进了雷区，时时刻刻保护自己才能活下去。

14. 这是个有效的高支撑，是市场进入牛市秩序的起点，一旦价格突破这个死角，市场进入上涨趋势。

15. 干净的创新高动作，顶部的供应被吸收，压力解除。需要回调无力才能确认上涨的供求秩序。

16. 回落止于高支撑，上涨秩序存在，确认了牛市背景。这个是跳过小溪（JOC）后的有效回测，最佳进场做多时机。如果以前在底部已经做多，这里是一个非常好的加仓时机。

17. 继续创新高，牛市秩序持续现象。期待无供应回落来确认。市场的行为是一环扣一环的，我们对下面的每一步都要有所预判和期待，并对这种预判和期待提前做出交易策略，让我们自己始终走在走势的前面。底部进场的止损现在应该移动到16下方。

18. 价格停止于高支撑，确认牛市秩序和需求主控。

19. 继续创新高，保持上涨秩序，我们期待无力回落，以确认上涨秩序。前面多仓的所有的止损应该移动到18下方。

20. 回落无力确认秩序。到目前位置价格已经涨了8个点，如果市场出现回落，必须保持在4个点正常回调之内，才能维持价格继续上涨的供求秩序。

21. 和9一样，供应压力出现，价格在前高点出现卡住现象。很显然市场缺乏足够的需求把价格推上去。我们在实际交易当中，遇到这种情况之后，首先要做好风控措施。能够让我们拿住这一单的条件是接下来的回调必须是高支撑，然后创新高。如果不满足我们期待的条件，就要准备撤离。撤离的时候不要考虑账户上的盈亏。从这两个案例分析中看出，上涨趋势中的回调是持仓所需要的必要条件，因为回调可能确认继续上涨的秩序，所以对于回调，我们不应该紧张和惧怕。回调对操作上的影响在于多头是否持仓，而不能去考虑做空（做空有做空的背景和条件）。

22. 回落是高支撑，这次的压力威胁不大，如果接下来创新高，说明上涨的供求秩序恢复。只要这种秩序存在，价格就维持在上涨趋势当中，这个是我们持仓的根本依据。

23. 非常遗憾，价格没有走出去，而是停在了低于前高点位置，继续上涨需要的秩序没有出现，缩减仓位止损或者部分仓位离场。

24. 卖压增加导致破冰。如果按照整体上涨的50%来算，位置在85左右，这次还没跌到那里。属于总趋势的正常回调。

- 当价格上涨相当长的一段距离之后，回落到涨幅的50%位置，告诉我们趋势的第一阶段结束了，但是如果回落没有到达50%位置就停止并向上反弹，告诉我们需求还没有消耗到无法抵抗卖压的程度，并且卖压也没有足够的能量把价格压到50%的位置，所以现在如果在24的位置能够挺住，我们相信价格还会继续上涨，确认的依据是创新高和低幅回落。

- 另外，在实际交易当中，这种情况有时候是小恐慌抛售（SC），这一点用成交量来配合。如果是SC，说明这一波回调结束了。在二次测试的时候，如果符合条件，我们可以把撤出的仓位再补上。

25. 这是第三次回到供应区，前面因为出货压力的扩大导致19和21都没有冲过去。这次触顶同样是需求不足，无法抵挡卖压，导致价格卡在这里。那么价格能否冲上去的希望就落在了回落的表现上。回落无力是继续上涨的条件。此时持仓者要密切关注接下来的回落力度（并且不能创新低）。

26. 这个是高支撑回落，表明供应这次没有产生足够大的压力，符合继续上涨的供求秩序，价格有了新上涨机会。

27. 价格顺利创新高，价格终于创最高点，牛市秩序的第一个条件达到，还有需要一个确认条件是回调无力。

28. 深度回落保持高支撑，说明底部价格的需求依然保持力度，但是回落力度太大，所以我们认为此时还没有形成上涨趋势，属于上涨中的整理阶段。上涨当中区间的处理，保守的方法是注意两端的行为。要想继续涨，上方必须跳过小溪，或者下方出现震仓行为。当然，两者都需要二次测试来确认。

29. 这次上涨没有出现跳过小溪，告诉我们市场依然处于区间阶段。很明显需求还不够强大，买家的人气不足。这种现象直接告诉我们后市或者反转，或者深度回调。此时如果持仓，注意止损保护。

30. 价格依然在区间内部活动。一个好现象就是高支撑。目前为止，市场处区间阶段。结束区间的几个方式有跳过小溪，震仓，或者破冰向下。

31. 价格创新高，说明牛市有恢复可能。这次突破需求不够强大而产生突破幅度缩短，这种现象会产生回落。如果回落无力，价格会有继续上涨的机会，否则会导致深度回调或者反转。到这里，首先我们不能进场做多，而且如果还有仓位的话，必须缩减止损，准备走人。

32. 突破幅度缩短导致深度回落。这次是破冰造成新低，止损走人。目前价格依然在区间当中，这次的猛跌是否是一个下跌趋势的开始，我们还要看造成继续下跌的供求秩序是否形成，就是反弹无力。

33. 反弹因没有持续需求而夭折，继续下跌的秩序形成。如果要恢复牛市，需要新的需求在下次反弹中把价格推到新高。

34. 反弹夭折后的新低，到此趋势进入下降模式。这次趋势的背景转换（COB）发生在31—32。因为那里压力出现后，没有需求进入反抗，反而是反弹无力。一个最大的问题是目前还在 TR 当中，现在面临破冰。

35. 价格反弹并创了新高，这是上涨秩序要恢复的第一个信号，需要回落确认进一步上涨的供求秩序。快速反弹证明了前面的急跌是超卖行为。

36. 高支撑回落，确认了需求的强势，继续上涨要求的供求秩序完成。

37. 创新高，牛市秩序继续，接下来看回调过程强弱。我们在持仓当中，不要惧怕回调，回调是趋势的朋友，回调可以确认趋势是否还存在。从这个角度看回调，就不会被回调的中K线影响心态。

38. 回落到高支撑，符合上涨秩序，价格会继续上涨。

39. 再次创新高，需要等回落力度来确认是否继续上涨。

40. 高支撑回落。37—40 这个阶段表现出现强势牛市背景。

· 注意：从 34 到 39 的这个上涨过程是一个循序渐进的恢复过程。这种过程更体现了真正的上涨秩序。如果从 34 那里直接一根大阳线冲到顶部，这种情况不是一个健康的上涨，因为这种急速的上涨，让我们感觉到市场把上涨需要的力量一次就消耗完了（如果实战当中出现这种情况不要兴奋，而是要做好危机处理方案。市场很多的表现和普通人情绪反应是相反的）。

41. 反弹中途夭折是对上涨秩序的威胁，这次明显需求不足，需要回落补充新的需求。

42. 回落出现高支撑，供应不足，立刻把危险解除。上涨秩序的起点出现了，我们需要看到 JOC 来延续上涨秩序。

43. JOC 出现，上涨秩序得以延续。

每读一本书，我们不是跟着作者的叙述往下走，而是应该总结一下读到了哪些市场内涵信息。比如在上述案例的解释中，我们应该学到的是趋势中的危机解决方法，以及看待回调的态度和角度。

· 我们持仓当中看到价格没有创新高，说明让我们持仓的秩序有瑕疵。一旦看到这种瑕疵，首先要做的是保护已经获得的利润。这种瑕疵要想解决，压力不能下移，也就是说回落必须没有供应。

· 牛市的回调当中出现了新低，持仓者会感到害怕。害怕就是情绪，对交易没有任何的帮助，只能起破坏作用。我们应该仔细去观察这次的新低有没有恐慌抛售行为？这个新低是否是局部新低，是否威胁到整体牛市的健康（也就是还没有回到上涨的50%位置）。那么这种新低所造成的危机的解决方式就是接下来的反弹以及无力的回落。

・如何跟踪趋势，以及如何设立跟踪止损。很多人对持仓掌握不好，主要原因是对组成趋势的秩序不清楚。要想完全掌握这个秩序，从理论上供求关系是最主要的，然后就是在实践当中学习如何识别这些供求关系。回调是趋势秩序的一部分，或者说是趋势的兄弟姐妹，也是我们判断趋势的秩序是否被打破的重要来源。

・持仓的时候观察行情，自己首先要知道看什么。哪些行为对持仓不利？怎么解决？哪些行为对持仓有利？

a.价格回调是持仓者感到不舒服的时候，此时思维中应该是观察回调如何走向结束，而不是看到回调马上想到账户的盈亏，而且眼睛盯着K线，盼望着K线按照自己希望的方式走。任何时候，只要开始盯着K线，就是情绪交易的开始。

b.而当回调当中出现高支撑的时候，这本身对牛市恢复是个正面因素，但是人们沉浸在账户上利润减少的恐慌当中，完全忽视这个正面信息的出现。另一种情况就是在希望牛市赶快恢复的死扛当中，价格出现了量增三低的现象，自己当时完全忽视这种危险增加的行为，而总是想着回本的问题。

c.三低是指与前一天相比，价格出现了更低的高点，更低的低点，更低的收盘。如果成交量和前一天相比是增加的，说明供应大于需求。

在解读行情的过程中，有时候价格行为很明显，这个不用担心。有时候看到行情与我们的期待相悖，就会影响情绪。当这些不利因素出现的时候，如果我们不懂用市场理论去解决，最好远离市场。因为这些影响情绪的市场行为才是交易中的障碍。懂得他们的内涵和解决方法，会变不利为有利，否则会被牵着鼻子走。没有任何一个图表能够完全告诉我们怎么做，但是图表提供了很多提示信息。这些信息原本在大脑中非常模糊（或者没有理解透），通过图表的演绎，结合市场的基本原理，我们就能更清楚地判断市场方向，并且付诸行动。

上述案例，我们没有从K线的角度分析市场，而是从市场自身的内涵分析市场。这种内涵的角度是我们判断下一步走势的核心。对市场内涵的判断渐渐地要成为我们交易当中的常识。也就是说看真正的量价行情图的时候，这种内涵的判断，一定要存在我们的思维当中。这样让判断能够顺着市场内涵这条线进行，避免受到K线形状等表象的影响。接下来的章节中，我们将要用实际的行情案例对趋势进行解读，我们的解读将覆盖上述市场内涵，同时我们要加上成交量的因素。

把资金投入股市，就像投资一个项目。投入后我们要监督这个项目的运作。当这个项目运作得不好，或者遭遇重大危机的时候，我们是决定撤资，还是等待危机解除，关键问题看危机的性质是否特别恶劣。股市投资也一样，持仓就是在看到危机苗头的时候，决定拿着还是平仓的问题。很多交易者对持仓感到头痛的原因有两点：一个是心理素质的原因，一个是太受表象影响的原因。

第二节　上涨趋势中的持仓和移动止损

处于上涨趋势，是价格走势遵循的上涨趋势所要求的一种秩序。这个秩序的主线就是供应不足和需求保持强势。导致价格上涨停顿或者回调的最主要原因是需求出现不足，表现为上涨节奏开始迟钝，量递减。我们在持仓当中就是要关注有哪些市场行为会影响当前的秩序。还有哪些行为还没有到影响秩序那一步，但是表象已经严重影响了持仓者的情绪，导致恐慌或者冲动操作。

- 普通回调的处理细节。
- 急速回调的处理细节。

- 小碎步缓慢上涨和量递减的处理细节。
- 突然出现长上影线的处理细节。
- 巨量出现后的处理细节。

上涨当中的回调是市场的一个自然习惯，我们主观思维上如何不承认，回调也会发生。除了时时刻刻衡量上涨秩序之外，另一个重要原则是要给市场回调一个允许的范围，在这个允许的范围之内，我们主要观察成交量的变化。这个允许的范围包括：最后一波的 50% 以上，上涨趋势线以上，或者顶部小区间的底部之上。有了秩序和允许范围的原则在思维当中，回调就不可怕。

案例（一）上影线的处理，吸收的判断

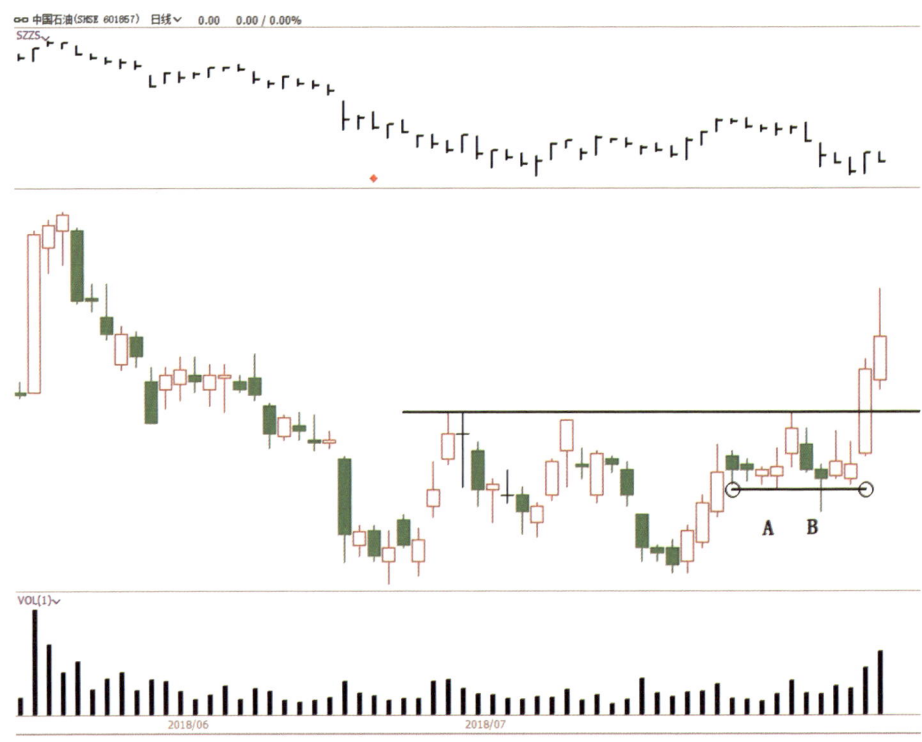

图 4.3 中石油日线（2018 年 8 月上旬）

第四章 持仓：洞察趋势的脉搏

中石油经历了底部的吸筹过程之后，进入上涨阶段。A 和 B 的回落与前几次的重要区别是：价格在强势上涨之后挺在了高位，说明浮动供应已经稀少。是这种现象告诉我们吸筹结束，上涨在即。假如我们在 B 的 Spring 进场做多了。现在价格吸收了阻力区的供应后，持续上涨，说明了需求的强势，市场在延续牛市秩序。上涨的过程中，持仓当中遇到的第一个麻烦出现了：放量上影线。

从放量新高的角度来看，需求依然大。而低收盘告诉我们在顶部遇到了无法吸收的卖盘。这种压力最大限度把价格压到了收盘价那里，而收盘价下方需求依然大于供应。如果这种情况引起了回落，我们要看这个压力是否持续，再做决定。如果明后天的回落，量特别小，说明压力没有持续。另一方面也确认了牛市的秩序，价格会继续上涨。

如果我们是主力资金，经历了一个多月的吸筹，不会刚涨起来就派发，不符合主力资金的操作风格。

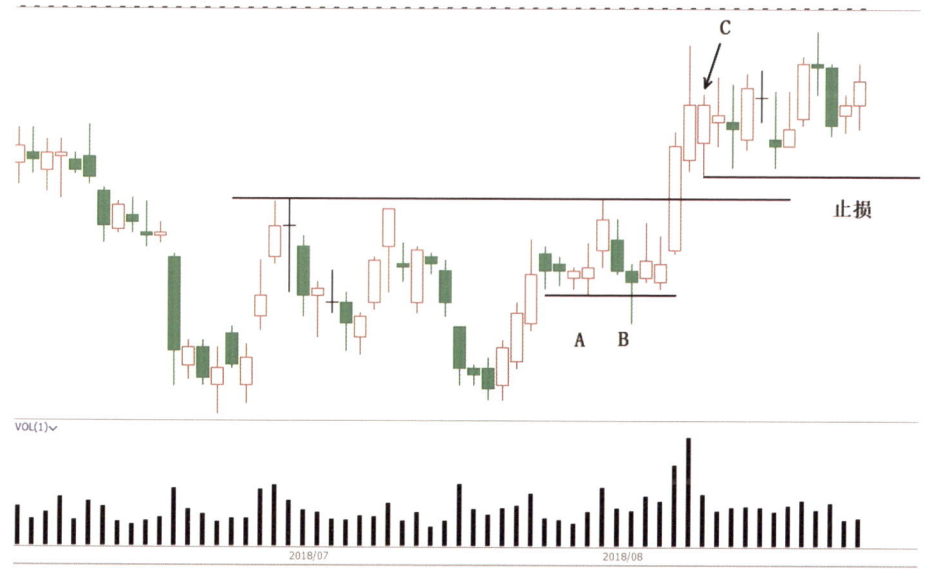

图 4.4 中石油日线图

如图 4.4 所示，回落立刻缩量说明供应压力没有持续（C），对牛市秩序没有产生威胁。在盘整当中，凡是下跌的日子压力都小于上涨的日子，而且逐渐形成高支撑，这是吸收。有一天出现了较大卖盘，但是第二天立刻被吸收。虽然说是吸收现象，但是价格没有新高，不符合牛市的秩序。为保险起见，我们还是把止损上移到区间的底部。

这段行情当中，我们没有看到无法克服的压力，而且高支撑告诉我们吸收即将结束。如果继续创新高，那么牛市进入第二阶段。

如图4.5所示，中石油结束吸收阶段继续上涨。涨到E的时候，成交量递减，价格上涨迟钝，表明需求不足，这种情况会引起回落。需求不足的情况下，如果回落压力过大，对上涨趋势的秩序造成了威胁。

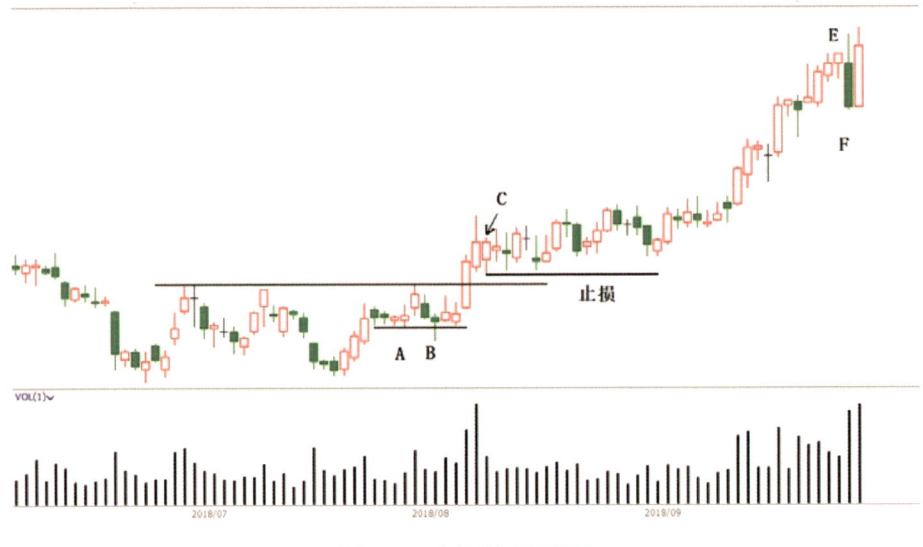

图4.5 中石油日线图

F当天出现巨量交易。这一天先是突破创新高，继续吸引买家投入，后面的快速下跌吞噬了三天的涨幅，这是非常清晰的警告。更严重的警告是第二天的巨量，告诉我们市场进入抢购高潮阶段。价格没有创新高，说明这么大成交量里面，供应占上风。此时第一件事情是缩减仓位或者缩紧止损，另外此时的利润已经足够多，可以离场了。

案例（二）回落量增，上影线的处理，移动止损

下面我们来看思源电气 2018 年 2 月下旬的日线图走势。

图 4.6 思源电气日线图（2018 年 2 月下旬）

在底部，市场经历了恐慌抛售、二次测试、震仓、强势出现以及确认后，进入上涨阶段。假如我们在强势确认后进场做多。

• A 的前一天，是在长阳之后创新高，但是这一天的量和长阳那天比迅速减小，这是需求不足的特征，会导致回落。观察回落是否携带大量供应。

• A 这一天的回落卖盘增加，这是持仓者应该注意的地方。特别能够影响我们情绪的是这下跌幅度相对深，这是压力增加的现象，必须移动止损，或者是最近一波的 50% 位置，或者 50% 之上的主要支撑位置，比如 VDB、JOC 线，等等。A 之后的一天量迅速减少，说明压力减轻。我们等待反弹过程。

• 回测小溪线之后立刻上涨（Spring，量增说明当时是小型恐慌抛售），这是需求强劲的特征。但是涨到 B 的位置出现了卖盘增加的情况。上涨中的

上影线本身不表示反转，只是卖盘增加。这个卖盘对市场其他的参与者有什么影响，还要看接下来的二次测试。

- 后面几天迅速减少的成交量告诉我们，供应没有增加，对市场的上涨秩序没有威胁。我们期待价格继续上涨。
- 但是当C出现的时候，巨量表示买方投入依然大，但是没有创新高，以及上影线告诉我们需求没有能力吸收当时的供应。这是个危险信号，需要缩减仓位和缩紧止损。第一位置就是这个小区间的底部下方，或者是上升需求线（趋势线）下方。移动止损的目的是防止灾难，所以不要被想象当中的盈亏影响这个动作。

持仓的时候，往往一看到回调就有心理负担，马上想到账户利润的缩减。如果回调的K线稍微长一点，紧张悲观情绪会加剧，这是以表象作为基础的交易中最大的问题。他们的潜意识里不允许价格回调，一回调就不舒服。市场的自身行为跟人的习惯或者情绪是平行的（或者说不相关的）。在市场的自身行为规则里面，回调是个正常现象，是趋势的朋友。但是人们自己不愿意接受这个回调，是这种意识导致人们无法真正跟着市场习惯走。

第三节　下降趋势中的持仓和移动止损

下降趋势的主线是需求不足和供应持续保持力度。造成反弹的有两种力量，第一种是空头平仓，第二种是大众交易者短线抄底。而最终能够撑起这个市场的是主力资金，主力资金的习惯不是熊市抄底，然后把价格直接推到上涨阶段。他们需要一段时间吸筹，所以我们经常看到真正的上涨之前有一个过程。

下降趋势的持仓中，反弹容易给持仓者造成紧张情绪。而下降趋势真正的危机不在反弹当中，而是在同方向的巨量发生那段时间。持仓与否，我们的衡量标准是熊市秩序，时时刻刻以这个原则来观察反弹。

第四章 持仓：洞察趋势的脉搏

除了衡量熊市秩序，在持仓当中，从心理上要给自己一个离场底线。允许价格在一定的反弹范围之内，但是在这个范围之内反弹的时候，要严密观察成交量的情况。这个反弹范围包括最后一波的 50% 之下、下降趋势线（供应线）、最后一个小区间的顶部，等等。这样有反弹的时候，我们的思路就比较清晰，不是因为视觉上不舒服和账面波动而让自己慌乱。

下面我们通过案例来深入分析。

案例（一）反弹 50%，移动止损，死角突破

图 4.7 中兵红箭日线（2018 年 5 月上旬）

在中兵红箭日线图中（图 4.7），价格跌落至 VDB 需求区的时候（A），供应不足，导致反弹。但是这个反弹没有吸引到足够买家资金，价格继续回落。二次测试的时候再次遇到支撑，这次的反弹质量要好于前期，我们看到买家的人气有所上升，证据是三高（更高的高点、更高的低点、更高的收盘）和递增的成交量。看到这里，我们如果持有空仓就会感受到威胁。如果我们现在思维中的主线是熊市秩序和允许范围的话，我们会耐心等待 50% 位置的反应。这个时候心里有些煎熬，因为看着自己的利润在减少，这和每个人的市场经验和成熟程度有关。

下面我们继续看图 4.8。

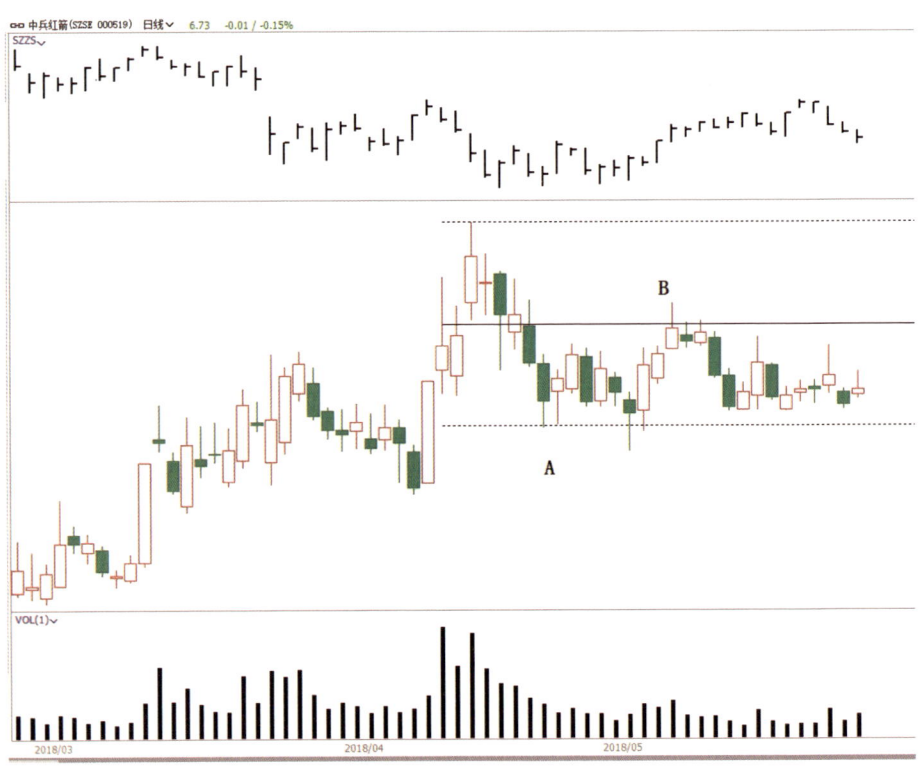

图 4.8 中兵红箭日线图

B 刚好是 50% 的位置，这里是强弱分界区。这里要说一下，市场是灰色的，不是黑白的。所以我们不能强调价格精准地到达 50%。此时的目的是看价格回到这个强弱分界区里的反应。是有新的需求上来把价格推上去,还是需求在这里耗尽,或者说这里遇到更大的供应压力。正是上述行为的结果,才能指导我们下一步的判断和动作。

价格回到这里的时候(B),需求不足(低量)。另外低收盘说明这一天供应大于需求。这样我们就看到价格失去了继续向上的能力。观察前面有明显的抢购高潮和派发行为,知道主力资金不可能现在以高成本来解救被套的大众交易者。因此我们的空仓没有受到威胁。

价格回落之后进入了枯燥状态,我们再次怀疑市场的下跌能力。既然有了怀疑,第一个任务就是移动止损(比如移到区间顶部)。接下来的死角向下突破,我们继续持仓。如果死角出现向上突破,我们就平仓。

案例(二)下跌进入枯燥状态

图 4.9 中兵红箭日线(2018 年 1 月中旬)

如图 4.9 所示，下跌进入一个枯燥状态的时候，持仓者要小心。此时的背景是供求都弱。决定方向的是死角突破，两边都有可能。这个背景让熊市的秩序没法维持。此时止损缩小，死角向上突破就离场。我们继续看图 4.10。

图 4.10 中兵红箭日线

如图 4.10 所示，死角向上突破扫掉止损。回到冰线的时候遇到供应，后面的两次上涨没有形成上升趋势的秩序。在下跌当中，是反弹没有形成上涨趋势的秩序的这个现实，让我们有信心继续做空。

第四节　总结

持仓最大的障碍是心理。第一，从心里不认可回调，希望市场一直按自己的方向走下去，而市场的停顿和回调属于正常的自身行为，是趋势不可缺少的一部分，是我们判断趋势秩序的必要条件。第二，怕把利润亏光，导致提前离场。第三，真正有危机的时候，是不舍得走这种心态捆住手脚，导致被套。解决方法就是掌握市场的自身行为习惯，并事先做好预案。

比如说上涨趋势，如果已经看到并确认了市场有一段非常完整的吸筹，我们就知道主力资金不会在利润很小的时候就派发。那么上涨当中打扰我们最多的是两种情况：一个是震仓，一个是二次吸筹。关于震仓，首先要承认回吐已经是现实。如果心里承受不了就离场，如果心里可以承受，就给市场多一点空间，让市场自己解决这个问题。当然，要在最近的支撑设止损，以防灾难发生。

持仓与否，根据自己的交易习惯决定。波段交易者不考虑长期趋势，也不忍受回调，他们是一波一波地吃，积少成多。中长线的投资者（资金雄厚者）经常考虑持仓的问题，他们可以忍受价格的回调。另外，本身资产的大小也影响持仓。如果资金不足的话，不是考虑持仓的问题，而是根本不应该参与证券交易，因为亏不起。这种亏不起的心态导致他无法从市场角度考虑问题。媒体上经常宣传某某人四两拨千斤，赚了百分之几百，那是传说或者个案。

持仓过程中不能考虑反向操作，这样更容易造成思维上的模棱两可。研究持仓的目的是处理自己当前的仓位（是留还是走），而不是找反向操作的条件（逆势交易）。持仓和反向操作分属不同的趋势背景，不能在同一趋势中都操作。这是我们需要克服的交易习惯。

第五章 综合分析：进场，持仓，离场

当我们看走势图的时候，观察角度应该深入到价格背后，而不是表象。对市场的判断，首先要有理论基础，比如突破阻力的理论基础是：阻力上的任何卖盘（包括非常有威胁的卖盘）都被需求全部吸收，并且需求占上风。

当我们在图上从价量关系上发现吸收行为时，我们知道突破阻力的理论基础已经成立，由此判断阻力会被突破。以后我们每次分析走势的时候，先考虑理论基础，然后在图中找能够确认理论基础的价量，这种方法叫作**市场本质交易法**。

下面几个案例集中了本书中的主要知识点，图中详细描述了行情判断、交易计划和危机管理。

阅读时，先自己思考，然后看分析，最后在下一章看结果。

超卖之后

如图 5.1 所示这是 2009 年 8 月份期间的美国白银期货日线。

价格在底部突破趋势线之后开始上涨，这个底部没有我们经常看到的准备过程。没有准备过程的上涨不会持续很长时间，属于熊市反弹，很快就结束。当价格回到冰线的时候，短 K 线告诉我们需求不足，然后出现了巨大压力（B）。根据好中最好的进场原则，这里如果小柱可以进场，但是现在超长十字星是个区间行为，所以这里我们把它理解为小高潮，既然这样，我们等二次测试。

图 5.1 美国白银期货日线

第二天出现了二次测试,但是量依然大,说明需求还没有完全耗尽。这里是考验我们的时候,守住原则还是随意改变?假如一部分朋友没有守住原则,现在进场做空了,进场后的风控应该怎么样?如果价格下降,压力不能减少,反弹不能有需求,才符合下降趋势的秩序。

熊市中 Spring 的突破幅度更重要

如图 5.2 所示,上涨到 A 的位置,给持仓者发出了警告。一个警告是逐渐趋于垂直的需求线,再就是成交量和波动幅度同时扩大的现象,表明上涨进入高潮阶段。上涨进入高潮意味着上涨即将终止,确认行为是接下来几天价格不再上涨,并抹平了高潮那一天的大部分涨幅。后面的深度回落证实了我们的推测,供应增加了。在横盘过程当中,买方的几次比较大的努力都没有创新高(但是这当中的阴线的成交量都没有减少),这是派发

第五章 综合分析：进场，持仓，离场

图 5.2 2009 年 11 月末的美国原油期货

的特征。1 开始的反弹，以努力没有结果结束，这是供应增加的证据。特别是 2 的那次上涨，以需求耗尽结束，现在到了好中最好的进场时机，假如我们在此做空，初始止损放在 A 的上方。价格破冰到了前 JOC 的支撑位置，考验我们的时候到了。在进一步看后面的图之前，我们可以推测多空双方的行动计划。空头持仓见到 B 的强反转行为会紧张或平仓。多头看到支撑的强力反弹，会动手抄底。如图 5.2A 所示，多头抄底之后连涨两天，继续持仓。无论是空平还是建多仓，多数公众都受了 B 的形状的影响。在下跌趋势中，长下影 K 线的最重要的部分是低点和成交量，因为价格大幅度降低，是延续了下降趋势的秩序，而且高成交量代表供应依然过剩。高收盘的确表明有需求进入，但是这不能否定供应依然过剩的事实。如果要做多，供应耗尽是重要依据，现在还没有。

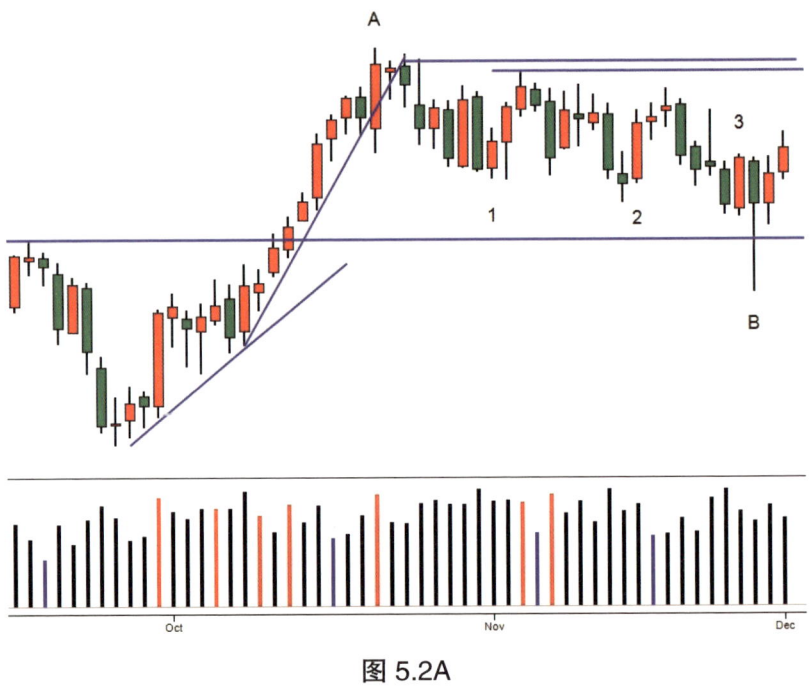

图 5.2A

面对阻力位的走势判断

如图 5.3 所示,波音股票经历了超卖和恐慌抛售(1)之后,开始横盘。2 是成功的二次测试,因为成交量小于恐慌抛售阶段。K 线 3 处于高支撑,说明需求在增强,同时回调的成交量和整体相比出现递减,说明供应在减少,这是个非常合格的测试行为,市场没有向下的压力。后面的阳线量增说明需求还在增加,没有创新高说明主力资金还在被动地吸收,没有主动向上竞价。后面出现的一天回落,量小和没创新低说明压力不大。价格现在进入了枯燥阶段。吸筹阶段的特征就是前期波动很大,随着时间推移,渐渐进入波动很小的枯燥阶段。我们知道死角预示着走势的大动作,而这个死角中需求大于供应,因此我们判断死角之后的走势是向上突破,后面的突破趋势线和 JOC 确认市场在进行吸筹。吸筹的确认说明价格即将进入上涨阶段。

K 线 X 测试冰线，冰线是供应区（阻力），这里由于抄底的大众交易者被套，产生很多卖单。仔细观察测试冰线前 A 和 B 的距离，以及 B 和冰线的距离，这是明显的上涨幅度递减，我们称之为 SOT，属于价格停止行为。另外 K 线 X 的成交量和波动幅度没有在阻力区大幅扩大，说明市场缺乏足够的需求来突破供应区。

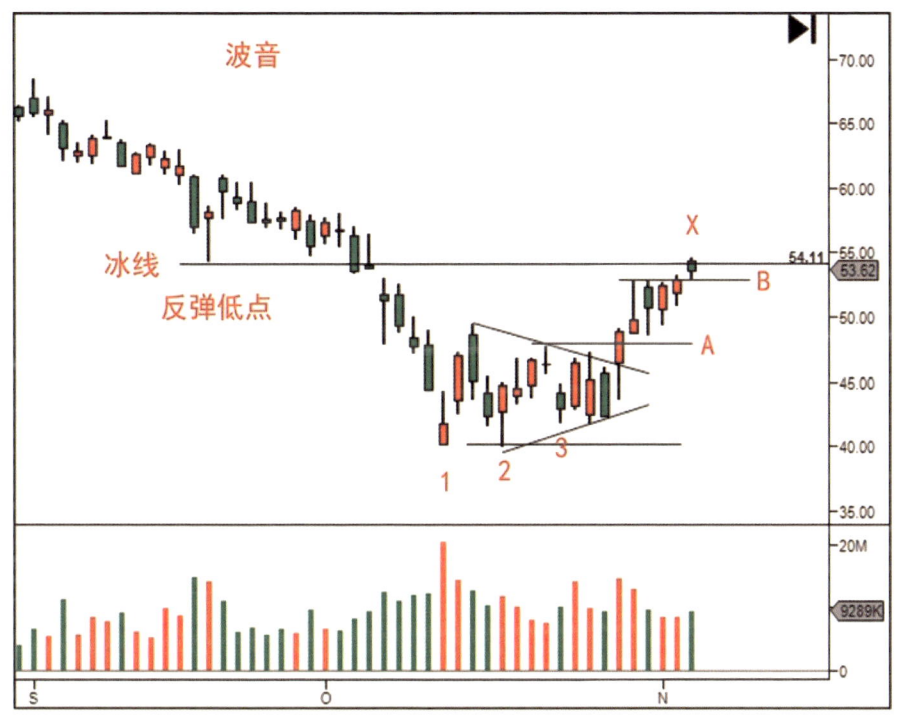

图 5.3

交易计划：在熊市背景下，上涨至前期阻力区，遇到阻力并出现停止行为，行情继续看跌，K 线 X 位置可以做空。止损在 58。持仓期待是接下来的三低量增跟随。

危机管理：如果带量长阳或者收于中间之上的下影线出现，立刻离场。

JOC，上升通道，无需求反弹交易法

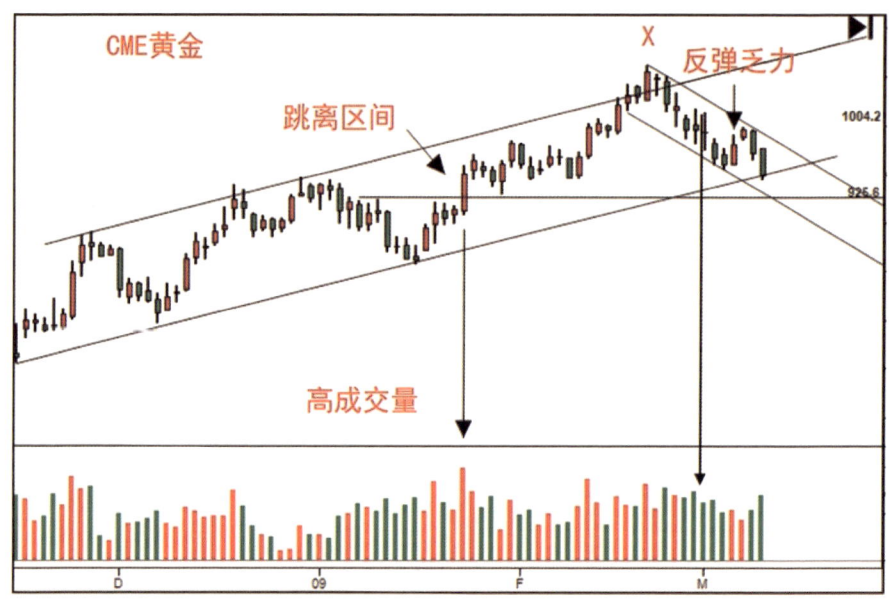

图 5.4 CME 黄金日线图

如图 5.4 所示，黄金处于上升轨道背景，价格上升中出现 JOC（跳离区间），特点是扩大的成交量和波动幅度，这是进场的预备信号，如果出现低量回测或者价格没有出现大幅下跌的情况，我们可以买入。

第一个跳离区间之后，出现低量回落，是进场时机。接下来的横盘是对持仓者的考验，因为这个横盘看起来非常枯燥。但是如果仔细观察，发现价格逐渐形成高支撑和递减的成交量，说明供应不足，这是明显的吸收行为。吸收行为的另一个特点是凡是比较有威胁的下跌都立刻遇到支撑，表明需求的抗压能力强。吸收之后的上涨秩序非常完整，每次的回落都是低量小柱，然后继续上涨，直到突破超买线（X），这是个关键位置，如果市场真的出现超买现象，说明需求被大量消耗，这会导致供应占上风。从接下来的回落强度来看，三低量增告诉我们供应增加，这个回落强度打破了上涨趋势的秩序。

吸收行为，JOC，回落主因是无供应

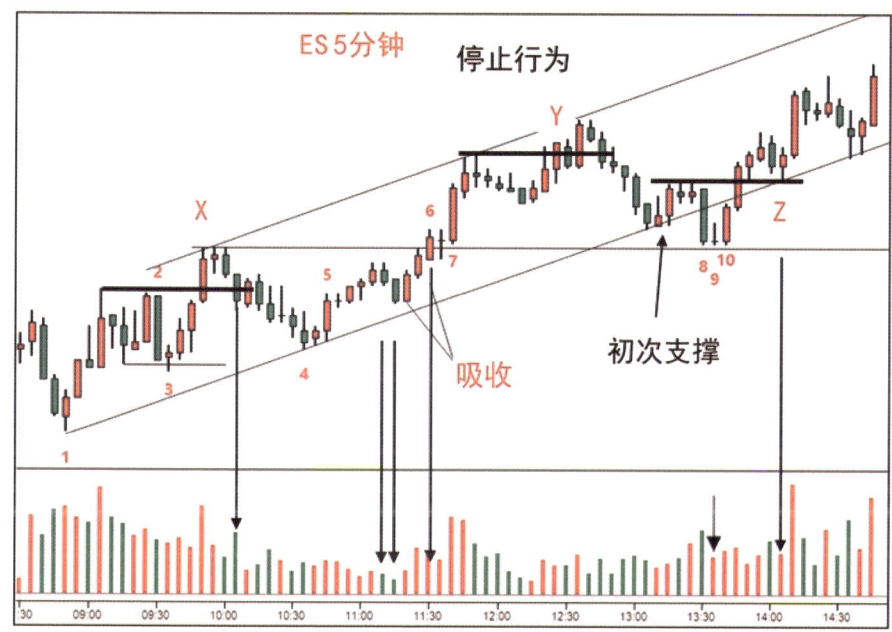

图 5.5 吸收行为，JOC

如图 5.5 所示，K 线 1 是停止行为，也是需求扩大的行为。它的特点是高成交量，缩短的波动幅度和高位收盘，表明有需求接盘，市场的行为改变。K 线 2 是开盘以来第一个回落 K 线，虽然 K 线很长，但是看成交量，没有任何增长，说明供应没有上来，如果供应扩大，K 线 2 对应的成交量应该高于前一天成交量，因此 K 线 2 需要跟随来确认供应进入市场，否则这个猛跌是震仓。K 线 3 非常重要，首先，它表示卖盘没有跟随，加大了震仓的可能。其次，它是需求（1 开始的高量反弹）后对市场的测试，从 3 后面的三高阳线看出，测试结果是需求依然大于供应，是价格继续上涨的基础。再次，它是 Spring，也是跌幅减小，属于停止行为，而且成交量持续低迷，说明缺乏供应，预示价格会上涨。

以上三点确认需求依然控制市场，价格快速反弹到 X 的事实，确认 K 线

2是震仓（震仓过程中甩掉了很多跟风的大众交易者）。K线X是JOC，我们期待低量回调后进场，但是回到支撑的时候，供应的持续扩大让我们放弃了进场。观察X—4这波的成交量是在递减，也远远小于3—X的成交量，说明这次回落中，供应没有持续扩大，那么X—4中价格在持续下跌，不是供应扩大所导致，又是什么原因造成价格下跌呢？

这种低量小碎步下跌的原因是需求匮乏，主力资金没有参与竞价而让市场枯燥下滑，目的是甩掉前面突破时买入的大众交易者（大众交易者的行为可以从突然增量的K线X看出，是那种急速上涨的长阳引诱了大众交易者买突破）。这种下跌一旦找到了需求会迅速反弹（因为下跌中没有供应，少量需求进入就占上风）。K线5给了我们答案，需求进入导致反弹开始。

K线5开始的反弹快接近前期X附近的阻力位的时候，出现了两根回落。这个回落意义重大（和前面3的意义相同，都是上涨前的供应测试），因为低量说明阻力位置附近没有大量卖盘出现，也就是说这个阻力没有起到阻止上涨的作用，确认了上涨趋势的秩序，这会直接导致JOC。我们看回调后出现连续两根阳线反弹，这是吸收行为（需求吸收了阻力位置上的供应）结束的现象，同时递增的成交量说明需求强劲。K线6的JOC是对吸收和需求强劲的最好确认，我们耐心等待低量回测后进场。后面一个小十字是测试，伴随降低的成交量，这是我们最好的进场时机。K线7是测试的结果，需求大于供应，价格正式离开震荡区并进入上涨阶段。后面从超买线回落的过程确认了上涨趋势的秩序，因为低量小柱说明没有供应压力。

无供应回落之后价格继续上涨，在Y的位置出现了JOC，但是这波的突破幅度同7的突破幅度相比大幅减小，说明需求乏力，特别是回到JOC突破点的时候，如果低量，说明价格还会涨，但是量增突破支撑以及后面的跟随，告诉我们供应压过需求，此时必须缩紧止损（可以放在最后一波的50%位置）。持续和迅速的回落破坏了上涨趋势的秩序，止损走人。但是这个过程让我们想起了X—4，这又是主力资金在玩弄买突破的大众交易者。Y之后的快速下跌有可能是超卖行为。基于这个假设，我们看是否出现吸筹过程。价格在支撑线（下轨）有初次支撑后，出现超卖高潮（K线8），如果把前面一波急跌看作恐慌抛售，8就是震仓。名字不重要，重要的是其背后的意义，两者都是迅速消耗供应的行为。9是停止行为，表明供应耗尽，然后直接出现JOC，这是对吸筹过程的肯定，同时表明价格进入上涨趋势的秩序。低量回调到Z确认了上涨去趋势的秩序，我们重新进场。

K线8非常有威胁，它强力突破了支撑线，这是趋势反转的信号，但是突破后马上面临JOC的跳离点（它是需求超过供应的重要支撑区），恐慌抛售正好发生在支撑区，这是主力资金的接盘行为。K线9的成交量立刻大幅缩小，说明K线8的供应到这时没有继续，这里可以进场。K线10是扩大成交量的反弹，这是对我们进场的确认，说明需求已经吸收了所有供应，并占主导地位。

交易计划：牛市会继续。超买线是上涨的第一个目标价位。

危机管理：如果价格突然回落，并且成交量扩大，就要止损出局。

需求背景下的50%回调

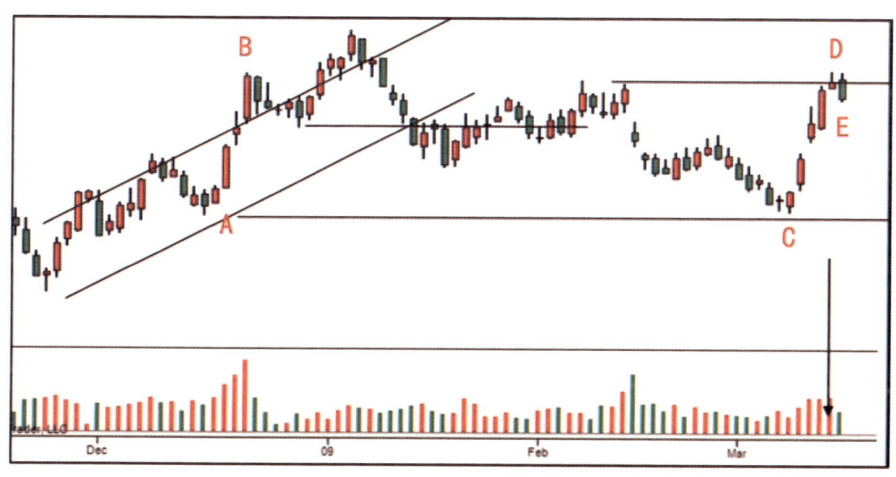

图5.6 需求背景下的50%回调

如图5.6所示，K线D同前一天相比，波动幅度大幅缩小，但是成交量在扩大，这是停止行为，价格上涨因供应扩大而遇阻，这是个危险信号。停止行为经常导致价格回落，如果回落是阴线伴随扩大的成交量，属于对停止行为的跟随，价格会继续下跌。Ｄ处于阻力区，当价格遭遇阻力的时候，低量回落表明卖盘没有涌入，对价格上涨没有威胁。

从Ｃ到Ｄ的上涨，需求大于供应。这种背景下的价格回落，如果是低成交量，说明供应没有上来，那么价格继续上涨。而实际上，从Ｋ线Ｅ开始回调，成交量迅速缩小，说明没有供应参与这个回调。

如图５.６所示，在图上左面的通道中，ＡＢ是需求强劲波，价格突破超买线之后回落，这个回落没有超过ＡＢ的５０％，而且量递减，这是牛市没有受到威胁的表现，确认了上涨趋势的秩序。然而当价格恢复上涨的时候，有两个需求匮乏的信号，第一是突破幅度减小，第二是这个上涨波的整体成交量很小。这些行为告诉我们价格会出现回落。另外从派发角度分析这个趋势，ＡＢ的上涨角度近乎垂直，这种急速上涨是主力资金因急于离场而制造的抢购高潮，自然回落后的二次测试是低量上涨（同ＡＢ相比），这说明上涨背景开始改变。在回测支撑的时候，Ｃ的成交量降为最低，卖盘已经无力突破支撑，导致需求进入并抬高了价格。但是这种急速上涨冲向前方阻力区的行为，有超买高潮或者为了继续高位出货的嫌疑，证明方式就是回落幅度和量。如果大幅度量增回落，确认了超买高潮，如果停顿的时候价格没有大幅度量增回落，说明阻力区上没有出货现象，这是价格继续上涨的信号。

交易计划：从Ｅ开始的无量回调说明供应还没上来，但是如果接下来有卖盘跟随，而且成交量扩大，说明供应扩大，我们应该放弃买入的计划。如果Ｅ之后的回调还是短Ｋ线伴随小成交量，我们可以在ＣＤ的５０％位置有停止行为的时候进场。

危机管理：进场后，如果没有出现连续的上涨和递增的成交量，立刻离场。

第五章　综合分析：进场，持仓，离场

图七：冰线交易法

图 5.7

如图 5.7 所示，大趋势是在熊市通道中，背景由卖盘控制。价格触及超卖线之后迅速回升至 K 线 2，这个阶段从成交量看出需求强劲，为突破冰线打下基础。

K 线 2 面临的是阻力（冰线），要想突破阻力，市场需要强劲的需求吸收阻力区的供应（如果有供应扩大的话），K 线 2 之后的两天价格小幅低量回落说明供应没有出现，价格突破冰线的可能增大。K 线 3 突破冰线，同时突破趋势线，这是需求战胜供应的现象。但是 K 线 3 太急，有超买或者抢购的嫌疑，我们预判接下来几天会调整，第一支撑在冰线，第二支撑在 K 线 3 底部。

K 线 3 的快速突破，需求强劲，接下来需要持续的上涨，或者至少不能失去动力（回调超过 50%）。如果回调超过 K 线 3 的 50%，说明供应在增强。如果突破 K 线 3 的低点，说明供应大于需求，因为 K 线 3 是需求的来源。K 线 3 后面一天，属于回调，成交量略有减小，我们期待回调停在 K 线 3 的低点之上，然后继续上涨。

交易策略：如果回调以低成交量在支撑位置结束，进场做多；第一目标价位是上方前阻力位置（已经画线）。

- 第一支撑是冰线。
- 第二支撑是K线3的低点；如果向下突破第二支撑，等待K线1—3的50%出现停止行为进场，但是到达支撑必须是递减的成交量和小K线。否则，放弃交易。
- 第三支撑是1—3的50%位置；如果下跌超过50%，熊市恢复。

SOT，停止行为交易法

图5.8 SOT

如图5.8所示，K线1反弹突破了供应线，供应出现不足的现象，随后的2根K线价格继续上涨，这是强势特征，唯一的缺点是阳线长度在递减，这是SOT，属于停止行为，会导致价格回落。

K线2是二次测试，这里出现Spring，但成交量太高，说明突破吸引了大量卖盘，这不是理想的二次测试。但是K线2的高收盘说明是买方（需求）把突破过程中的供应全部吸收，并且战胜了供应。从另外一个方面说，如果

K线2想继续下降趋势，它应该突破支撑，并且有阴线跟随。K线3表示需求没有跟随，但是这次的成交量大幅缩减，说明供应不足，此行为会导致需求积极进入。大众交易者看到K线2的带量突破，认为趋势会恢复下跌，事实上K线2是主力资金的一个策略，目的是买光底部的股票。

行情预测：行情看涨，可以进场，第一阻力在X位置。

危机管理：进场后必须出现三高来证明供应耗尽，如果上涨至阻力位置的过程是成交量和K线都很小，说明K线2和3的行为没有能吸引到更多的需求进场，那么我们立刻离场。

震荡区

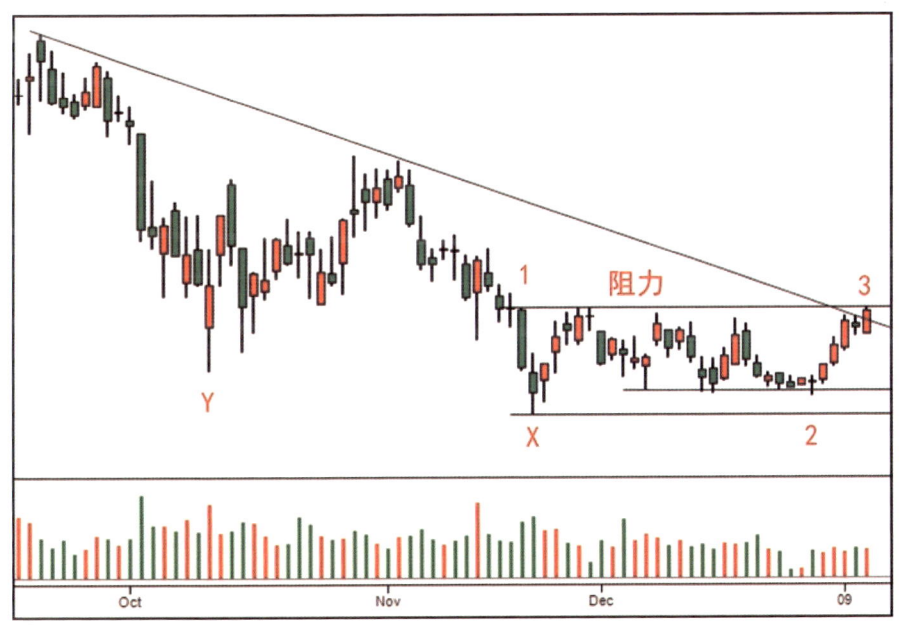

图5.9 震荡区

如图5.9所示，画线：为什么阻力线划在K线1的顶部？因为K线1是跳水柱（垂直供应柱），它以长阴和成交量突破了Y，说明供应超过了需求，K线1上方是供应的来源。K线1顶部被强力突破是进入牛市的前提。

市场大背景是熊市，我们需要观察下跌过程是否有停止行为出现。K线X看似抛售高潮，如果二次测试成功的话，会导致市场进入吸筹阶段，然后进入牛市。抛售高潮之后，出现了成功的二次测试（高支撑，低量），结束了下跌趋势。价格进入震荡区后，成交量随着时间延伸持续减小，这是主力资金长期吸筹的结果，供应在慢慢耗尽。在吸筹区内，价格开始形成高支撑（K线2那条支撑线），说明主力资金的最低收购价已经提高，底部供应耗尽，这些是吸筹即将结束的信号。这里注意K线2附近连续4天的低迷状态（低量，非常小的日内波动），这是非常明显的主力资金的悄悄吸筹的特征，可以看出主力资金在控制价格上涨。

K线2是支撑位置处的Spring，这确认了吸筹在进行，低成交量说明已经没有供应，价格随时会起飞。2—3的上涨处于震荡区的右手边，在右手边我们看到供应枯竭（K线2附近的低成交量）以及需求扩大（2—3上涨过程的高成交量）。如果我们认为这波上涨是SOS，需要回落来确认。

交易计划：现在K线3到了供应区，如果后续出现强势上涨并JOC，说明需求吸收了全部供应，使市场进入牛市。JOC之后，价格再次回落到跳离点的时候，如果是缩量并伴随短K线，我们会进场做多。

如果在阻力位（供应区）出现带量阴线，说明供应再次扩大，那样的话，说明浮动供应没有被彻底清除，接下来或者震仓，或者熊市可能会继续。如果是震仓的话，等待二次测试来确认供应耗尽。如果继续熊市的话，等待破冰回测做空。

震仓的作用

如图5.10所示，橡胶经历了恐慌抛售之后进入盘整期。这个盘整期起了两个作用，第一个作用是突破了下降趋势线，证明供应消耗大，第二个作用是在高支撑底部低量不跌，这个是非常明显的吸筹特征。我们看出来吸筹特征之后，做多是唯一选择。

第五章 综合分析：进场，持仓，离场

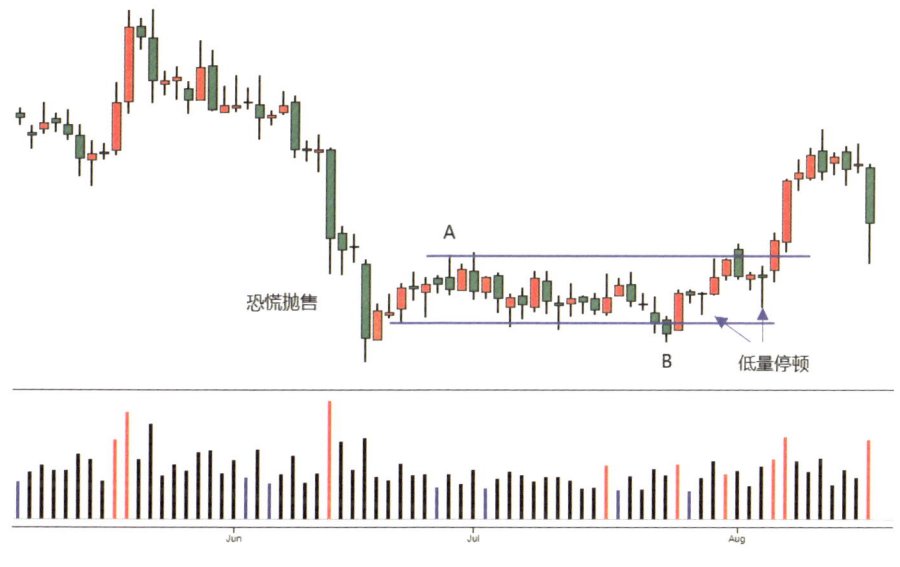

图 5.10 橡胶期货日线图（2018 年 8 月上旬）

恐慌抛售之后并反弹到 A 的过程，低量小柱说明需求不足，会引起回落。回落依然低迷告诉我们供应不足，市场出现成功的二次测试，市场已经失去了继续下跌的动力，同时下跌秩序被打破。

B 量增突破，迅速反弹证明 B 的突破是震仓。震仓本身是供应耗尽的行为，迅速反弹是证明。在之后的上涨当中，我们看停顿的特点：低量停顿告诉我们供应压力已经不存在，这是继续上涨的基础。也是进场点。

上涨到前面垂直供应柱的压力区的时候，出现停顿状态，说明需求不足，这种情况对成功突破造成了困难。持仓者看到这种情况也做好回落的准备，解决困难的方式是低量回调或者直接快速越过阻力区。但是迅速跳水刺激了持仓者的情绪，如果当时情绪稳定，能够给市场一点空间，就把止损挪到最近支撑的下方。如果反弹证明这个跳水是震仓，不会引起长久的下跌。如果后面跟随下跌的话，说明市场的买方态度起了变化，他们也跟着一起出货，这种情况是市场行为改变，持仓者不能再抱幻想，认赔离场。

凡是这种急速超长的阴线都有超卖行为的成分，因为它快速消耗了市场的供应，有反弹就证明了这一点。继续看图 5.10A。

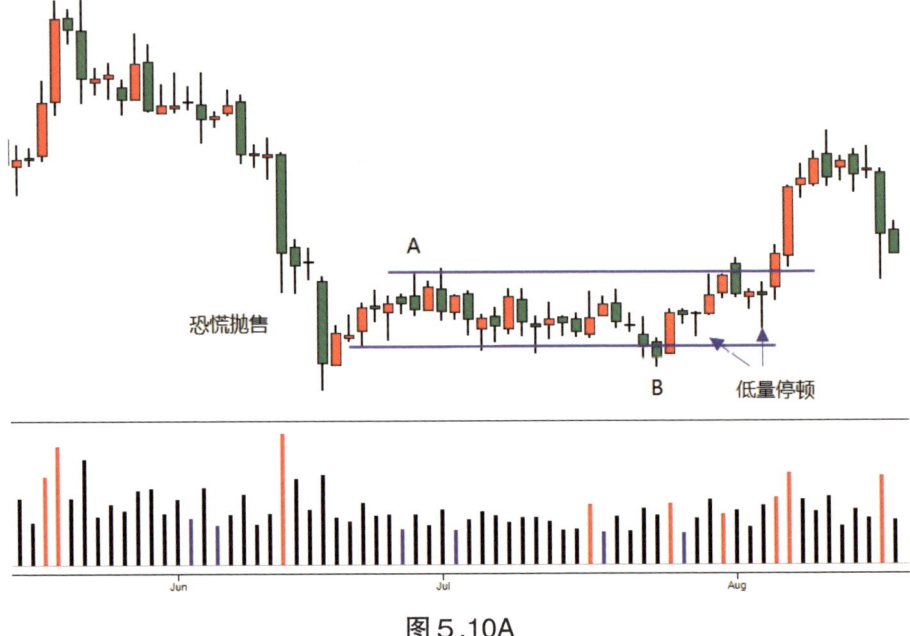

图 5.10A

接下来价格没有创新低，供应开始不足。继续下跌的压力减轻，这是一个好现象，持仓者坐稳。另外，大跌形成的底部恰恰是前面的主要支撑区。快速下跌冲向支撑区的行为是主力资金接盘的行为，之后没有继续下跌证明了这一点。此时的做多策略是等待震仓之后的二次测试（必须低量小柱）。

如何分析支撑上的供求关系

图 5.11 中背景是牛市，现在处于回调中，股票正在测试支撑。支撑的形成是因为 K 线 7 是垂直需求柱。

K 线 1 破冰，我们期待价格继续走低，但是下一根 K 线是阳线，并且低点高于 K 线 1，说明需求在吸收供应并且把最低价抬高，这是个重要细节，最低价提高说明买方扫清了底部的筹码。现在我们必须观察二次测试的过程来确定下跌是否继续。

第五章 综合分析：进场，持仓，离场

图 5.11 ES 5 分钟图

K线 2 开始二次测试，但是其低成交量说明价格回落中供应没有扩大，这会导致需求积极进入。K线 3 出现 Spring，成交量扩大而收盘在高位说明需求吸收了供应，我们需要低量的二次测试才能证明熊市结束。接下两根 K线是对二次测试的跟随，行情看涨。K线 4 虽然创短期内的新高，但是高成交量，收在中间位置，说明有浮动供应。但是随后的回调过程成交量缩小，说明供应枯竭，价格还会继续涨，特别是箭头所指处，下跌幅度缩小，但是成交量扩大，这是需求进入的结果，属于停止行为。后面的低量上涨和上影线，以及上涨幅度形成了 SOT，告诉我们需求不足，会导致价格回落。

K线 5 是牛市回调中的 Spring，它有个缺点是成交量太大，虽然高收盘说明需求已经全部吸收了供应，但是低量二次测试才能证明供应耗尽。K线 6 的性质和 K线 4 是一样的，市场上依然有浮动供应。

K线 7 之前的低量小 Spring 是震仓之后成功的二次测试，证明供应耗尽会引起价格上涨。K线 7 是垂直需求柱，需求柱的底部是支撑，当价格再次回到这里的时候，这里是个进场点，前提是测试必须低量短 K线。从 K线 7 开始，上涨速度加快，趋势线呈垂直状态并突破超买线，这是超买行为。连续的放量，告诉我们市场可能进入抢购高潮，抢购高潮一旦被确认，牛市将

199

会反转。K线8之后的顺利下跌确认了前面的高潮行为。

K线9是二次测试，这次上涨的成交量已经远远小于7～8这一波的成交量，说明这是个成功的二次测试，确认上涨趋势终止。K线10是主力资金主动降价满足大众交易者的需求，同时上升趋势线（需求线）被突破，再次说明需求耗尽。

K线7是垂直需求柱，底部是支撑，我们期待价格低量回测支撑，然后择机进场。K线11快速冲向需求区（支撑区），而且成交量扩大，这是超卖行为，也是需求扩大的接盘行为。接下来的阳线表示需求继续占上风，同样也确认K线11的成交量中买盘大于卖盘。但是这个反弹不是很顺利，因为第二根成交量扩大，收盘离开高点说明反弹遇到了供应。我们期待在二次测试过程中，这个供应被吸收。

交易计划：K线12是二次测试，这次价格在支撑位之上止跌，中间位置收盘说明需求战胜了供应，虽然成交量略增，但是和前面的恐慌抛售相比，成交量减小。这个二次测试的重点在高支撑上出现接盘行为。

危机管理：进场后，我们希望看到连续的上涨（三高），并伴随递增的成交量，即使出现再次测试，我们希望看到短K线和小成交量。但是一旦出现相反的行为，我们立刻离场。

如何分析阻力上的吸收行为

首先我们关注上涨过程，原因在于停顿阶段都是低量。持仓的时候看到这种停顿，不用紧张，因为这是市场行为的自然规律。当价格走到阻力区之前，我们应该事先想到那里会有麻烦，并提前写出几种可能状况，做好应对计划。

价格急速冲顶之后出现UT，这里注意K线1之后的那个UT细节，这一天创了新高，但是看成交量，低量和低收盘说明需求不足，这种情况恰恰发生在供应区（阻力区），说明价格继续上涨动力消失。后面X的出现，证明了

第五章　综合分析：进场，持仓，离场

图 5.12　阻力线上的吸收行为

前面的急涨是小高潮。2 是无需求二次测试，说明上涨趋势的秩序被打破。K 线 3 大幅下跌并吞没 K 线 2，说明供应占上风。但是 3～4 的下跌速度反映出超卖行情，我们知道超卖之后价格至少有个反弹。但是之后的反弹过程（一直到 5）中没有大量需求支持，因为这波充斥着短 K 线伴随小成交量，这是熊市反弹的特点。在市场上供应很强劲的背景下，价格回升没有带来需求，供应则会再次积极进入，导致价格续跌。

交易计划：价格回到阻力（供应区），但是整个上升过程没有吸引到足够的买单入场；如果接下来的 K 线是放量阴线，我们会择机做空。

危机管理：如果在阻力位做空，我们期待下跌伴随成交量递增，否则，离场等候。如果持仓，需要下跌的秩序形成（下坡量增创新低，上坡无量反弹）。

如何使用相对强弱分析来选择股票

很多人热衷于利用解读消息来选股，这种方法有点像赌桌上的猜大小。要知道主力机构的行为影响着市场的走势，我们只需要在图上利用价量关系和供求关系来读懂主力机构的意图就足够了，然后跟随他们在消息公布之前采取行动，因为他们获取消息的正确性往往比我们自己解读的正确性要高。

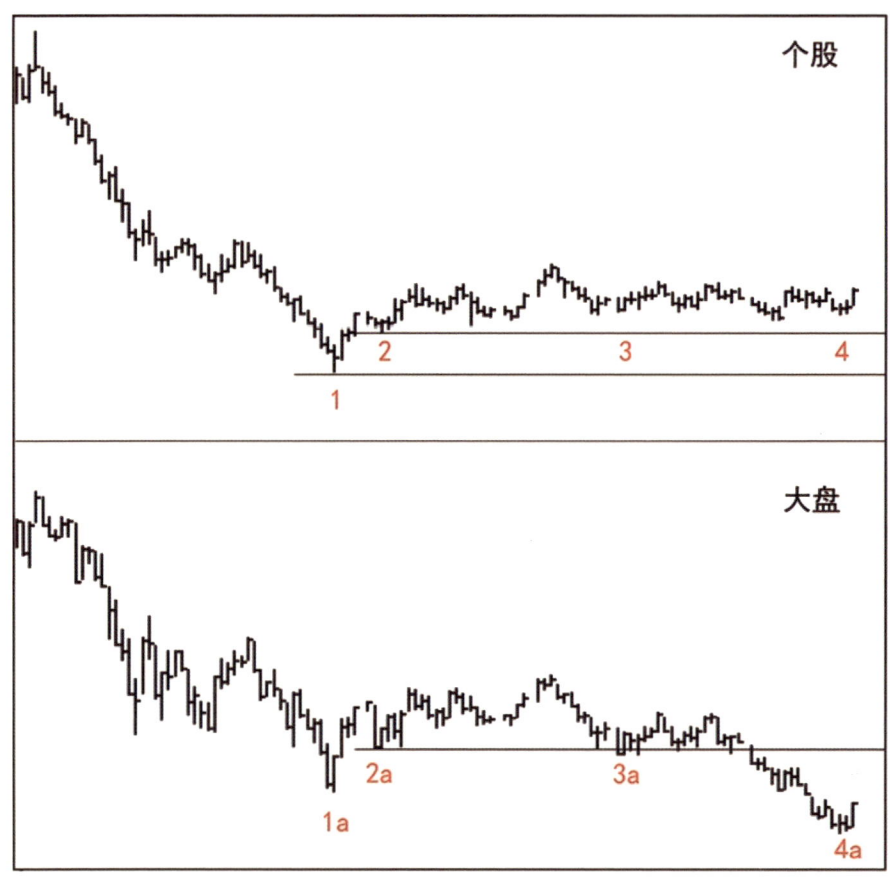

图5.13 个股与大盘的对比图

利用市场自身行为选股是指对比大盘和个股的相对强弱，用这种方法之前必须要了解的知识：停止行为，价格的强弱表现，市场的供求关系表现以及支撑的意义。当大盘走弱的时候，某个股票没有随着大盘创新低，反而坚挺在某一支撑上（回调没有超过50%）；当大盘恢复上涨的时候，这个股票的上涨幅度更大。这种行为背后的原因是这样的：由于大盘持续走弱，大众交易者因恐慌而抛售此股，但是有大资金在利用这种行情积极收购这只股票，因为他们有足够的证据判断这个股票会涨。在2008金融危机的时候，大众交易者因恐慌而抛售高盛的股票，然而巴菲特却斥资 50 亿美元买入高盛，之后股票曾一度继续下跌，记得当时媒体和大众交易者在嘲笑巴菲特，说股神也有看走眼的时候，然而大众交易者们没有想到仅仅过了一年，高盛股价翻了一倍。我们可以把大盘日线图打印出来（或者放在一个屏幕上），然后再选择强势板块中的龙头股，并逐一同大盘比较。当大盘走弱的时候，如果有某只股票坚挺在某一支撑上；当大盘恢复上涨的时候，个股的涨势超过大盘。这只股票就是你要找的交易对象。

图 5.13 是股票和大盘的对比图，上方是个股，下方是大盘，直观上看，这个股票现在值不值得买？

在 1 和 1a 的位置，个股和大盘都创了新低。回升后，看价格回落幅度 2 和 2a，大盘回落接近 50%，但是个股回调仅仅 30%，说明个股强于大盘。但是当大盘反弹的时候，个股不但跟随反弹，而且反弹幅度强于大盘。同样 3 和 3a 相比，个股回落幅度小于大盘，而反弹幅度大于大盘，再次说明个股强于大盘。

关键是 4 和 4a，当大盘大幅下跌，甚至跌破年内最低的时候，个股反而顽固地坚守高位支撑，说明有人在利用大盘狂跌造成的恐慌而大量收购这只股票，他们如果看跌这只股票，他不会大量收购，他肯定是有根据认为这只股票会给他带来利润才收购。

既然从相对强弱上看出，个股强于大盘，我们下面具体分析一下个股，看是否有买入信号。如图 5.13A 所示，我把个股放大（这里使用了 K 线图）。

市场的大背景是熊市后进入区间交易，那么这个区间代表派发还是吸筹，还是永远震荡下去？首先仔细观察这个震荡区的位置，一直在最高和最低点的 50% 位置之上，这种回调属于正常回调，不会影响趋势的方向。最左边的垂直下跌是超卖（这里属于恐慌抛售），然后没有经历吸筹阶段，价格迅速反弹，这种现象不符合威科夫因果关系，我们不寻找任何进场机会。

K 线 a 是震仓，主力资金故意突然压低价格的两个目的是：逼迫抄底跟风的离场和引诱空头做空。从 JOC 角度观察市场，K 线 a 是对 JOC 形成的支撑的回测,但是这个回测带来大量的卖盘,不是理想进场点。K线b是二次测试,从低成交量可以看出供应已经枯竭,确认了震仓行为,在这里可以进场。

K线b之后,价格进入长期的区间交易,至于这个区间是否属于吸筹,我们必须看到在价格不再下跌的同时,供应逐渐耗尽。

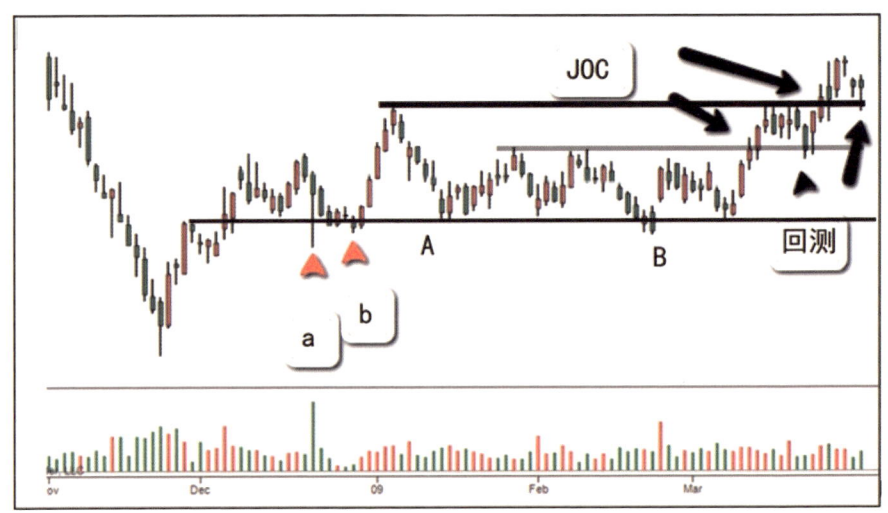

图5.13A

确定区间属于吸筹最重要的特征是:底部持续低量不继续下跌,向上JOC或者向下震仓(然后迅速上扬)。K线b之后,价格起飞后100%回落,这是供求平衡,没有指导意义。这里最关键的是A和B之间,这里为什么形成低位区间?

低位区间出现是因为主力资金在吸筹,他们为了控制收购成本,在尽可能低的价位设置阻力,目的是先把低价位股票全部收入囊中。另外这段时间持续的低成交量也是吸筹的特点,主力资金在静静收购股票。第一个JOC表明低位区间的股票收购结束(进入上涨趋势的秩序),特别是随后的低量回测(确认了上涨趋势的秩序),也说明在低位区间市场上已经没有股票可买。第二个JOC宣告吸筹阶段结束,市场准备好进入上涨阶段。JOC确认了前面的区间(震荡区)是吸筹,为我们的操作明确了方向。

交易计划：JOC 后低量回测进场。

危机管理：价格无量回落是我们期待的行为，如果出现放量阴线回到区间内的情况，我们立刻离场。

背景中弱势出现后如何判断顶部形成

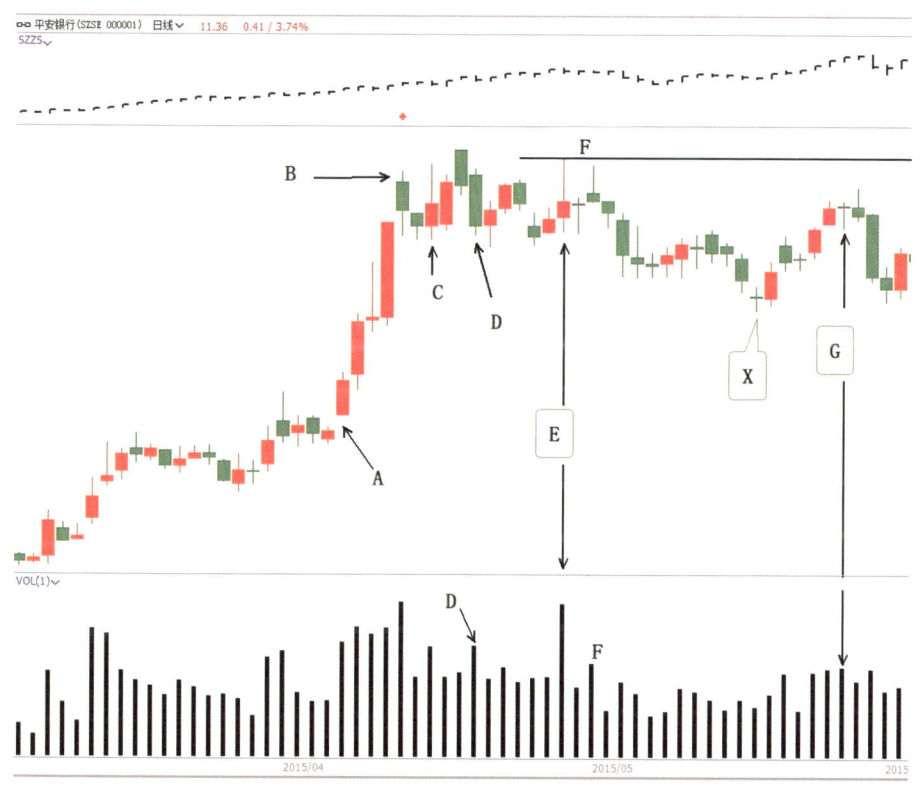

图 5.14 平安银行日线

如图 5.14 平安银行日线（2015 年 4—6 月）。

上涨阶段从 A 开始的速度让我们开始怀疑。大幅度上涨是个让人欢欣鼓舞的事实，这个不可否认。巨量长阳说明背后有主力资金的参与。那么市场会按照这种节奏长久上涨吗？如果画趋势线，现在的趋势线已经脱离了原来的稳步节奏，开始垂直向上，是否我们熟悉的抢购现象出现？这个上涨是人为的为了上涨而上涨（主力资金为了出货而拉高），还是真的上涨？我们需要更多的证据来确认市场背景。

B 的成交量很大，但是波动幅度严重缩短。这是个很隐蔽的危险行为，因为我们看到了公众买家拿到了好价钱。为什么公众买家能够拿到好价钱？难道是市场中的专家发善心？很显然不是，因为那些人根本不会发善心，一个原因是他们手里接到的卖单太多了，有些卖单立刻成交，那些没有立刻成交的卖单就留在了场内专家的手里，他们接下来的任务就是尽快找买家把手里的卖单出手（派发行为）。是这个原因导致公众买家拿到了好价钱。如果我们能够读懂市场内涵，我们从 B 这里就知道市场背景里已经有出货现象。我们接下来继续看这种出货现象是否还会发生，另外我们要观察买家的能力（需求）是否依然强，来确定顶部的形成。

C 是个创新高阳线，成交量增加，但是这个体现出市场还属于强势吗？收盘告诉我们出货继续，C 给出信息是：市场出现弱势，非强势。D 是第一次在回落中出现放量，这是明显供应大于需求的表示，迅速套住了追高的公众。接下来的两天上涨伴随低量，需求依然不足。

E 和 F 创局部新高，伴随巨量买单。但是内涵上依然隐藏着市场的弱势，因为努力没有结果。到此为止，市场自从 A 那里急速上涨以来，多数都是出货特征，很少有需求恢复强势的表现，告诉我们市场背景已经转变，上涨趋势的秩序被打破，多仓是离场的时候了。

接下来的低量下滑没看出供应增加的现象，告诉我们主力资金还没有放开出货，他们还在高价区等候买单，但是公众会上当吗？

X 的量价行为说明供应枯竭，后面的量增阳线说明有买单挺价格。但是涨到 G 的时候，出货再次出现，后面的放量下跌告诉我们供应在增加。然后这次价格回到支撑的时候再次有资金力挺，价格出现反转。如果接下来反弹，我们有几种准备呢？如果再次拉高出货，图上会是什么表现？如果恢复上涨趋势，图上又是什么表现？

震荡区间（TR）的短线交易

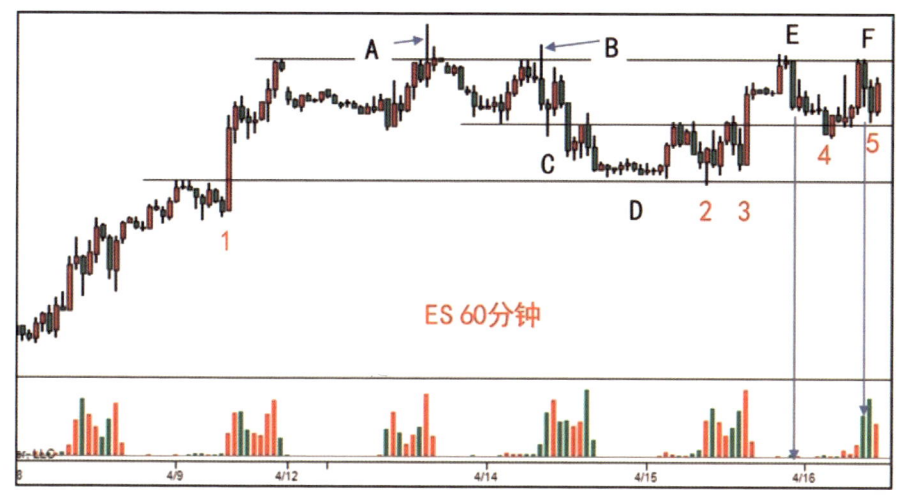

图 5.15 震荡区间（TR）

如图 5.15 所示，市场背景是牛市后形成震荡区间（简称 TR），每次价格触及阻力位后放量下跌，这是阻力位的供应开始扩大的现象，我们的第一感觉是价格会回到震荡区的底部，顶部供应很强劲。

A 和 B（UT）是强劲供应的结果。价格先是上涨引诱大众交易者追高接盘，同时逼迫空头平仓（空头平仓行为是买入），这个冲高的过程中卖盘方是主力资金，他们在转移风险，行情看起来倾向于派发。

这里介绍一下 C，它的作用是促进了行情看跌的倾向，因为这个 Spring 没能吸引买家进入并把价格推到新高。失败的 Spring 对背景的判断非常有用，它是明显需求不足的表示。多头持仓中看到这种失败现象，要考虑离场。

我们再看 TR 底部双方的力量对比，D 区的横排短 K 线是 JOC 之后首次回到需求区，这里我们没有看到持续的供应出现，否则价格会突破支撑。在需求区没有供应出现说明支撑没有受到威胁。K 线 2 在测试 K 线 1 的 JOC 时出现停止行为（Spring），是需求强劲的行为。K 线 3 是 JOC，也是 SOS（K 线 4 的无量回测确认了 SOS），上涨趋势的秩序形成。

在 TR 中，Spring 之后出现 SOS 并得到了确认是吸筹阶段的价格行为。另外我们不要忘记现在大的市场背景还是上升阶段，特别是这个 TR 低点还没有回到整个上涨的 50%，这更说明了上涨趋势还没有受到威胁。到此为止，我们关键看价格再次涨到阻力区时的双方力量对比，如果阻力区没有出现供应，市场恢复牛市的概率增大。

E 虽然触顶急跌，但是回落低量告诉我们没有供应，特别是它没有跟随，说明这次威胁不大。4 和后面的 K 线在 3—E 的 50% 位置组成 Spring，低量告诉我们突破过程中供应耗尽，在 50% 挺住说明上涨没有受到威胁。F 前面的长阳说明价格准备好冲出 TR，但是低量告诉我们需求不足，价格需要回落刺激新的需求，后面的迅速回落说明前面的急涨是小高潮。

K 线 5 是再次回测区间的 50% 位置，供应扩大（高量），如果有卖压跟随，区间 50% 的位置会被突破，价格会继续下跌并去测试震荡区底部。但是后面的阳线，给我们带来了一些新的市场信息：

1. 先看阳线的反弹速度的快慢，快速反弹说明需求保持强劲，另外从反弹速度来看，K 线 5 的下跌更像是震仓。它把价格挺在了 50% 之上，说明上涨依然没有受到威胁。

2. 这个阳线最低点的抬高，说明主力资金的收购价已经抬高，也就是说在阳线的下面已经没有股票供应，这种行为导致价格上涨。

交易计划：综合以上风险，我们更倾向市场在进行再吸筹，不是派发。如果认为 K 线 5 那波是震仓，看市场是否对震仓有成功的低量测试再决定进场。

危机管理：反弹之后，如果成交量立刻大幅缩小，说明需求后劲不足，这会导致价格回落，如果回落时成交量上涨，说明有卖盘介入，我们应该做离场准备。如果顶部出现 A 和 B 的行为，并且有卖盘跟随，我们应该在接下来无需求上涨的时候离场。

如何使用超卖线

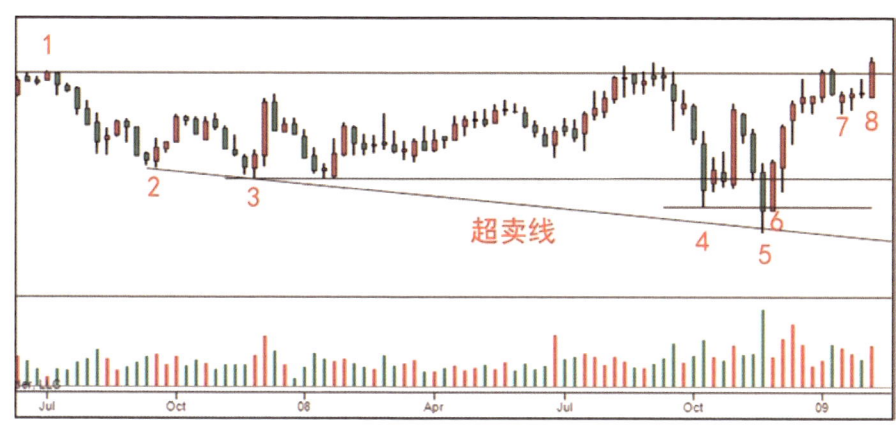

图 5.16

当我们看到一系列波峰或波谷，我们要画线。如图 5.16 所示，2 和 3 的位置是连续的波谷，然后把它们连线并延长。这条线叫超卖线，凡是价格回到或突破超卖线，我们说市场有超卖的现象，超卖之后至少有个反弹，有时反弹带量表示强劲需求，说明趋势会反转。

在震荡区交易中，K 线 4 是大跌中出现的 Spring，这种下跌速度是超卖行为，或者是震仓。超卖行为消耗了很大供应，会引起反弹，接下来我们等待二次测试。之后的超长幅度反弹不正常，属于空头平仓。后面的迅速回落证明了这一点。推动这一天涨到最高点的力量来自空头平仓，怎么知道的？如果在高点价格有需求，价格会继续涨，但是迅速回落，说明没有新的需求续上。这个急速下跌依然属于超卖行为，我们期待反弹。

超卖导致价格反弹。K 线 5 的天量非常重要，首先，价量关系告诉我们 K 线 5 是需求介入和停止行为，因为天量的卖盘努力没有使价格大跌，这是努力没有结果。其次，这个成交量是年内最大的成交量，我们可以说它是恐慌抛售或者是终极震仓，终极 Spring 等，名字不重要，重要的是我们知道主力资金为了把底部股票全部收购而制造的恐慌。主力资金同时也在观察突破过程中是否带来他们承受不了的卖盘，如果是那样，价格会持续下跌。但是

K线6告诉我们主力资金有能力吸纳所有卖盘，并且这种能力把收购价的最低点抬高。

K线6快速反弹并收盘在高点，收盘价超过K线5高点，确认了K线5那波下跌是终极震仓。当价格回到了阻力位，有没有看到大的回落？或者说有没有大的供应出现，并超过了需求？答案是没有，价格回调到K线7，没有看出下跌力度，反而K线8跳离了震荡区（JOC）。

交易计划：我们判断行情看涨。K线8如果有跟随，说明JOC得到了肯定，即使是回调，我们也希望是缩小的成交量，这样需求还保持优势，上涨趋势的秩序得到了确认，可以进场。

危机管理：如果回落JOC跳离点的时候是高量阴线，我们继续等新的二次测试。如果新的二次测试还是高成交量的阴线，我们放弃进场计划。进场后不是等着上涨，而是观察供求秩序是否符合上涨趋势，一般做多之后，我们期待看到跟随行为（三高），来证明需求强劲。

阻力上出现供应后，跟随很重要

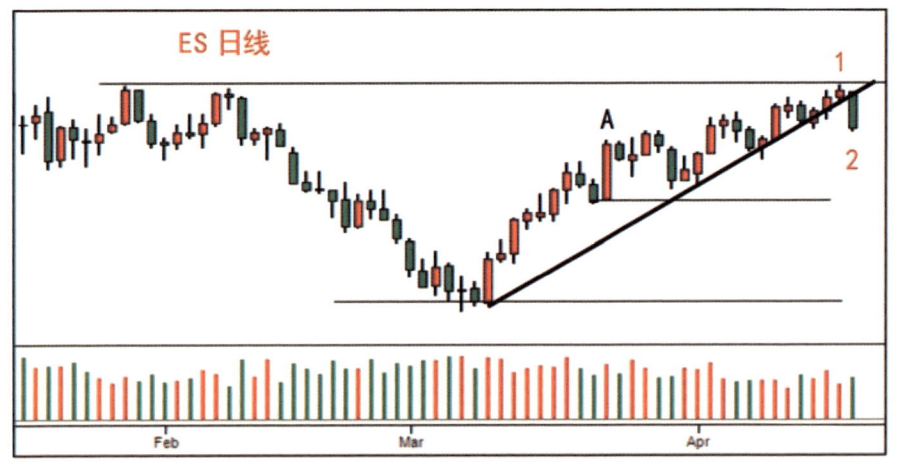

图5.17 ES日线

如图5.17所示，接近阻力区的时候，上涨幅度减小（SOT），属于停止行为，会导致价格回落。

关键看 K 线 2，是对停止行为的跟随，并且突破了支撑线，直觉上价格还会继续下跌。如果 K 线 2 是供应导致的下跌，成交量应该大幅扩大，但是 K 线 2 的成交量只是略有上升，给我们的判断造成困扰。观察从底部起来后的整个上涨过程，需求保持强劲状态，因为上坡的力量和成交量明显大于下坡。这波最痛点在 50% 位置，同时垂直需求柱 A 的低点也在 50% 附近，因此 50% 是个重要支撑位置。同整个上涨过程比，K 线 2 的成交量不是很明显，市场还没出现 SOW，现在关键是跟随和无需求反弹才能证明下降趋势的秩序形成。

交易计划：如果有卖盘跟随 K 线 2，而且成交量继续扩大，说明供应开始扩大，导致价格下跌，我们可以在反弹时做空。相反，如果明天没有跟随，说明供应没有扩大，如果出现反弹立刻拒绝 K 线 2 的下跌，说明新的需求吸收了全部的供应，我们可以在低量的时候进场，危机管理是不能再次出现放量阴线，进场后应该出现的是需求跟随（三高）。

突破趋势通道后等待什么

图 5.18 ES 五分钟图

如图5.18所示，左边背景是熊市，K线1成交量有所增加，而且是阴线，说明供应还在继续扩大。当价格反弹到K线2后开始回调，这个回调过程没有成交量增加，说明供应在缩小，市场进入死角。死角预示着一波大的行情很快来临。此时双方都弱，从多头角度看，供应很小的时候，需求只需一点点的努力，就能突破死角，并把价格带入上涨趋势当中，K线3完成了这个任务。后面一根K线向上跳离了震荡区间（JOC），这是个背景改变（上升趋势的秩序形成，然后等待确认）的信号。如果这波放量上涨是需求（我们假设），回测应该是小成交量伴随短K线，这是个买入机会。

交易计划：等待价格回测跳离点，符合测试条件，就买入。

危机管理：如果是放量回测跳离点，放弃进场计划。

为什么牛市反转必须等待供应出现

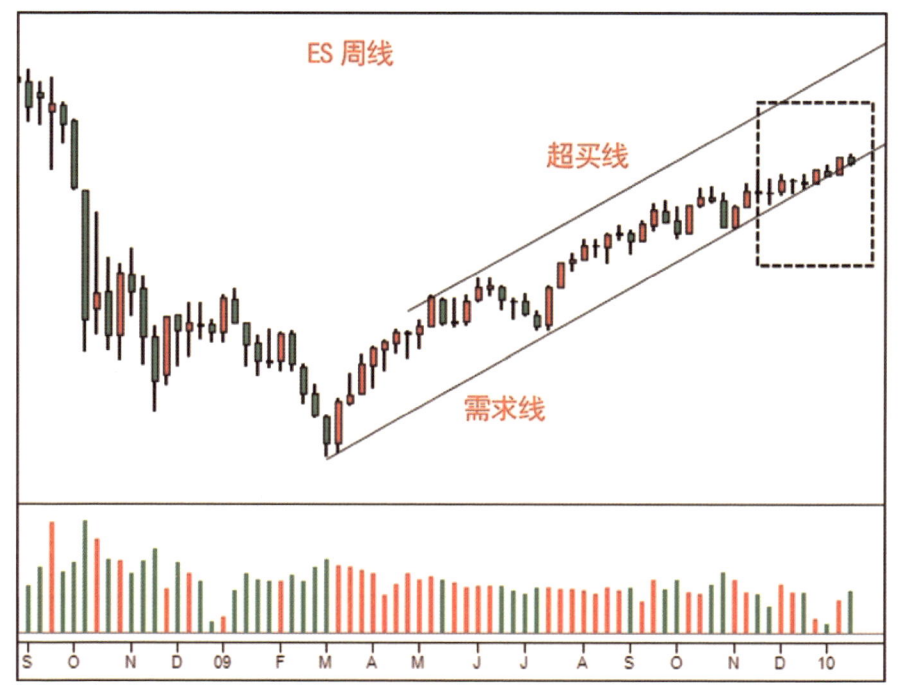

图5.19 ES周线

第五章 综合分析：进场，持仓，离场

从这个周线图中，我们第一眼能观察到什么市场行为？这种行情有没有交易机会？价格处在上升轨道中，但是低迷的市场让人感到不好判断。答案就在成交量上。

市场背景是牛市，看方框内部K线，贴着需求线小幅波动，但是没有任何反弹，从这点能看出需求匮乏。一般需求匮乏将导致价格回调，但不一定导致趋势反转。要想使牛市变为熊市，供应必须扩大。单靠需求匮乏是不能够将牛市转为熊市的，一定是在供应扩大的背景下，需求匮乏才表示熊市即将开始。注意在什么背景下才能使用需求不足的这个市场行为。

在这个图上，我们没有看到供应柱出现，任何一个阴线都没有跟随，说明供应全部被吸收。从周线级别上看，价格可能会回调，但不是反转。

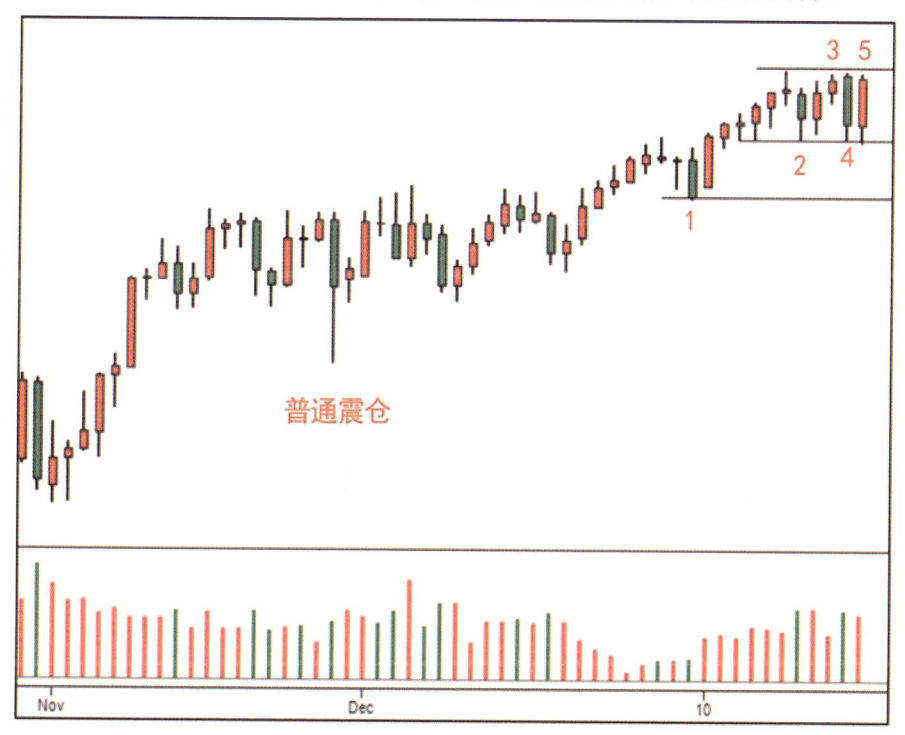

图5.19A

如图5.19A所示，虽然周线的上涨迟缓，需求匮乏，但是日线上价格依然不断创新高，支撑位也不断提高，图上标出了两个重要支撑。

假如看熊，我们应该看到什么？第一，顶部下来的阴线带有大幅扩大的成交量（供应），而且必须有跟随，如果没有跟随，说明供应被需求全部吸收，价格将继续上涨；第二，新高是长上影线，并伴随大幅扩大的成交量，然后也要有阴线跟随。K线3是涨幅缩小（SOT），这是停止行为，会导致回落。K线4是出现阴线和扩大的成交量，这是卖盘在跟随，但是价格还坚挺在支撑上，供应不足。K线5不是卖盘跟随，下跌暂时停止，现在市场处于供求相持阶段，一定要等到SOS或SOW出现再做决定。

交易计划：牛市中需求减弱，会导致价格回落，但不是反转。现在的价格行为是一上一下交替进行，这是因为上升趋势中供应的进入造成，这种行为会带来价格回调，我们这里不采取任何行动，耐心等待JOC或者破冰（SOW）。

什么是无需求反弹

死角是供求力量都弱（就是趋势线和阻力线交叉的位置），市场进入枯燥状态，任何一方稍作努力都会打破僵局，并确定方向。突破死角的后果是价格行为会很剧烈。上升中，需求大于供应，但是现在上涨出现僵局，是供应力量增加或者需求不足导致。

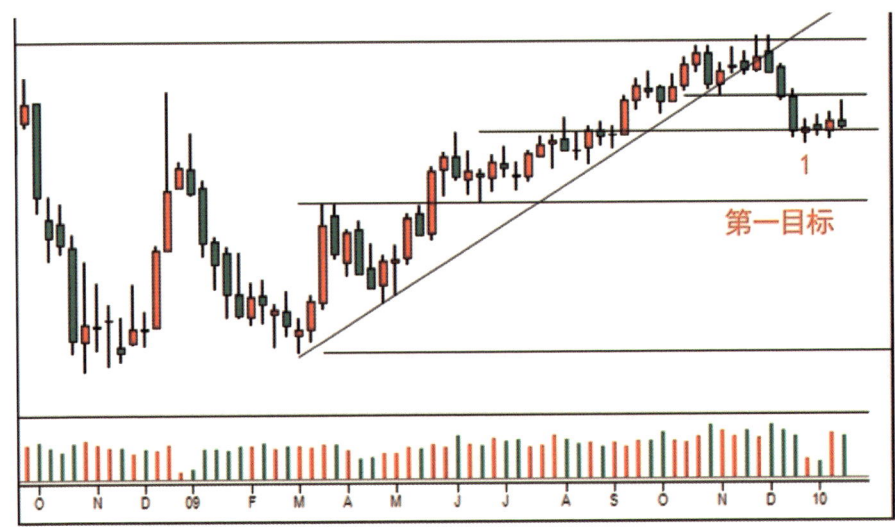

图5.20

如图 5.20 所示，背景是上涨中价格突破上升趋势线（同时突破死角），扩大的成交量和阴线意味着市场背景可能会转变，下面关键看价格是如何反弹测顶的。反弹从 K 线 1 开始，连续 4 个短 K 线，没有任何上涨力度，虽然最后两根成交量大幅增加，但是低收盘说明供应超过了需求，行情看跌。

交易计划：现在做空,第一目标是前跳离阻力的位置（上坡的 50% 位置）。

危机管理：做空后如果出现死角现象，要缩紧止损来保护利润。如果出现连续的三高，说明需求开始增加，这时候也要小心，特别是有低量测试的时候，要离场。

Spring 失败和二次测试

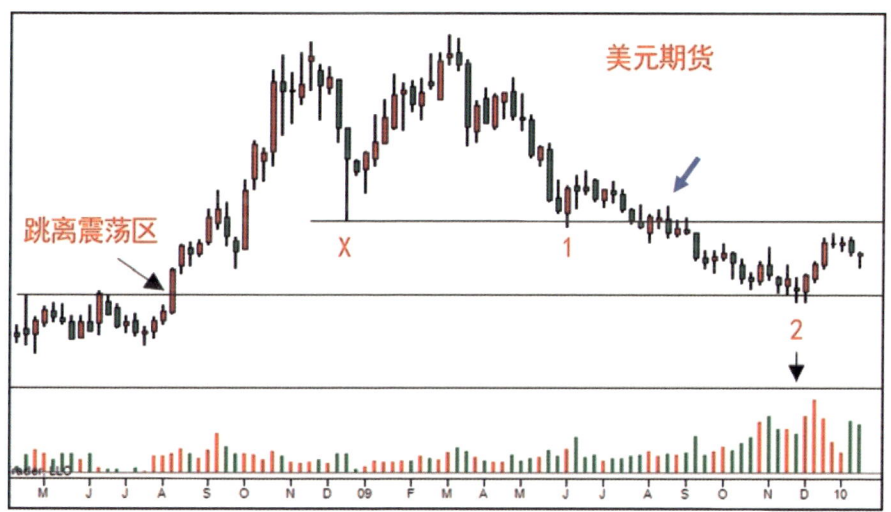

图 5.21 美元期货周线图

如图 5.21 所示，K 线 X 是停止行为（超卖行为，恐慌抛售行为），在这里画支撑线的原因是这里需求强劲（属于垂直需求柱区）。超卖的主要作用是消除市场大量供应，然后引起反弹。这次大跌前的上涨出现 SOT，做好价格回落的准备，并对几种回落方式做好应对计划。这种长下影线容易加强公众的牛市思维，导致误判。上升趋势当中出现这种回落幅度,深度比收盘要重要。

是下跌当中持续增加的供应才导致回调这么深，而且下跌中出现大幅增加的成交量，说明这波下跌行情背后有专业人士参与（主力资金的操盘手或者场内做市商），我们从中能够看出这些专业人士的倾向。

接下来出现急速反弹，给了公众更大的信心追高。那么这个快速上涨是牛市恢复还是再次拉高出货呢？价格到达顶部之后出现的努力没结果这个事实告诉我们出货在继续（顶部连续两个放量UT证明了我们的判断）。如果有多单，此时最好离场，后面的放量三低（以及无需求反弹）确认了下跌趋势的秩序。

先看K线1，这是对垂直需求柱的测试，这个测试形成了非常标准的Spring，看似进场点。但是有两个问题我们要考虑：第一，这个反弹没有跟随，表明没有需求来推动上涨趋势的秩序形成。第二，K线1之前的下跌波供应占上风（属于下跌趋势的秩序）。在供应大的背景下，Spring经常失败，需要二次测试。

然而二次测试（箭头所指区域）中的卖盘依然大，这个可以从突破支撑时的成交量扩大看出。另外二次测试后反弹虚弱，说明买方没有兴趣入场（没有需求）。这个二次测试的系列行为可以提前告诉我们下跌在即。

K线2是我们要等的JOC测试，仔细对比这次测试和箭头处所指的测试。这次测试有以下行为：

从顶部下跌以来，成交量持续低迷，直到回测支撑的时候才持续大幅上涨，这说明了什么？在回答之前我们看价格下跌幅度，从箭头区域到K线2下跌过程非常缓慢。如果是卖盘，成交量在大幅增加，那为什么价格不大幅下跌？这只能因为买方在行动，他们在张着口袋接盘。特别是K线2之后的连续带量上涨（SOS），更说明需求强劲。接下来是测试，我们发现测试中浮动供应依然存在（价格继续上涨的阻力），但是我们也发现，这么大的卖盘（成交量）努力下，价格下跌幅度很小，特别是最后一根的小下影线说明这么大卖盘被吸收。

交易计划：耐心等待测试结果和再次测试，如果结果是阳线出现，说明需求的力量在持续，可以进场。但是要留心第一阻力位置，毕竟那个位置供应很坚固，因为破冰说明价格突破了强劲的需求区，需要强大的需求才能跳离阻力区。如果 JOC 出现，确认了我们可以进场，同时也给我们提供了新的进场点（低量回测 JOC 的时候）。

如何判断是否在支撑进场

图 5.22 ES 日线图

如图 5.22 所示，在震荡区内部，市场向下突破小型冰层，然后两次尝试返回冰层之上，但是需求不足，确认了局部下跌趋势的秩序。一般而言，市场在上涨或下跌突破重要的价格后，回调是 1—3 根 K 线。我们看到，向下破冰后的第一次反弹是 3 根短 K 线，成交量递减，这是需求匮乏（无需求反弹），买方没有能力使价格返回冰线之上。突破冰层说明供应超过需求，同时也说明需求不足，无法战胜供应并推动价格继续上涨。后来再次测试冰层，在冰层附近连续4根短K线，成交量没有扩大，情况和第一次一样，需求没有能力吸收供应并推动价格上涨。买方的两次努力失败，说明供应大于需求，上涨趋势的秩序无法恢复。

K线1放量，试图向下突破主要支撑，但是最终形成Spring，说明需求在增强。另外K线1是高量短K线，这也是停止行为，如果接下来有买盘跟随，价格会上涨。K线1触及支撑反弹后，K线2是对其的二次测试，这次成交量还是相当大，我们希望成交量更小些。不过有一个现象更有利于价格向上，那就是高量卖盘下，价格没有大幅下跌，很显然，这是需求扩大的结果。

交易计划：在主要支撑上连续3根的收盘相近，说明卖压减轻；而且大背景是牛市，现在这个震荡区还在整个上涨波的50%之上，属于正常回调，牛市没有受到威胁。K线1和2的价量关系说明需求在扩大（bagholding），最安全的做法是等待SOS，然后在低量回测的时候进场。

危机管理：价格突破主要支撑区，然后无需求反弹，这种情况出现后立刻离场。

如何在趋势线通道交易

如图5.23所示，上升趋势中出现急速上涨，并冲向超买线，这一直是对牛市的警告，因为急速上涨说明主力资金在为后面的派发引诱大众交易者接盘。然后看K线B后面的跳空阴线，成交量在下跌中扩大，出货明显，这种行为对牛市是个威胁。新的需求必须进来并把这些卖盘吸收掉才能恢复牛市。但是反弹是四根短K线，而且成交低迷，直觉告诉我们，新的需求没进来，买方不积极，供应还在占上风。

供应控制的背景下，价格到了支撑线附近，同时K线1是标准的Spring，但是这个Spring发生在供应控制的背景下，我们需要看到需求恢复力量后再决定进场。

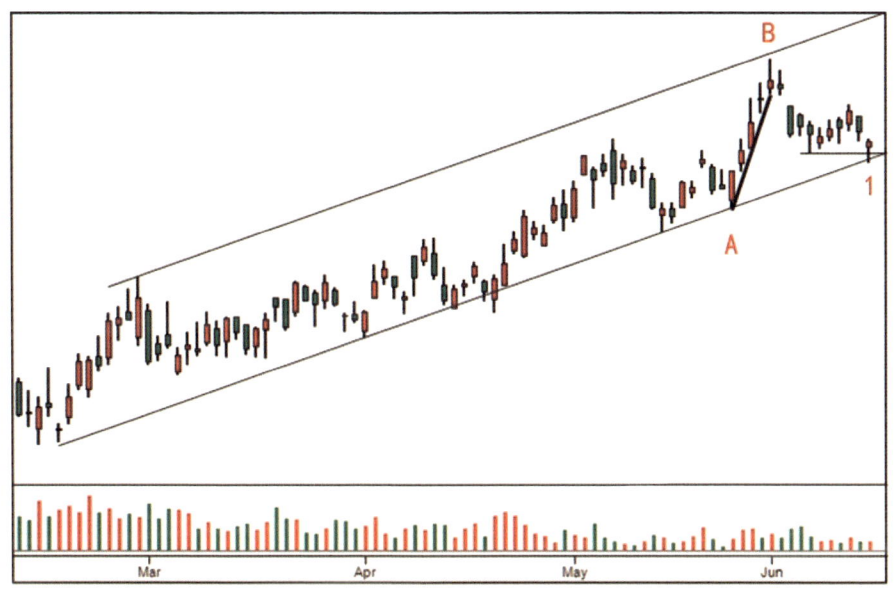

图 5.23 趋势线通道

交易计划：如果需求没有上来，这个 Spring 会失败，下跌会继续，所以不考虑买入。另一种情况，如果紧跟着一个带量三高，我们希望看到价格超过跳空柱（因为那里产生大量卖盘，需要被吸收），然后我们可以在低量回调时进场做多。

如何从细节看出需求或供应的力量

如图 5.24 所示，X 之前出现抢购高潮，上涨背景中供应出现，持仓者应预警。在此之前的一个小高量上影线已经宣告市场的弱势出现。凡是这种弱势出现的背景中，我们一定要记住它，因为它出现后的再次上涨不会持续很久，特别是出现了抢购高潮的现象，更确认了前面的弱势行为属于初次供应。但是 X—Y 的回落没有供应跟随（供应力量弱），预示价格还会涨（给了持仓者离场机会）。从 Y 起来这波需求力量弱，这会导致回落。K 线 1 的收盘和长度说明出货在继续，这次的出货力度远远大于 X，随后一根 K 线向上努力失败后，K 线 2 的放量破冰更加明显地确认了供应在持续，下跌趋势的秩序已经非常明显。

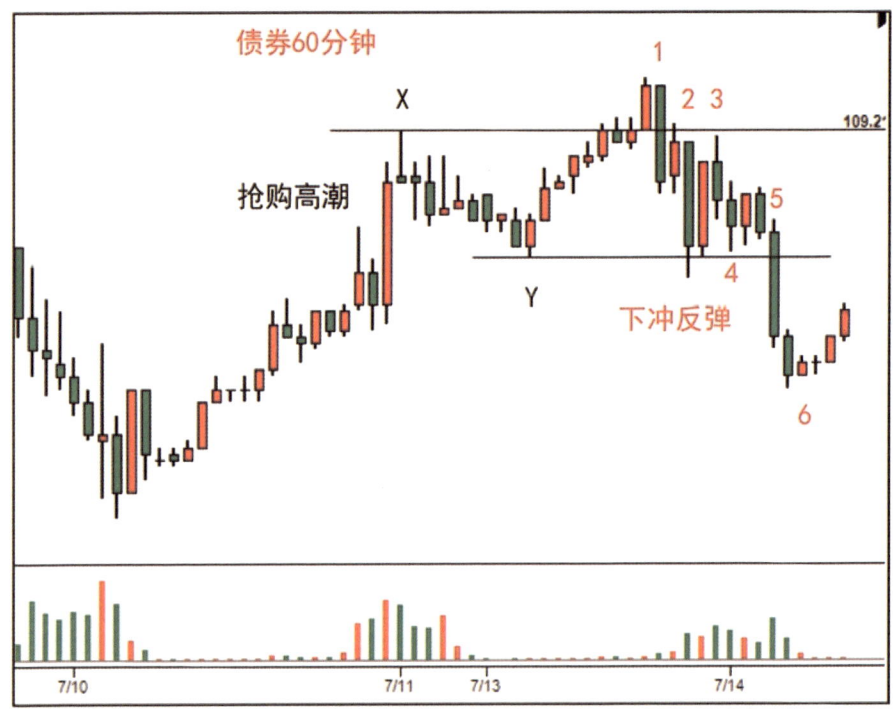

图 5.24 债券 60 分钟图

这里有个插曲，就是 K 线 2 形成 Spring，千万别上当去抄底。因为有供应在背景里，Spring 经常失败，很多大众交易者认为大跌后应该抄底，这样非常危险。抄底的根据不是 K 线形状，而是市场必须供应耗尽的这个事实，供应耗尽的现象往往在二次测试中确定。

K 线 2 之后，反弹开始，第一根是长阳，这个阳线最低价高于 K 线 2 的最低价，这个是非常重要的细节，它暗示需求暂时占上风。但是这种速度令人怀疑是空头平仓，后面的快速回落证明了这一点。到 3 为止，市场处于十字路口，如果接下来价格继续回调并测试下面支撑区，必须是短 K 线和小成交量才能保证价格继续上涨；如果回测支撑还是长阴放量，说明下跌没有遇到需求，这会导致价格继续下跌。这里K线3略创新高，但是量没有增加，可以看出需求不足的信息。

K线4是二次测试，成交量只是略微减小，说明供应没耗尽，市场需要需求进来吸收全部供应并推高价格。K线4之后的小幅反弹（量没上去），我们还是没有看到需求进入；随后供应再次出现，导致K线5突破了冰线，市场进入熊市。

交易计划：K线6开始反弹，没有买方参与（低成交量），这是供应背景下的无需求反弹，行情继续下跌。我们会在价格测试冰线并出现停止行为的时候做空。

危机管理：我们做空后，如果看到带量三低下跌，继续持仓。否则，任何阳线突破冰线的行为出现，我们立刻离场。

第六章 综合分析结果

对市场时机的把握

图6.1

如图6.1所示,顶部做空之后,递减的成交量和逐渐枯燥的价格走势说明供应不足,和我们最初的期待完全相反。这种无力回落的情况,和前面的上涨行情相结合,符合上涨趋势的秩序,所以空单必须离场。然后价格开始上涨,这次上涨期待创实质性的新高来延续上涨趋势的秩序。但是价格刚刚创点新高就遇到了抹平(抹掉了前一天的大量涨幅)现象。这足以看到供应的压力。很显然，这个二次测试也不符合条件，因为成交量太高。但是这种努力上冲没有上去的情况确实符合派发的特征。如果按照派发操作的话，我们必须等到需求耗尽那一天。下面看图6.1A。

图6.1A

如图6.1A所示，价格快速回落到C并且破冰，这里我们看到了熊市秩序的初步体现。但是这种速度让我们怀疑超卖。再看一下整个背景，这次回落的起点是派发区，这种放量下跌让我们想到弱势出现（SOW），当然需要接下来的无需求反弹来确认。如果这个反弹符合条件，我们可以进场。接下来反弹成交量在增长，买方人气依然旺盛。不是我们所需要的需求耗尽的行为。到此为止，我们一共分析了三次做空的时机，都不符合条件。如果这次反弹我们把它解读为努力没结果，说明供应压力很大。那么接下来我们要看到在回落当中市场依然能体现出这种压力，那样熊市的秩序才能持续。假如我们没有深度分析成交量，只是为这次的价格反弹无力，并做空，我们期待市场来证明我们是正确的，接下来的下跌必须是量增三低。

下面看图6.1B，接下来一天的向上突破，否定了我们的进场，必须止损

第六章 综合分析结果

出局。从这个例子可以看出，对市场时机的把握不能含糊，不能因为只是看到了不完整的条件就着急进场，而忘记自己交易计划中的原则。这里的重点是 C 之后的两天行情。第一天是低量十字星，双方退缩，需求供应都不大，市场进入死角状态。第二天是向下突破，巨量说明供应增加，高收盘说明巨量供应被吸收。接下来的缓慢上涨是主力资金在控制节奏，他们不让空头平仓，也给场外多头造成一种不会继续上涨的假象。当这两种人挺不住的时候，空头会匆忙平仓，场外多头会开始追高买突破，这种两种力量都促成价格迅速上涨。我们看上涨都是阳线，停顿都是十字星，足以看出双方力度的差异。

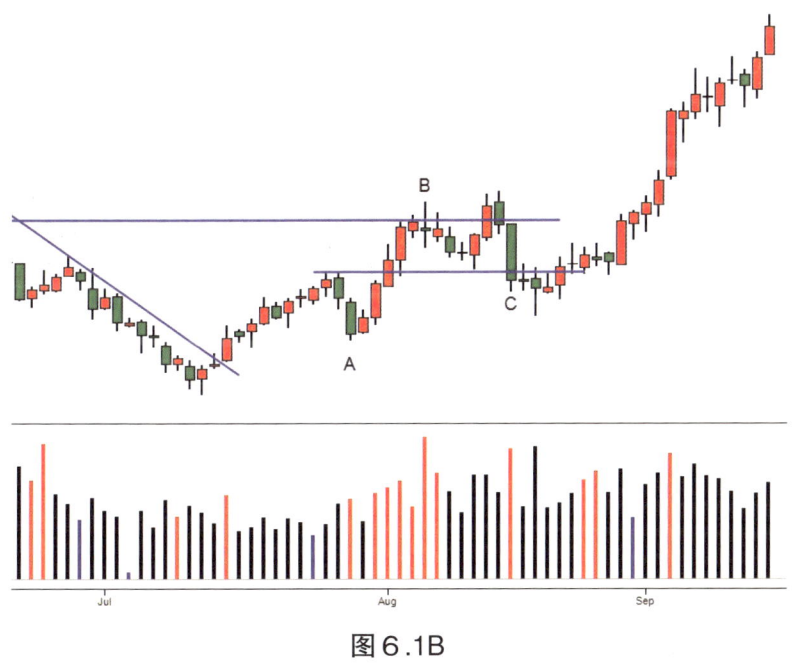

图 6.1B

熊市中的长下影线

如图 6.2 所示，B 之后连涨两天之后出现了回调，它是挑战持仓者的情绪。当我们动手做多以后，能够证明我们可以持仓的，是价格必须按着牛市的秩序走。牛市的秩序要求市场必须一直保持供应不足的状态。如果多头此时忘记了原则，会盼望着自己想要看到的那种阳线出现，就选择坚持而不离场。如果能稍微冷静地分析当前的市场背景，思路会很清晰。

图6.2

现在市场处于什么秩序当中？不断的新低以及反弹没有创新高，这是明显的下跌趋势的秩序。在这种下跌趋势的秩序里，我们做多本身就是一种逆势行为。很多朋友会说我看到了那根长下影线，那是需求扩大的特征。但是从下跌趋势的秩序角度看，价格毕竟是大幅度下跌，并创了新低。大幅突破说明在支撑上没有看到资金的力挺，说明支撑无效。

在B的位置，一笔大的资金进来，把价格推起来。但是这次努力没有成功，因为价格没有创新高。或者说，在当天的高点价格，没有更多的资金涌进来把价格推向更高，这就需要一个强有力的跟随，来证明需求的强劲。但是接下来的反弹刚刚创新高之后就被抹平（三低出现），需求仍然不足。特别是接下来三天的回落，成交量是递增的，供应的压力在扩大。到这里为止，做多的持仓条件根本不具备，完全是相反的秩序，应该立刻离场。这里我们得一个教训，熊市中的长下影线的低点更重要，因为它表明熊市秩序的延伸。原油接下来下跌到 12 月 14 日，接近图中左侧底部的 VDB 中部。

破冰回测做空策略

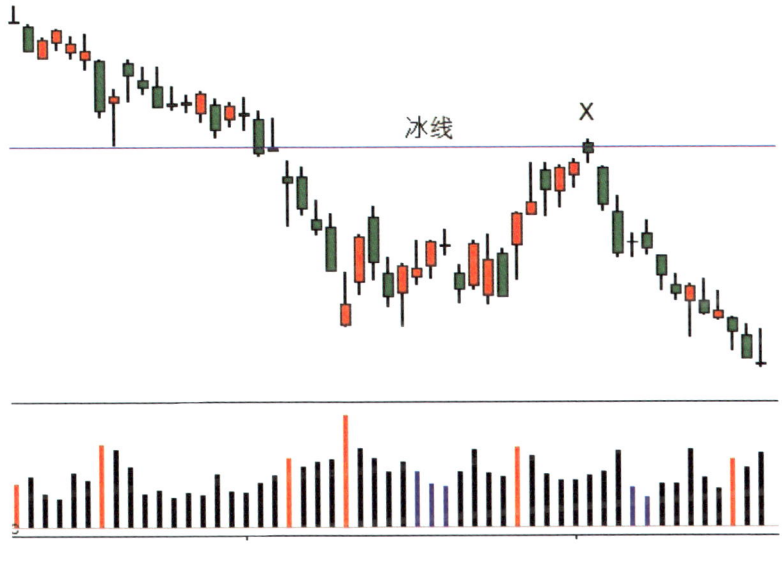

图6.3 冰线

如图 6.3 所示，在冰线出现卖盘跟随（X 后面一根：量增三低），确认了 SOT 的停止行为，供应大于需求。破冰回测做空是一个常用的交易策略。这个策略成功的关键是进场后必须有跟随（三低量增）。阻力区是个很微妙的地区，判断其是否成立的关键是回落中的成交量（必须增加才能确认阻力成立）。

观察价格快要到达冰线的时候，我们这样想，什么人在观察这个位置？在这个价格上被套的人此时很高兴，他们想着价格回本就卖，正是这种想法让冰线这个价格成了阻力区。从多头持仓者的角度，他们也看到了阻力，正盘算着减仓，这种思想也给市场上涨造成了压力。那么价格继续上涨的任务就落到了那些期待更高价格出手，并且手里有资金的人身上。接下来我们就看他们愿不愿意接收顶部的供应，如果愿意而且有能力的话，只要出现卖单，他们就会吸收。从图中看到回落的量递增，我们知道没有接收供应的人，持续增加的供应压力导致价格下跌。

二次测试与突破死角

如图6.4所示，价格跌到Y位置，触及需求线后反弹，但是反弹虚弱，

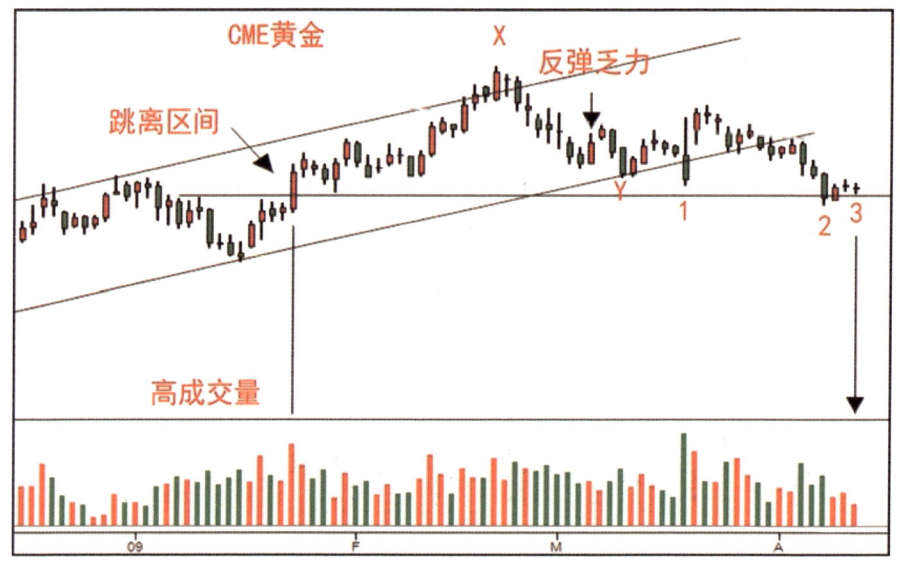

图6.4 CME 黄金日线图

需求不足，没能延续上涨，这告诉我们需求线没有起到支撑作用。同时，价格回调过程中出现了放量下跌（K线1），这是明显逢高抛售，供应在控制市场。K线1是关键信号，它反映出主力资金的倾向，我们的判断要基于市场的倾向，而不是某个形态或指标。随后的反弹尝试走出区间，但是到顶部立刻缩量说明需求不够，导致价格回落。但是有一个重要现象让我们怀疑下跌的力度，就是这次的回落量是递减的，这说明这次下跌的动力不是供应，下跌是因为需求不足。虽然其中有两天成交量增加，但是速度加快冲向支撑，属于小型恐慌抛售，是主力资金的接盘行为。然后在支撑上成交量锐减，说明恐慌抛售消耗了大量供应。

第六章 综合分析结果

K线2，价格回到了JOC的支撑位，这是我们需要仔细观察的关键位置，因为我们可能会在这里进场。但是其成交量很大，说明供应没有枯竭，不符合我们的进场要求，我们要耐心等二次测试。K线2之后的反弹非常虚弱，这给我们是否进场造成了障碍，因为我们没有看到需求。

K线3，是二次测试，供应枯竭，因为它是小成交量和短K线。这种供应出现真空的背景下，如果需求稍稍努力，价格会上涨。我们可以在这里先买一些，等需求出现后，我们再找机会补仓。

继续看后面的走势，如图6.4A所示，假如我们在K线3的位置买入，灾难性止损放在跳离区间K线下方一个点的位置，因为那里是需求的起始。K线3之后的反弹乏力，说明这个二次测试没能吸引到买家，这种情况的结果是价格还会有新的二次测试。对于目前仓位，我们要做好逃跑准备，但关键是观察下一个二次测试的过程。

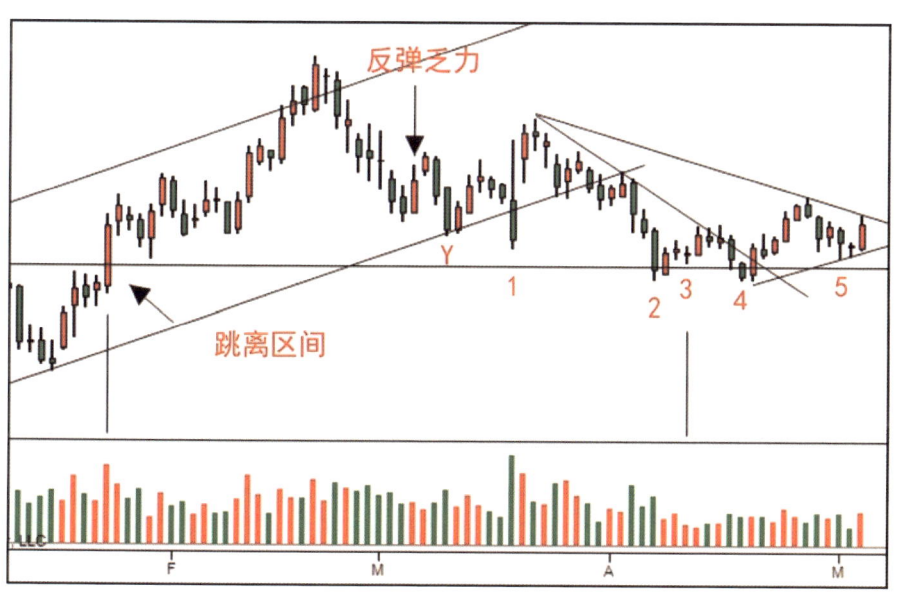

图6.4A

K线4是新的二次测试，第二天的阳线是测试的结果，说明需求在底部吸收了供应并占上风。从K线4起来的反弹突破了最新的下降趋势线，既巩固了K线4的支撑，又说明需求超过了供应。上涨趋势的秩序初步形成，但是需要无供应回落确认。

K线5也是二次测试，小成交量和高收盘说明供应很弱，上涨趋势的秩序得到了确认。接下来的阳线表明需求全部吸收供应，并占主导地位。同时价格进入死角，在底部出现的死角，需求只需稍作努力，就会引起价格快速上涨，我们期待着它发生。从另外一个方面来说，在支撑位置，如果反弹总是无法带来价格的大幅上涨，那说明需求不够，市场后续可能会出现震仓，我们需要做好出逃准备。K线5的低点在高支撑，说明需求强劲。

图6.4B是市场后来的走势，K线6突破了死角，实现了我们的预期。

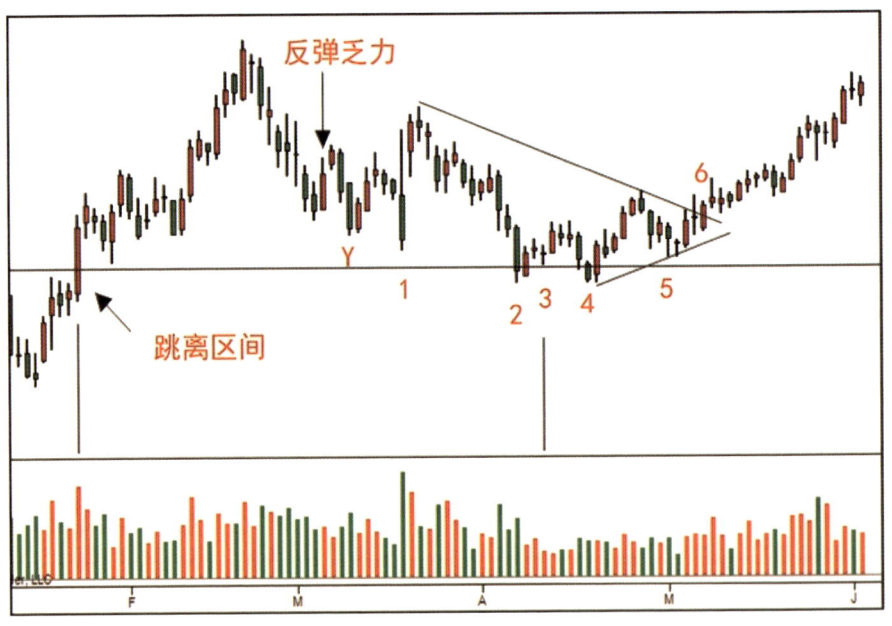

图6.4B

低量测试确认 SOS

图 6.5 ES 五分钟图

K 线 10 反弹这波是 SOS，后面的低量测试确认了 SOS，市场进入上升趋势的秩序。在上升过程中，回调和停顿反映了供应不足的市场背景，确认了上涨趋势的秩序。趋势轨道也是 TR（区间交易），我们关注两端的量价动作。在需求线关注供应耗尽的行为发生，比如超卖（恐慌抛售或者震仓行为）和低量二次测试，努力没有结果，等等。只要供应耗尽的行为（或者过程）出现，市场其实给我们提供了好中最好的交易机会。

吸收阶段

如图 6.6 所示，K 线 E 之后，价格没有继续回调，而选择立刻上扬，说明需求吸收了短暂供应后继续控制市场，如果进场，可以在 E 之后 K 线进场。

从吸收角度看 D E 是短暂的吸收过程，其中 E 是威胁行为，但是被需求立刻吸收，结束了吸收阶段。这里我们可以总结出，市场是否依然处于上涨趋势（或者上涨趋势强不强）的依据在价格回调或者停顿当中，只要回调是低量，就确认了上涨趋势依然存在。由此我们对回调的态度应该是友好的，它是我们判断趋势的朋友。如果看到回调就害怕，就忘记了回调的好处和作用，导致情绪化操作。

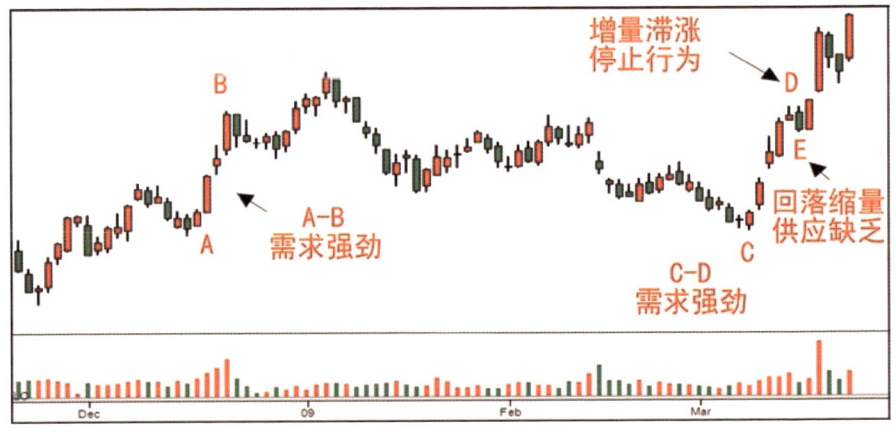

图 6.6 吸收

进场点：回落出现 Spring

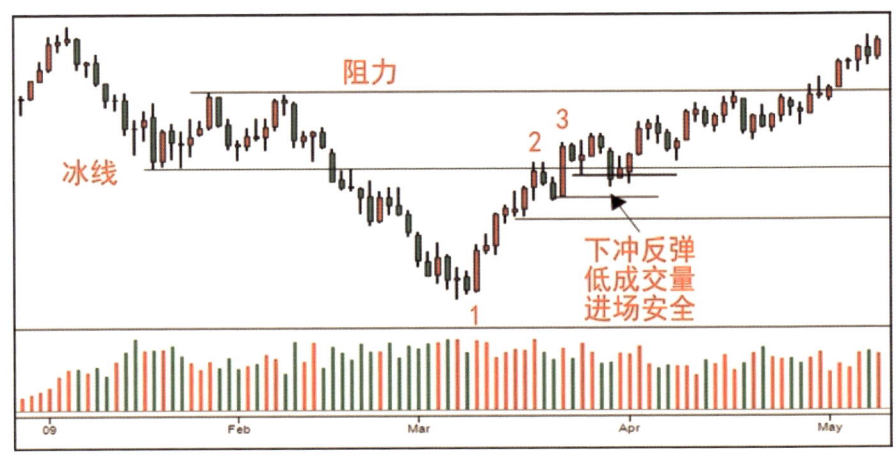

图 6.7 Spring

K线3之后，价格进入调整，回调K线的收盘价全部在K线3的低点之上（高支撑），其中有一次有危险的阴线下探，被需求立刻阻止。说明这个调整属于吸收阶段，上涨的动力没有减少（需求依然强劲）。回落出现Spring，这是进场点。进场之后，连续的三高量增说明需求大于供应，在回调的时候，出现了完美的测试行为（低量小Spring），证明供应耗尽，这又是一个进场机会。

失败的JOC二次测试

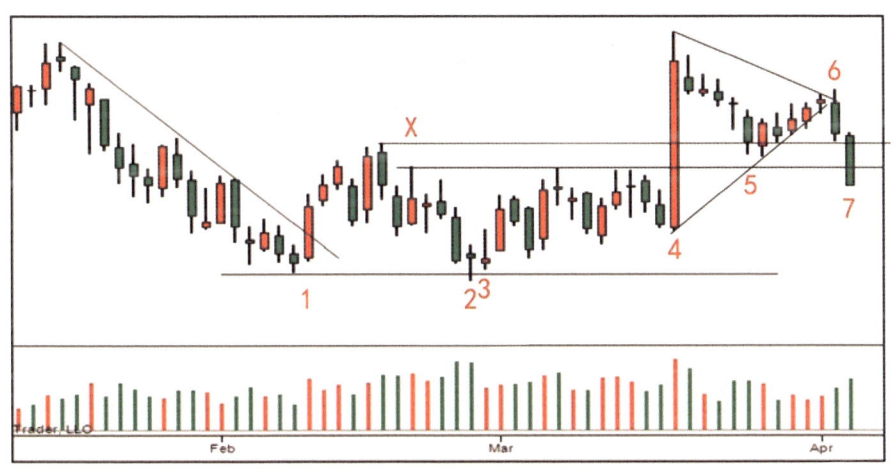

图6.8

如图6.8所示，从K线3开始的上涨，高支撑说明供应不足。但是接下来的多日行情上涨幅度小，说明浮动供应的压力依然存在。

K线4是JOC，吸收了阻力上的浮动供应。如果价格再次回到跳离点（回测过程是小成交量和短K线），又是个进场位置。

K线5是回测，但是成交量很大且收盘在低位，表明供应仍然比较大，还需要一个二次测试来确认供应萎缩。但是从K线5起来的反弹来看，成交量递减，这是个警告，表明反弹过程需求匮乏，这不是牛市的特征，这里应该减仓或离场，如果向下突破死角，则平仓。

K线6和7的出现，让我们彻底放弃了买入的想法，阴线且成交量扩大，是供应再次出现，这是失败的二次测试，下跌趋势的秩序形成。

判断吸筹没结束的案例

图6.9 SOS后没有成功的确认

如图6.9所示，K线3后没有出现JOC的现象，反而出现了卖盘，特别是随着价格下跌，成交量大幅递增，这是供应在扩大，因此我们放弃进场做多计划。熊市要反转，必须看到需求持续扩大的现象，特别是在区间的右手边要出现强势上涨现象。这是一个判断吸筹没结束的案例，虽然认为2—3是SOS，但是后来没有成功的确认，因为回落过程当中供应根本没有减少。从速度来看，更像是震仓。

供应不足，回落无力

如图6.10所示，急跌之后第二天虽然小幅下跌，但是挺在了高支撑，说明供应不足。接下来一天出现量增三高，需求大于供应。涨到前面阻力区的时候，期待供应的压力。

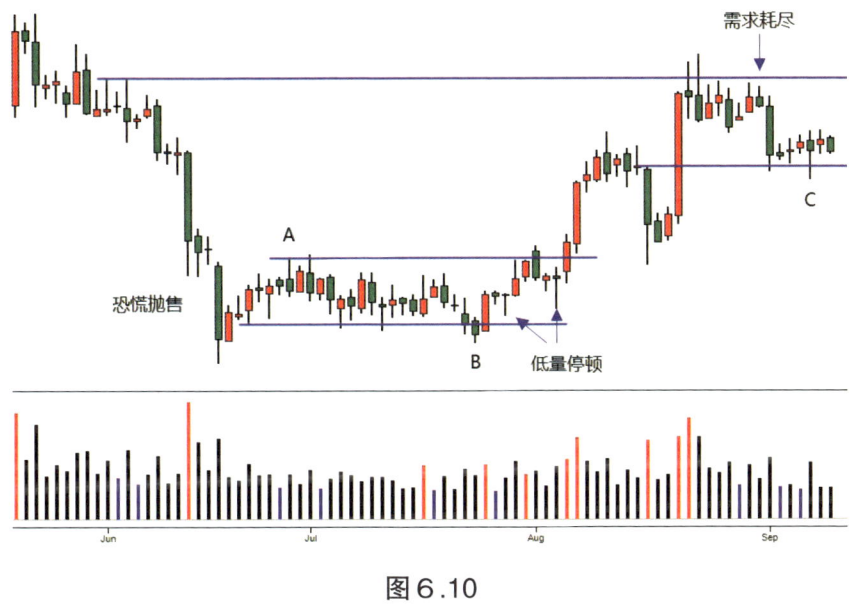

图6.10

阻力区有压力出现后，第一件事是缩减仓位止损，当看到反弹出现需求不足的时候，持仓者离场。接下来价格再次急速冲向支撑，这是超卖行为。空头持仓者预警，一旦不再创新低，立刻离场。随后的反弹没有吸引到买家，后市方向取决于接下来的回落当中。价格回落到C的时候，有大量资金涌入，但是高量说明供应依然存在，等待新的二次测试。C之后上涨需求不足，这会导致价格回落刺激新的需求。但是回落依然无力，市场进入了死角。接下来的突破确定方向。

橡胶后市发展继续上涨（图6.10A），死角突破后，价格进入上涨阶段，但是上涨过程中出现了突破幅度缩短的状况，说明需求不足，这种背景下，巨量出现在了回落当中，并且需求线被突破，告诉我们需求耗尽，供应主导市场。

图 6.10A

下跌趋势终止

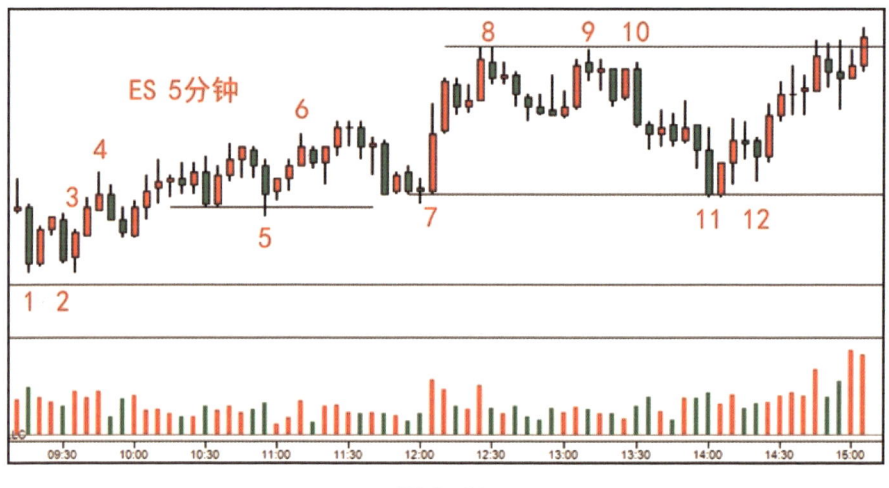

图 6.11

如图 6.11 所示，K 线 12 是成功的二次测试，证明下跌趋势终止。K 线 12 之后价格出现带量上涨，说明 K 线 12 吸引了买盘跟随，也说明二次测试的结果是需求强劲,价格会继续上涨。我们的第一目标是K线8的阻力区,因为那里有被套的大众交易者,他们正焦急地等待价格涨回来,他们能够保本抛售。如果出现JOC,我们等待第二个进场点(在低量回调的时候)。

OKR:熊市信号

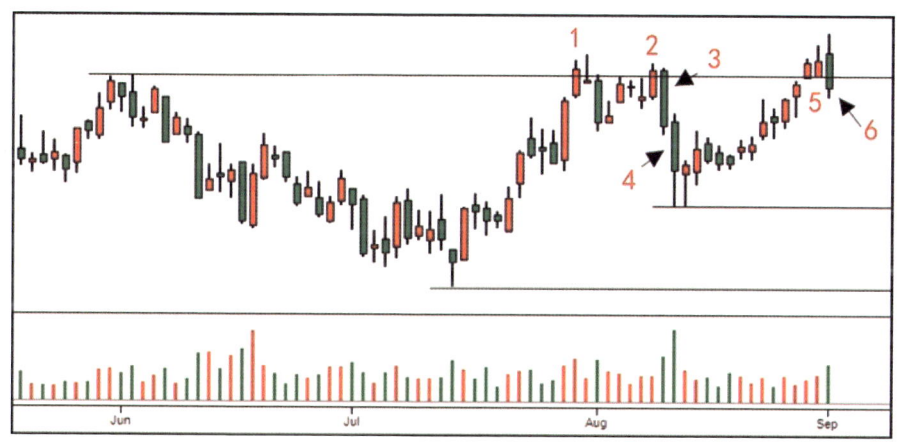

图6.12

如图6.12,K线6的出现,首先否定了JOC的可能,因为在阻力区出现了供应扩大的现象(高成交量阴线出现在右手边阻力位,这是非常清楚的熊市信号),背景已经变弱。K线6是重要反转柱,因为这个阴线包含了前一根K线,在英文中叫作OKR,表示市场的行为已经转变。第二张图是熊市抄底的后果!

如图6.12A所示,K线6之后,卖盘有跟随。接下来的反弹没有过50%,根据威科夫50%原则,市场继续看跌,UT是个做空点。第二个做空点在破冰后回测冰层位置。冰层是主力资金为了派发而设立的,一旦突破说明主力资金不再保护冰层,因为他们在派发区内的派发接近结束,大众交易者在满仓的情况下,已经无力再投入(需求耗尽),导致价格穿过冰线。冰线的突破意味着价格会深度卜沉。

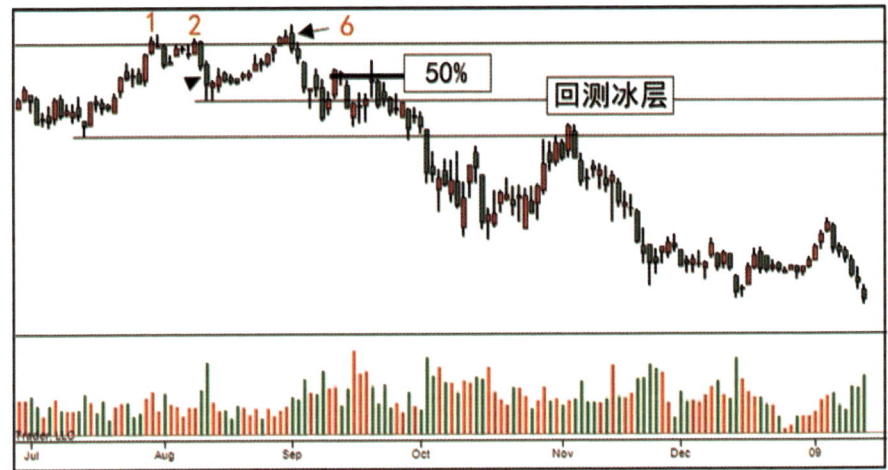

图 6.12A

JOC 回测确认牛市特征

如图 6.13 所示，K 线 d 是 JOC 回测，可以进场，然后出现连续的阳线，特点是更高的最高价、最低价和收盘价，这是牛市特征，确认了我们的进场，也延续了牛市的秩序。如果没有这种情况出现，价格可能进入横盘整理阶段（我们等待下一个 JOC 和回测再进场）。一旦出现阴线回调伴随扩大的成交量的现象，减仓或平仓离场。

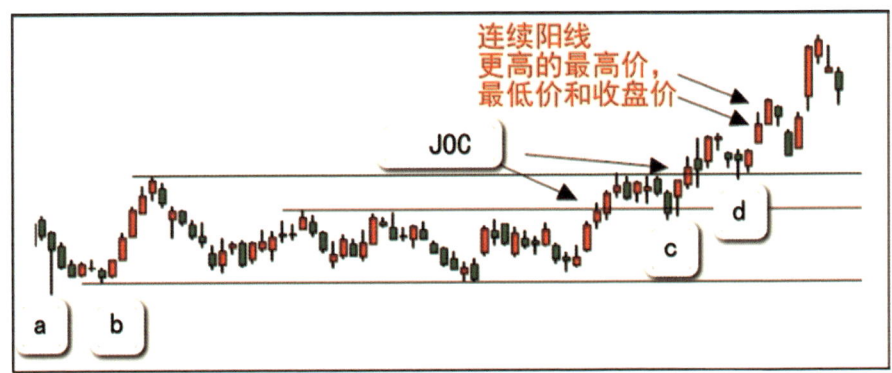

图 6.13 牛市特征

顶部的判断

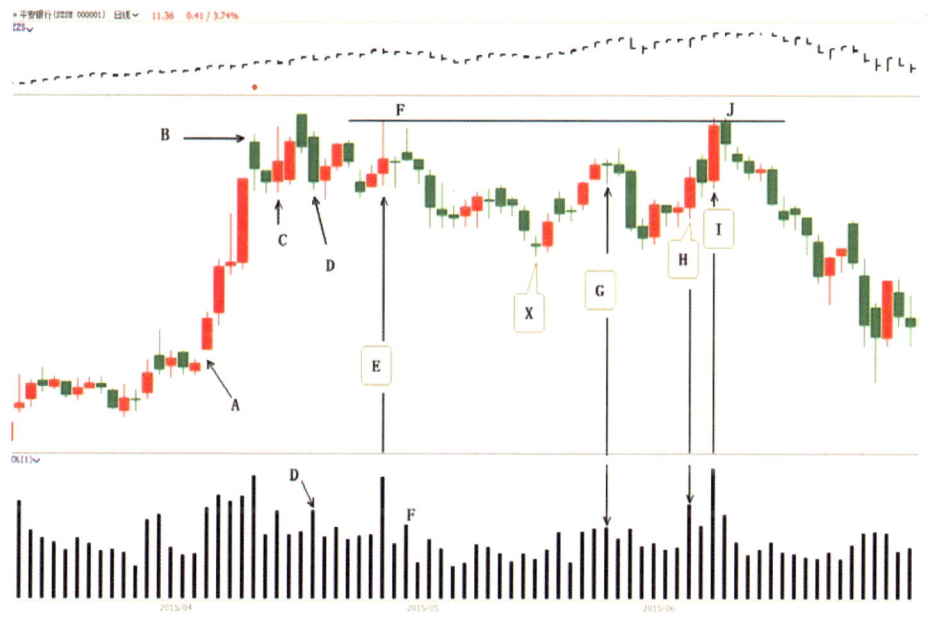

图6.14 平安银行日线图

如图6.14所示,从H开始的巨量上涨再次给了公众鼓舞。前期被套的公众再次燃起了希望,伴随着美丽的发财梦想,有的借钱加仓。场外其他买家看到涨得这么漂亮,纷纷涌入市场。I进入阻力区,只要JOC,就能恢复上涨趋势的秩序。但是JOC需要钱,要知道顶部价位聚集着众多被套的公众,他们正着急地等着回本,而要吃掉这么大供应,市场需求巨大的资金,这种资金规模只能来自主力机构,公众没有这个能力。但是前面我们已经看到很多主力资金的出货现象,他们现在能一下子变成买家并解救那些被套的公众吗?显然不会。I的巨量消耗了大量需求和供应,如果主力资金看涨并且使用更大的资金来吸收顶部供应,价格会JOC。但是J的量价行为让我们完全看清了主力的意图,他显然还在出货,他没有站在买方的队伍里。从这里开始,平安银行从顶部14元左右一直跌到7.5元以下。

反弹有跟随

如图 6.15 所示,K 线 5 之后的反弹有跟随并把价格带到阻力区,这时我们看到接近阻力的两根 K 线,低量说明供应不足,高收盘表示吸收行为(阻力区的吸收行为导致 JOC)。接下来的 JOC 再次确认了再吸筹,符合预期。如果后面是无量回测,我们可以进场(或加仓)。

最后一根 UT 出现了超买行情和供应进入行为(高成交量),这是个威胁,关键是接下来的回落中供应的力度,如果供应逐步耗尽,我们可以进场,否则必须等待新的机会。

上涨当中出现巨量上影线说明供应扩大,上涨的势头被削弱。背景中有这种弱势行为存在,接下来的上涨多数不会持续太久。公众往往因为后市的猛烈上涨而忘记了背景中还有个弱势行为存在。而作为聪明钱,选择不再做多,而是择机出掉多仓。但是他们不会马上做空,而是等待右手边的需求耗尽再动手。

图 6.15 ES 60 分钟图

阻力的判断方法

如图 6.16 所示，K 线 8 之后，价格回调，成交量没有扩大说明供应没有出现，需求还是占上风，可以进场。进场后，如果出现放量的阴线，立刻离场。这里我们总结一下阻力的判断方法，阻力是否成立，关键在于供应，而衡量供应大小的是在回落当中。阻力区是有大量卖单等候，这是对上涨的压力，主力资金如果看到更高的价格，他们必须把这些压力高价吸收。他们决定吸收的表现就是下跌没有任何空间和跟随，因为只要有卖单就被吸收。这种情况下，我们看到更多的是三高量增和逐渐形成的高支撑。

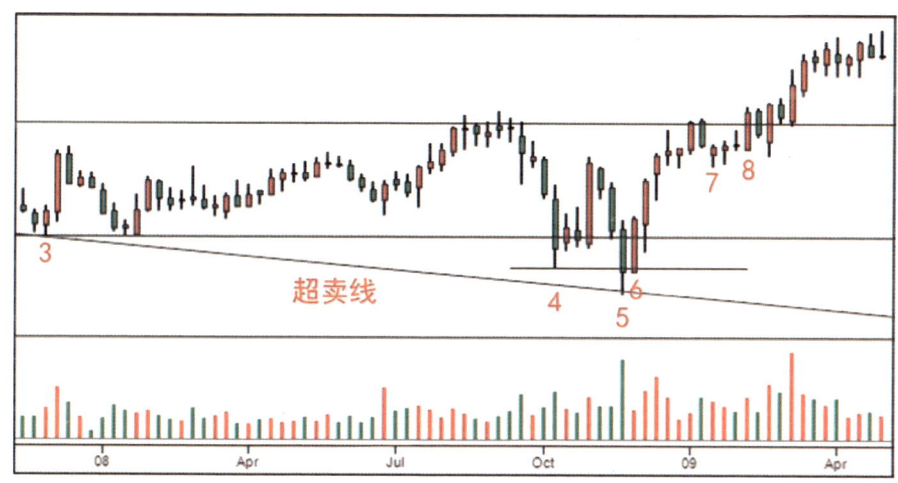

图 6.16

供应耗尽，JOC 出现

如图 6.17 所示,K 线 2 没有卖盘跟随。K 线 3 创小幅新低,但是收在高位,而且成交量超过 K 线 2，说明有更多的需求在吸收卖盘。

K 线 4 是二次测试，但成交量依然大，供应还没有被清除，收盘为阳线说明有需求在努力吸收供应。目前为止，市场处于关键阶段，但是从 K 线 3 起来的走势中，下跌幅度明显小于上涨幅度，说明供应在逐步耗尽，需求在保持力量。这里的关键是背景没改变，依然是上涨趋势的秩序。如果出现放量下挫的情况，是对 K 线 2 的跟随。K 线 4 之后的阳线收盘高于 K 线 4，说明需求吸收卖盘后继续控制市场，随后的回落的关键是供应耗尽，导致 JOC 出现。接下来 K 线 5 和 6 是测试 JOC 跳离点，低量小柱给了我们进场机会。

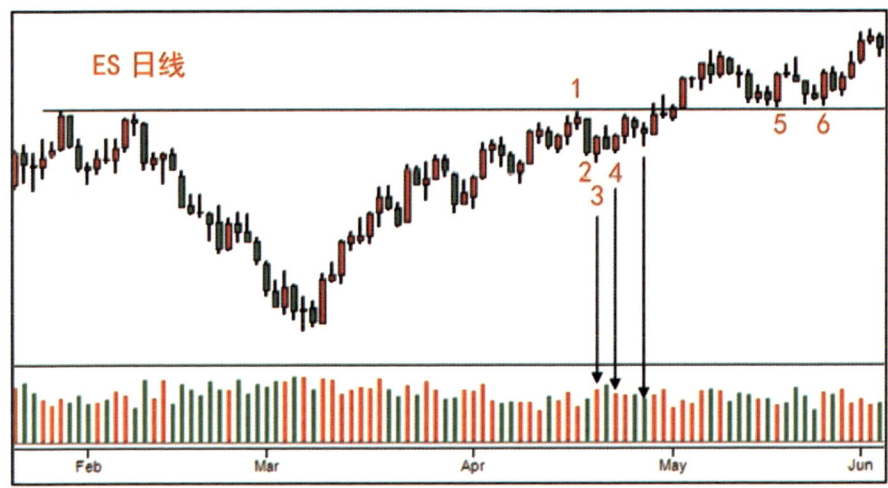

图 6.17 ES 日线图

牛市初期成交量

图 6.18 ES 五分钟图

第六章 综合分析结果

如图 6.18 所示，K 线 4 符合进场条件，因为回落过程中没有大幅卖盘加入，同时 K 线 4 是 Spring，我们买入，止损设置在 K 线 3 的下方。我们期待接下来有阳线跟随，K 线 5 确认了我们的进场。这里有一个疑问要解答，那就是成交量没有增加，这种情况下需要等待跟随来确认需求是否主导市场。下面的图 6.18A 是接下来的走势，K 线 5 之后的一根成交量依然没增长，但是我们仔细看 K 线，这一根出现了大幅度的回落，成交低说明供应不足，而高收盘和新高说明需求大于供应。K 线 5 之后连续 3 天成交量很低，让空头持仓者看到了希望，他们期待一个大幅回落出场。而这种低迷上涨没有吸引到很多买家入场，他们等一个合适的回调入场。但是市场没有满足他们的期待，而是缓慢上涨。最后空头因忍受不了而平仓，多头因为等不到回调而追高，导致后面的急速上涨。分析市场，多从参与者的处境方面分析他们可能的做法。

图 6.18A ES 5 分钟图

下降停止行为

如图 6.19 所示，价格迅速跌破 K 线 1 和 K 线 2 处的支撑，有些超卖的味道，但是没有迅速反弹，说明需求不足，随后市场继续下跌。K 线 6 是前期支撑处的Spring，是下降停止行为（也是小型抛售高潮），我们需要二次测试来观察后续市场的供应是否缩小或衰竭。K线6后面是二次测试，成交量缩小，表明供应衰竭，可以进场。K线7之后出现强势上涨（需求强劲），然后又是低量测试，形成了死角。在支撑区形成死角，供应不足，此时需求稍作努力就能引起价格上涨，后面一天出现了死角突破。但是这个上涨面临的第一个压力就是冰线区，如果已经做多，冰线是出场价位。K线8是回调中出现的Spring，表明需求吸收供应并把价格抬高。如做多，需要二次测试确认，因为这个Spring的量告诉我们供应没有减弱。此时空头更关注反弹过程，如果他们看到反弹没有需求增加的现象，他们会立刻做空。

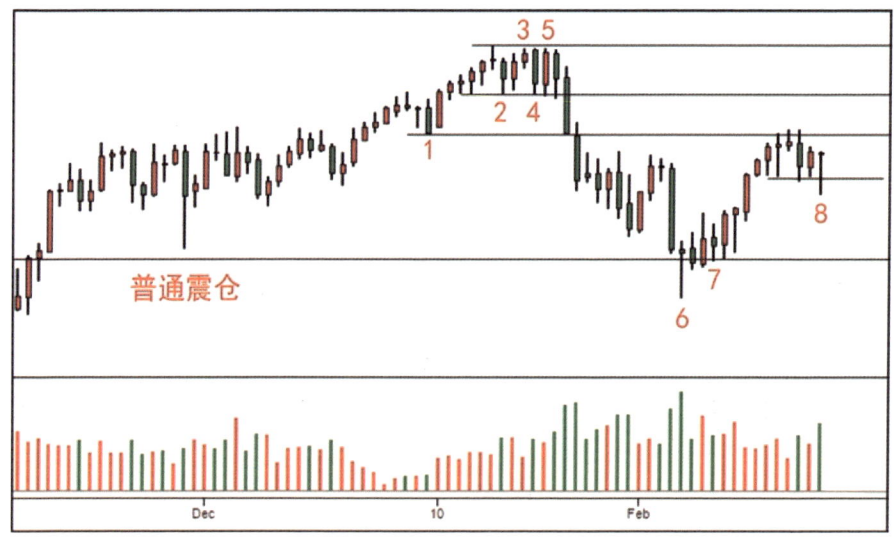

图6.19

第一目标后的停顿

如图6.20所示，在到达第一目标后有停顿，停顿期间连续的高成交量说明供应依然强劲。市场并没有改变当前的熊市背景。我们说过，要想熊市背景转变，必须看到需求出现并持续，此图中并没有出现需求。相反，经过一段时间的停顿后，市场在供应的控制下，价格大幅度下跌。

第六章 综合分析结果

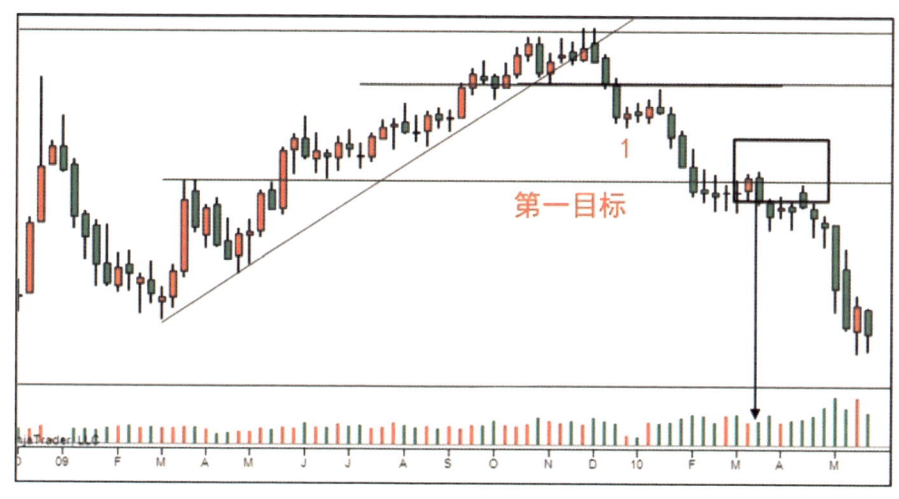

图6.20

如图6.20中方框所示，我们看到JOC的支撑被突破，突破过程中的卖盘明显增加。这种行为告诉我们：要想支撑有效，接下来必须是强劲需求出现，不但有能力吸收供应，而且有能力抬高价格，但是我们从方框中没有看到这种行为，这是无需求反弹，直接结果是价格继续下跌。

需求继续控制市场

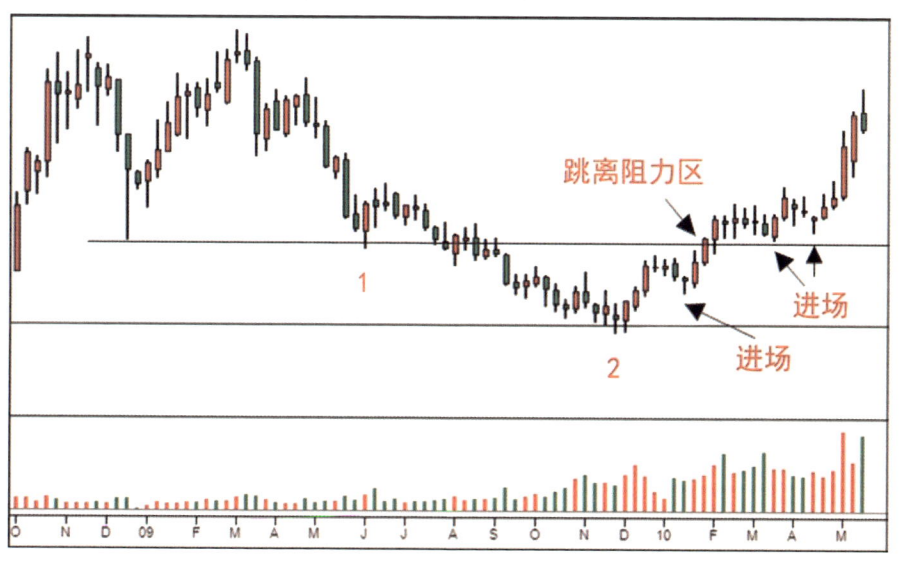

图6.21

245

如图 6.21 所示，SOS 后测试结果是阳线出现，表明需求继续控制市场，可以进场。接下来出现 JOC，确认了我们的进场。在回测 JOC 的时候，我们有了新的进场点。其中第一次回测的量很大，说明浮动供应依然存在，我们期待第二次测试。后面的回测是个小十字星，回测过程就像蜻蜓点水，明显供应不足，这是比较好的进场时机。

这里分析一下 JOC 的内涵。面临阻力，专业交易者迅速把价格拉高，能够看出他们倾向是看涨，我们能够看出这一点是因为足够的成交量支持这个上涨。这么急速的上涨，让很多买家措手不及，他们错过了买低价的机会，他们只能再等待低价出现。同时，这种急速上涨让持仓的空头恐慌，恐慌当中的平仓给价格上涨又增添了动力。但是也有在上涨当中追进来的公众，主力资金会用枯燥行情把踢出市场。

需求进场

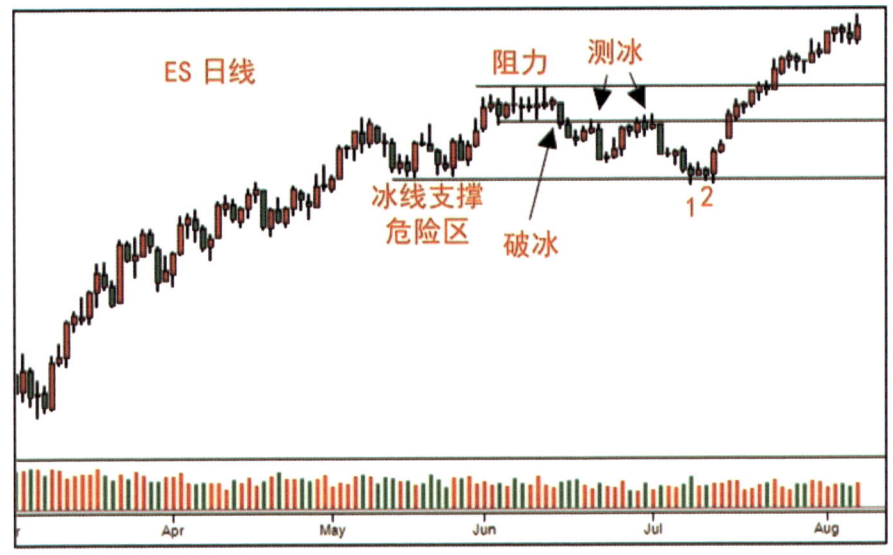

图 6.22 ES 日线

K 线 1—2 期间的低幅低量震荡说明市场进入枯燥状态。我们从中可以看出投资者的一种观望态度（主力资金没有动作）。价格没下去是因为缺乏足够的卖单（供应），同时没有买单进入市场，导致市场进入短暂的僵局。此时正好处于支撑区，需求大于供应，如果供应不足的话，有利于价格上涨。在这个时候，买方只需很小的力向上竞价，就能把价格挺起来。K 线 2 后面需求进场，价格上扬，我们可以进场，接下来的连续上涨确认了我们的进场。

死角之后有一波很大的趋势，但是公众对枯燥行情非常厌恶和嫌弃，他们认为市场已死，不值得交易。公众这样理解也不奇怪，因为公众以视觉印象和表象作为判断基础，猛烈的 K 线和突破对他们更有吸引力。然而他们对猛烈 K 线的背后意义不去研究，很多时候猛烈上涨的 K 线是一种严重透支体力和超买行为。我们操作市场的时候，对于这些特殊的枯燥或者猛烈的行情，首先要考虑主力资金对此有什么反应。看到猛烈上涨，如果主力资金看涨的话，他们不会出货，但是会让市场进入枯燥行情，让跟风买入的公众感到失望和无奈，并卖掉股票。当公众卖出之后，供应耗尽，价格开始上涨。相反，在趋势出现猛烈上涨之后，如果主力资金不再看涨，他们会利用这个市场行为出货，导致价格大幅度回落或者巨量不涨。因此，我们的判断习惯要从表象进入本质，而不是单凭表象做决定。

Spring 失败

如图 6.23 所示，Spring 之后，出现增量阴线，这个阴线不仅下跌突破了震荡区，而且也跌破了上升趋势线（需求线），需求没有恢复力量，我们不能行动。如果后面出现反弹并突破跳空柱的时候，说明需求战胜供应，我们可以进场。任何时候我们进场做多之后，不能放下不管，因为进场后最初阶段的风控尤为重要，它可以让我们在亏损最小的时候离场。比如本次行情，进场后必须看到需求依然占上风和供应不足的局面，任何和我们期待相反或者让我们产生怀疑的行情，我们必须在第一时间离场等候，而不是期待市场给我们恩惠。

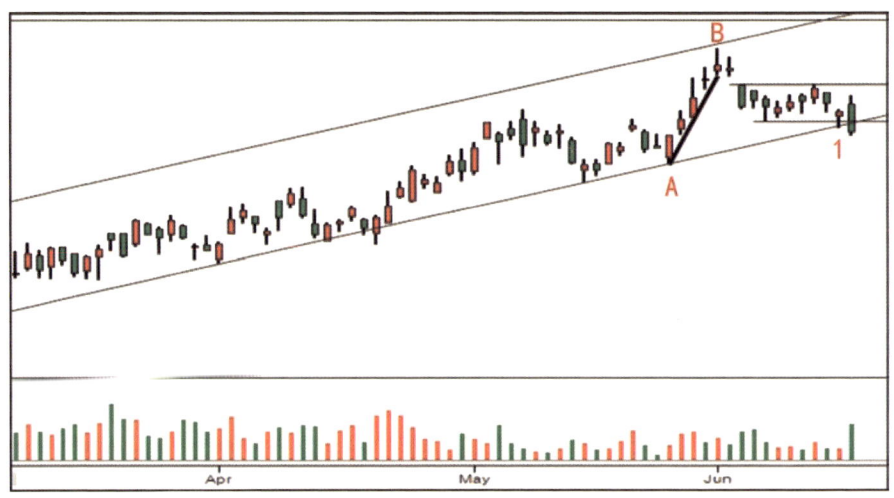

图6.23

这个例子再次证明在卖盘控制的背景下,Spring经常失败。

冰线突破

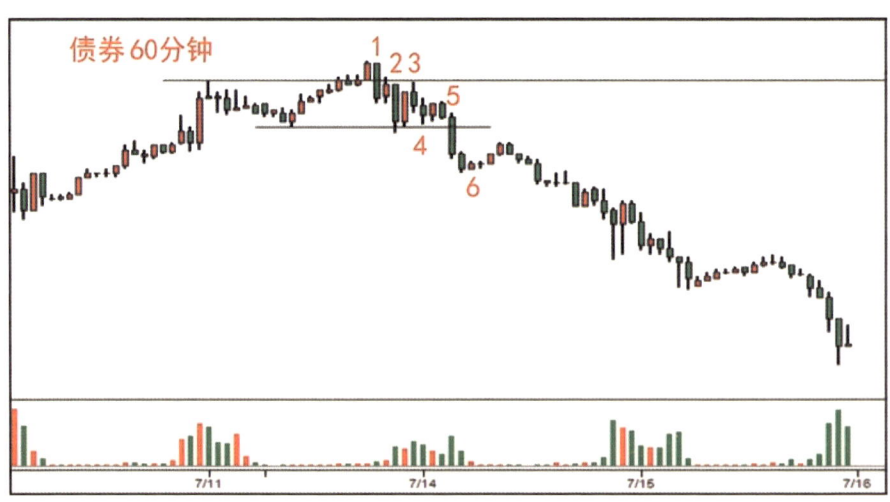

图6.24

如图6.24所示,冰线突破后,K线6开始的无需求反弹,导致供应价格继续下跌。这里如果根据表象交易的话,一定要看到测试冰线,就没有得到进场的机会。但是根据市场内涵思考的话，任何无需求的反弹都是确认下降趋势秩序的核心。在这里最能体现按照表象交易和按照内涵去交易的区别。冰线突破，新的趋势开始和原趋势彻底消失，冰线本身是主力资金为了高位派发自己设立的支撑，他们派发完毕的第一个动作就是不再防守冰线，或者说撤掉支撑，因为他们派发完毕，不会再建多仓，直到吸筹阶段。价格没有主力资金的力挺，等于没有重要的需求在场，导致价格持续下滑。

常用术语解释

自从《威科夫操盘法》走到大家面前以来，我们认识了更多热衷股票期货交易的朋友。由于这本书的起点是给已经有 5 年以上交易经验的朋友，但是也吸引了众多新入行的朋友，他们所提的问题都是对我们的支持，我们将尽全力满足大家的要求。威科夫理论的基础是供求关系，判断思路是从形到意。这个形就是我们看到的市场行为，意就是价格背后的博弈，包括 CM（主力）的意图、供求背景以及他们对价格的影响。这里，应广大读者要求，我们把威科夫理论中的主要市场行为的缩写以及用法整理出来，以方便大家更好地深入理解我们推出的威科夫操盘法系列书籍以及系列培训课程的内容。

SPRING

·名词解释

Spring，中文可以翻译成弹簧效应，不过无论叫什么名字，我们只要理解其中的含义就可以了。

·背后故事

既然叫作弹簧，我们首先会想到的是一种动作性。用到价格方面就是一种快速弹起的动作。那么这只是表面意义，其背后的意义更具有可判断和可操作性。当价格走到一个大家都认为可以赚钱的价格区的时候，人们的需求势必增加，从而导致价格停止下跌。而需求的增加必须具有持续力度，才能使得价格继续上涨。

Spring 就是价格跌破支撑后又回到支撑之上。一般用于区间交易和回测交易。Spring 出现的时候，量不能大，如果量大，价格出现反弹，还是说明卖盘力度依然存在，这对进场做多有威胁。这种情况下，我们需要等待二次测试。

UT

· **名词解释**

UT，英文是 Upthrust，意思是价格冲出阻力之后又回到阻力之下。

· **背后故事**

UT 出现的目的是引诱大众交易者继续做多（他们买的是主力想卖的）。同时 UT 还有另一层意思，就是宰杀已经入场的空头，空头的止损单被触及之后，立刻成为买单。UT 是一种停止行为，也是进场的扳机行为。

UTAD

· **名词解释**

UTAD，（Upthrust After Distribution）指在派发现象出现之后的 UT，一般发生在高位。

· **背后故事**

派发出现,本身代表市场即将进入熊市。而 UT 再出现,说明派发接近尾声,目的是让最后一波买家冲进去，同时打掉入场的空头止损。主力这样做的目的是准备让价格下跌，但是主力不让大众交易者看出来，反而要给大众交易者营造一种价格要向上突破的市场氛围。

JOC

· 名词解释

JOC，英文是 Jump Over Creek，可以翻译成跳过小溪，也就是创新高。

· 背后故事

JOC 是需求完全控制市场的表现。它的出现给我们带来潜在的交易机会，也就是后面的无供应回测突破点。JOC 发生在吸筹结束的时候,也会发生在区间交易结束的时候。

SOS

· 名词解释

SOS，英文是 Sign Of Strength，可以翻译成市场发力的表现。

· 背后故事

同 JOC 一样，它经常发生在吸筹结束的时候，或者区间结束的时候。反过来说，它是区间结束的标志，一旦出现，我们等待回测无供应则可以做多。

SOW

· 名字解释

SOW，英文是 Sign Of Weakness，翻译成中文是市场减弱的表现。

· 背后故事

同 SOS 相反，SOW 发生在派发阶段或者区间交易尾部。也就是说，它是派发结束或者区间交易结束的标志。它出现后，给我们提供了潜在的交易机会，我们可以选择在 SOW 出现之后的无需求反弹中做空。

LPS

名词解释

LPS，英文是 Last Point Of Support，最后的支撑。

背后故事

当需求控制市场之后，我们的任务就是在那种无供应的回落过程中进场做多，这种无供应回落表明需求控制市场的情况没有受到威胁，于是我们依据市场行为进场做多。它发生在 SOS 之后。

LPSY

·名词解释

LPSY，英文是 Last Point Of Supply，也就是最后的供应释放点。

·背后故事

当供应完全控制市场之后，我们需要看到需求确实已经枯竭，这样我们才能风险更低地进场。LPSY 正是这种需求反弹的表现，它发生在 SOW 之后，扣下了起跑发令枪的扳机，给了我们进场的机会。

BC

·名词解释

BC，英文是 Buying Climax，属于疯狂抢购，是一种市场高潮行为，是人们的极端行为。

·背后故事

当主力认为自己的利润目标已经达到，他们就准备出手收割了。但是在出货前，他们还想愚弄大众交易者一次，用大阳线吸引大众交易者眼球和冲动。大众交易者看到后，纷纷入场，这正是主力希望出现的情况。BC 之后，市场可能进入派发期。

SC

·名词解释

SC，英文是 Selling Climax，意思是恐慌抛售，也是一种市场高潮行为，也是人们的极端行为。

·背后故事

当被套的大众交易者，在利空舆论的压力下，达到一种情绪点，在这个情绪点上，他们进入崩溃阶段，什么也不顾地把已经亏得很惨的股票抛掉，借此得以解脱。这时候市场可能进入吸筹阶段的标志。

SOT

·名词解释

SOT，Shortening Of Thrust，是突破缩短，属于停止行为。

·背后故事

SOT 是趋势的停止苗头，也是我们进场的指令。

PS 与 PSY

·名词解释

PS，英文是 Preliminary Support，是初次支撑。

PSY，英文是 Preliminary Supply，初次供应。

·背后故事

他们是趋势反转最早出现的苗头，如果后面 SC、BC 出现，则确认了 PS 或者 PSY 的成立。

TSO

·名词解释

TSO，英文是 Terminal Shakeout，意为终极震仓。

·背后故事

TSO 是穿过前期支撑区的，猛烈的价格大幅下降，主力目的是从意志不坚定的持有人手里买入股票，在这之前通常有一个交易区间，或者支撑区，或者吸筹末期，酝酿的就是这种使价格大幅度上涨的企图。

终极震仓 TSO 使价格跌穿支撑区，目的是使意志不坚定的持有人感到害怕并迫使他们卖出股票，其关键是大量供应出现以及供应是否被吸收，这是非常重要的。

BOI

·名词解释

BOI，英文是 Break Of Ice，意为破冰，表示牛市结束的确认。牛市最后一道防线失效，将有大幅下跌。

· **背后故事**

在派发过程中，当最后一批多头被诱入市场并被套牢后，市场中的需求匮乏，导致主力选择更低价格派发。当价格下跌至派发区间支撑线时，没有新的需求入场，供应轻松就使价格跌破该支撑。

它意味着派发结束，趋势开启熊市秩序。

TR

· **名词解释**

TR，英文是 Trading Range，意为交易区间。

· **背后故事**

交易区间中供需双方力量平衡，TR 的上限是重要的阻力区，有大量供应出现的地方；TR 下限是重要的支撑区，有需求进入的地方。如果在 TR 上限发现吸收行为，趋势将向上突破 TR；同理如果在 TR 下限出现供应强于需求，趋势将向下跌破 TR。

OB

· **名词解释**

OB，英文是 Over Bought，意为市场超买。

· **背后故事**

价格上涨加速，买方资金投入过量超出预期。中间没有任何的调整，市场超买通常会导致买方力量真空，上涨将暂时停止。

OS

· 名词解释

OS，英文是 Over Sold，意为市场超卖。

· 背后故事

价格出现持续急速下跌（包括突破下降通道中的超卖线），中间没有任何反弹。超卖表明公众的恐慌抛售，也可能是主力制造恐怖气氛的一个策略。超卖出现后，在主要支撑位置会出现反弹。超卖行为和后面说的恐慌抛售行为，他们起的最大的一个作用就是快速消耗了当时市场上的供应。在下跌趋势当中，本身供应是大于需求的。一旦供应出现了大规模的消耗，打破了原有的供求关系。

DIS

· 名词解释

DIS，英文全称为 Distribution，意为派发。

· 背后故事

这是主力机构的出货过程。从供应需求方面考虑，派发区是供应进入市场并逐渐克服需求的过程，派发的结果是终止牛市并最终把市场转为熊市。

在派发区域，专业投资者以及先前持有仓位的投机者，将自己手中的股票卖给公众。而公众常常因为各种各样的利好消息（比如发布新产品，股价持续上涨等）而疯狂买入。他们认为价格将继续上涨，不想错过这个机会而买入，或者他们在价格从顶部下降了几点后，可以捡个便宜。当清仓了手里的多头筹码后，主力机构将不会再次入场并为价格提供支撑，他们甚至会建立空头仓位来加速价格下跌。

相对吸筹过程而言，派发常常在比较短的时间内完成。比较大的派发常常在数周或者数月内完成。

ACC

·名词解释

ACC，英文全称是 Accumulation，意为吸筹。

·背后故事

与派发相对。这是主力机构买进股票的阶段。从供求关系看，吸筹区是由需求进入市场并逐渐克服供应的过程。在需求进入的背景下，供应减弱，下跌趋势停止，随着主力机构不断地买买买，市场上的股票越来越稀少，最终转变成牛市行情。

VDB

·名词解释

VDB，英文是 Vertical Demand Bar，意为垂直需求柱。

·背后故事

表示需求控制市场，它的底部是重要的支撑区，如果再次测试底部没有供应进入，价格可能上涨。

VSB

·名词解释

VSB，英文是 Vertical Selling Bar，意为垂直供应柱。

·背后故事

表示供应完全控制市场，它的顶是关键区，价格经常回来测试。如果你有多仓，可以在垂直供应柱的顶端离场。如果做空，在这个顶端出现停止行为的时候进场。

FT

·名词解释

FT，英文是 Follow Through，意为跟随。

·背后故事

价格上涨到阻力区，需求反抗供应的压力，不但没有被压力打垮，反而是买方的行为引起市场上其他人的响应，表明买方有持续性，抗压能力强，后市看涨。

RHS

·名词解释

RHS，英文是 Right-Hand Side，意为右手边。

·背后故事

上涨趋势，调整后，再次上涨没有结果，二次测试成功，上涨行情走势进入右手边。同样道理，下跌趋势反弹后，再次下跌没有新低，二次测试成功，趋势进入右手边。

CM

·名词解释

CM，英文是 Composite Man，意为主力机构，主力资金。

· 背后故事

主力机构，掌握大资金的人或者机构，能够在短期内控制价格走势。他们提前获知内部消息，操纵媒体发布的不实或过时的新闻影响市场情绪。

DIP

· 名词解释

DIP，意为蜻蜓点水。

· 背后故事

上涨趋势超买之后，价格开始调整，调整过程是缩量价格波动幅度窄，表明回落过程没有供应参与，这样的调整不威胁上涨趋势。

3H

· 名词解释

3H，英文是 HH、HL、HC，意为更高的高点，更高的低点，更高的收盘价。

· 背后故事

从供需双方的力量来看，3H 表明需求的力量强于供应。支撑区 Spring 之后，有 3H 跟随，意味着 Spring 产生了作用，需求努力得到了响应。

3L

· 名词解释

3L，英文是 LH、LL、LC 意为更低的高点，更低的低点，更低的收盘价。

·背后故事

从供需双方的力量来看，3L 表明供应力量强于需求。在 TR 区间的右侧，阻力区出现 3L 表明供应力量大于需求。

OKR

·名词解释

OKR，英文是 Outside Key Reversal，意为关键外包反转柱。表现为更高的高点、更低的低点并收盘在中部或者中部以下。

·背后故事

开盘时，需求占据优势并使价格上涨；当上涨至某一价位时，供应大量进入市场，价格迅速跌回开盘价，并持续下跌创新低，这是供应进入并暂时控制市场的形式。

EvR

·名词解释

EvR，英文是 Effort vs Result，意为努力和结果。努力无结果是一种停止行为。

·背后故事

努力与结果，可以理解为过程和结果。主要用来判断短期趋势的改变。

努力无结果，说明市场付出了努力，但是没有取得预期的效果，比如上涨趋势中出现增量，价格向上延伸的高度大幅度缩短，说明买方付出了更大的努力，但是没有取得预期的效果，意味着价格上涨遇到了更大的供应。如果你有努力，结果应该和努力成正比。

ICE

· 名词解释

ICE，意为冰线。

· 背后故事

这是在派发区域内，需求死守的支撑区，当价格接近冰线时，需求就进入市场。当需求耗尽时，价格在此支撑区就像跌入冰窟窿一样，快速下跌。我们称此支撑区为冰线。

CREEK

· 名词解释

CREEK，意为小溪。

· 背后故事

价格吸筹过程，就像一条蜿蜒的小溪，小溪的两边就是吸筹区间的两个边界。在吸筹过程中，CM 会设置"天花板"阻力区，阻挡价格继续上涨，目的是控制吸筹的成本，只有在 CM 收集到足够的筹码之后，才会允许价格突破 Creek 的阻力，开启牛市秩序。

ABS

· 名词解释

ABS，英文是 Absorption，意为吸收。

- 背后故事

上涨趋势阻力区，期待的下跌行为发生，最终没有出现，市场在阻力区展开了供应和需求的博弈，最终需求消耗掉了供应。

吸收行为的出现意味着价格上涨还没有涨到目标价位。如价格从 20 涨到 30 遇到压力，在 28 到 30 之间，需求不断消耗来自上方的供应，为的是继续上涨。吸收行为的发生告诉我们原有趋势可能继续。

COB

- 名词解释

COB，英文是 Change Of Behavior，意为背景改变。

- 背后故事

COB 是指市场控制力量转移的行为，由需求控制转为供应控制，或者由供应控制转为需求控制。COB 常常发生在吸筹区或者派发区。

AR

- 名词解释

AR，英文是 Automatic Rally or Reaction，意为自动反弹或者自然回落。

- 背后故事

下降趋势中，AR 通常在 SC 之后，SC 是由于恐慌性的卖盘和清仓导致，价格快速下降形成价格的真空，只要下降趋势停止，价格必将开始反弹，称之为 AR 自动反弹，是因为它的发生是自发的。

一般而言，自动反弹持续数天至一周时间，反弹过程可能是弱反弹，也可能是强反弹。如果供应比较强，那么价格就不会有好的上涨，而是在底部横盘，持续数天或最多数周，价格随后继续下跌。

后 记

"我要成为职业交易员，我要凭借自己达到财务自由和人格自由。"

梦想和现实是天壤之别。少数人在这个行业上成功不是偶然，因为他们从内心深处热爱这个职业，对他们来说，花时间钻研市场是一种享受，已经成了一种生活习惯。他们深知市场的危险性，他们用毕生的时间和精力思考和实践，来化解市场的危险，为自己和公司创造了财富。本书无法给大家一个圣杯来立刻达到这种水平，本书的目的是给大家的市场研究打开一个思路。

曾经一个学员和我聊天，说他刚进入股市的时候，梦想着内部消息可以让他赚钱，于是给各个证券公司的领导送礼，以求得一些内幕消息。他的心是诚的，但是做法是多么的愚蠢，这和花钱买系统的做法相同，当然结果也相同：亏损。

从业这么多年来，没有看到任何有魔力的系统让公众轻松发财。任何市场的卖方都把自己的产品说得神乎其神，那些出钱买系统的人无非是想避开长期花时间钻研的这个过程，他们要捷径。市场一门科学，一门艺术，长期的钻研和实践是必经之路，每个想认真从事资本市场这个行业的人都躲不开。当一个人打算从事证券这个行业的时候，摆在面前的有两条路：一个是想快速发财：或者买系统，或者梦想从某大咖的培训班学个快速见效的绝招。另一个就是做好持久战的准备，从打开正确的门入手，做好长期学习和成长计划，一步一步脚印走过来。下面是我和一些公众交易者交流后的感悟和建议，希望对新的读者有启发和帮助。

- 对于没有接触过市场本质行为的读者，书中的信息量可能很大，读一遍难以消化，建议大家多读几遍。根据书中讨论的市场行为，复盘历史行情，从中找出相同市场行为，复盘行情越多，对市场行为越熟悉。这个阶段不要实盘交易，把市场行为内涵弄清楚之后再考虑轻仓实盘交易，注意，是轻仓！因为这个时候的实盘交易是验证所学，失败不可避免，如果重仓去验证，会导致灾难！

- 如果要用实盘交易来验证和研究市场行为，建议用一手仓位，使用一个策略，一个周期以及交易一个方向（上涨秩序中不被临时的做空信号吸引，下跌秩序中不抄底）。这样建议的目的是让大家在开始的时候保持思路清晰，更集中地分析自己常用的市场行为。

  - 不知哪位大师提出的多周期交易，导致公众同时看好几个周期做决策，最后导致判断上模棱两可。公众因多周期风险导致的亏损占总亏损的很大比例。
  - 使用一个周期，把这个周期的趋势秩序，市场行为框架研究透，就按照这个周期的框架和市场行为交易，这样让分析更集中，不分心。
  - 频繁交易，着急动手，等于跑步冲向爆仓。

- 杜绝重仓实盘练习。既然是练习，交易的目的是熟悉市场行为，而不是为了马上翻倍赚钱。

- 做好交易计划。进场步骤，出场步骤，好中最好的进场时机，好中最好的出场时机，进场前的风控计划和进场后的风控计划，以及持仓和资金管理计划。计划好做，执行最难，因为情绪的介入。情绪控制因人而异，我们给一些朋友的建议是：不盯盘，分析行情时眼前不能有跳动的 K 线。把行情打印出来分析，如果用日线交易，在收盘后打印出来分析，如果用小时线，每 60 分钟打印一张，这种做法的好处是精力集中。另外一个建议就是把进场和出场的条件写出来，只有这些条件满足才动手操作。

- 如果无法忍受回调，持仓心态不好，就一波一波吃。

- 做好持久战准备，如果不能做到，就不要开始，建议从事其他行业。资本市场这个行业很难一口吃个胖子，稳扎稳打和循序渐进才更有可能成功。

在交易上，急，是大忌。比如说 6 个月时间，每天花上 6 小时以上来学习研究，用轻仓验证所学，那么 6 个月之后的收获将是：用很小的资金学到和掌握了更多知识。相反，开始就重仓，并且每天没有花足够的时间学习，6 个月之后的收获是：不但巨亏，而且没有把任何一个市场行为研究透。

- 对于出场和进场的基本要求是左出右进。原来趋势秩序还没有被打破就着急抄底摸顶，违反了右进的原则，其实就是逆势交易。我们手中那点资金无法把趋势扭转，我们没有资格凭手中的资金挑战趋势，所以要进场的话，切记要在右手边。
- 市场是个雷区，保护资金是首要任务。这就要求我们看到危险要立刻采取行动，而不是侥幸等待市场照顾我们。
- 顶部做空的策略使用 SOW/LPSY，破冰。底部做多的策略使用 SOS/LPS，JOC/LPS
- 回调是趋势的伴侣，不是让我们感到紧张的对象。因为回调可以确认趋势的秩序是否依然存在。
- 市场的本质行为是一切走势的根本，不需要再去和其他指标结合使用。

最后重复一句：如果您认真对待资本市场这个职业，给自己设计一个长期的学习和实践计划。交易路上没有捷径和圣杯，成功属于那些默默耕耘的人。